U0523401

教务会议视域下的
法兰克早期国家形塑研究

The Shaping of the Frankish Early State from the
Perspective of the Councils

刘虹男　著

中国社会科学出版社

图书在版编目(CIP)数据

教务会议视域下的法兰克早期国家形塑研究/刘虹男著. —北京：中国社会科学出版社，2022.10
ISBN 978-7-5227-0741-9

Ⅰ.①教… Ⅱ.①刘… Ⅲ.①法兰克王国—历史—研究 Ⅳ.①K565.3

中国版本图书馆 CIP 数据核字(2022)第 145849 号

出 版 人	赵剑英
责任编辑	张　湉
责任校对	姜志菊
责任印制	李寡寡

出　　版	中国社会科学出版社
社　　址	北京鼓楼西大街甲 158 号
邮　　编	100720
网　　址	http://www.csspw.cn
发 行 部	010-84083685
门 市 部	010-84029450
经　　销	新华书店及其他书店
印　　刷	北京君升印刷有限公司
装　　订	廊坊市广阳区广增装订厂
版　　次	2022 年 10 月第 1 版
印　　次	2022 年 10 月第 1 次印刷
开　　本	710×1000　1/16
印　　张	18.25
插　　页	2
字　　数	255 千字
定　　价	98.00 元

凡购买中国社会科学出版社图书，如有质量问题请与本社营销中心联系调换
电话：010-84083683
版权所有　侵权必究

出 版 说 明

　　为进一步加大对哲学社会科学领域青年人才扶持力度，促进优秀青年学者更快更好成长，国家社科基金 2019 年起设立博士论文出版项目，重点资助学术基础扎实、具有创新意识和发展潜力的青年学者。每年评选一次。2021 年经组织申报、专家评审、社会公示，评选出第三批博士论文项目。按照"统一标识、统一封面、统一版式、统一标准"的总体要求，现予出版，以飨读者。

全国哲学社会科学工作办公室

2022 年

写作说明

　　中世纪中前期，由法兰克人建立的存续时间长达 5 个世纪（公元 5—10 世纪）的法兰克国家（先是王国，后为帝国）居于重要地位，它对当时的西欧社会以及随后的西欧历史发展进程具有极为深远的影响。在其第一个王朝时期（墨洛温王朝，les Mérovingiens，481—751 年），高卢主教团（épiscopat gaulois）在 511—696 年于法兰克境内召开过一系列"教务会议"（concile），留存至今的 20 余份"教务会议决议文书"便是其成果的集中体现。鉴于这些文献在历史学、宗教学、哲学以及社会学等研究领域居于无可替代的基础性地位，本书遵循唯物主义史观，在汉译相关教会规条的基础上，从历史学的角度对学术界较少关注的"墨洛温高卢教务会议与法兰克国家建设之关系"展开学术性研究。对于这一问题的探讨，不仅有助于发现亚欧大陆西端文明在古代中世纪时期所取得的成就及存在的问题，而且有助于加深对西欧中世纪基督教文明独尊性与扩张性之根源的认识，从而在全球化的学术争鸣中让法兰克早期国家的基本样貌以具有中国特色、中国风格、中国气派的历史叙事呈现于国际史坛。为了便于读者理解该书的写作旨趣，在进入正文之前，需作几点说明。

一　关于教务会议的名称及内涵

　　在两千年左右的历史进程中，各个派别的基督教会曾召开过不计其数的由各地主教及神学家参加的以教会事务为主题的会议，这类会议有时被称为"synode"（拉丁文词形是 synodus），有时被称为"concile"（拉丁文词形是 concilium）。在这两个词的中文译名问题上，学术界一直存在种种分歧，而且有些学者还试图对这两个词进行分门别类，其原因很可能在于对这两个词的词源及其所代表的会议层级不是非常明确。

实际上，在基督教这一特定语境下，"synodus"和"concilium"这两个词是语义几乎完全对等的同义词。"synodus"是从希腊文"σύνοδος"直接对译而来，其希腊文本意就是"会议"（assembly, meeting, conference），它最早出现在 3 世纪后编撰的《使徒教谕》（Les canons apostoliques）中；而在拉丁语的词汇系统中，与之表达相同含义的"concilium"则最早出现在德尔图良（Tertullien，约 150—220 年）所著的《论斋戒》（Du jeûne）中。[1] 13 世纪之前，"concilum"和"synodus"之间的界线极为模糊，它们的用法也几乎没有什么差别。1215 年第四次拉特兰大公会议（Quatrième concile œcuménique du Latran，得到绝大多数基督教派别共同认可的、具有普遍代表性的教务会议，通常被称为"具有大公性质的教务会议"，简称"大公会议"）之后，虽说"concilum"和"synodus"在用法上开始偶尔出现一些差异，但也仅是停留在会议的层级上，前者通常被用来指代教省及其以上规模的会议，而后者则一般被用于指代教区及其以下规模的会议。即便如此，在中世纪晚期以后出现的各种教会文本中，这两个术语仍然经常是不分彼此、混合使用的。例如，在特兰特大公会议（Concile œcuménique de Trente，1545—1563 年）文献中，在论及教省或教区教务会议时，即使在同一段文字中，也会出现有时称"concilum"、有时称"synodus"的情形。因此，在把这两个词源不同但词义却几乎完全对等的术语翻译成中文时，不宜作任何的刻意区分，否则，只会给人们带来理解上的困难乃至

---

[1] Odette Pontal, Les statuts synodaux français du XIIIe siècle, Tome I, Paris: Bibliothèque nationale, 1971, p. XXVIII.

舛误。①

基于以上判断，对于墨洛温王朝历史上的这类会议，不论是把它称为"synode"还是叫作"concile"，也不论它是由世俗君主召集的还是由教会领袖主导的，其主要目的均在于商讨和解决基督教教义、教理、教会风纪以及教俗关系等问题，因此，在没有特定限制的情况下，似乎都应将之汉译为"教务会议"较为恰当。

二 关于"法兰克早期国家"的界定

近些年来，活跃于西欧中古早期的政治实体是否具有"state"一词所指代的国家属性，成为当代西方史学界，特别是英、法、德三语史学界普遍关注的焦点问题。作为当代西方马克思主义学派最为杰出的代表人物之一，英国学者克里斯·威克姆（Chris Wickham）坦言，"国家是什么"这个问题让研究中古早期的学者感到十分困惑，因为他们意识到，在这一历史阶段，非规范性和私人关系是实施各种权力的关键，即使是在强大的查理曼统治时期也是如此。② 因此，在中世纪语境中，法语学者对"état"一词的使用，更多的是出于一种叙事目的，而不是将之作为一种政治概念。英语学界有时使用"state"指代中古早期的王国或一些地方政治体，但其重心往往落脚于统治权力和私人性质。另外，为了更好地规避"中古政治组织"与"现代国家"的概念混淆，部分英美学者还会使用"中古早期政治体"（early medieval polities）、"具有国家特征的"（statelike）、"区域性国家"（regional states）等词语。③

从表面上看，围绕"中世纪是否存在国家"或者说"是否存在

---

① ［英］菲利普·休斯：《大公会议史纲》，陈文海译注并增补，人民出版社2020年版，第1—2页。

② Chris Wickham, *Framing the Early Middle Ages: Europe and the Mediterranean, 400-800*, Oxford: Oxford University Press, 2005, p. 57.

③ Andrey Grunin, "Le Moyen Âge, une époque sans État? Construire le passé au présent", *Revue d'épistémologie des langues et littératures du Moyen Âge*, Vol. 40, 2019, p. 5.

中世纪国家"而展开的学术论争，似乎只有"是"或"否"两个选项。但是，由于观察视角、评断标准和价值取向不尽相同，即便是站在同一选项之下的学者们，对中古早期王国的政治制度、权力关系以及国家形态问题的认识也会存在或多或少的区别。一些学者明确指出，中古早期社会并不存在隶属公法范畴的一套"制度"，其政治是由统治阶级内私人之间的关系决定的，因而不能使用"state"指称当时的政治秩序或权威体系。换言之，把中古早期的王国称作"state"意义上的国家，其实是"时代错乱"。另一些学者拒绝在中古早期的历史叙事中使用"国家"一词，而是尝试从文化人类学的角度对当时的政治体进行阐释。还有一些学者则认为，中古早期虽说并不存在拥有现代国家意义的"state"、"État"、"Staat"等词语，但却存在"国家"的概念。从某种程度上讲，以"现代国家"的视角去考察中古早期王国的性质与形态确实能够为"中古早期国家"形态的研究提供便利条件，因为"现代国家"的定义是相对明确的，一般具备四个主要特征，即"一定的领土"、"生活在该领土范围内的人民"、"分层次的行政管理机构"以及"强有力的中央权力"，学者们只需要探讨其研究对象是否满足定义中的核心标准即可。[①] 不过，在比较研究的过程中，倘若对"时代立场"和"参数对比"不加警惕，研究者很容易在不经意间掉入"目的论"的陷阱。因此，为了尽可能地避免概念性的时代错乱，需要在充分领悟"现代国家"

[①] Hans-Werner Goetz, "The Perception of 'Power' and 'State' in the Early Middle Ages: The Case of the Astronomer's 'Life of Louis the Pious'", in Björn Weiler and Simon MacLean, eds., *Representations of Power in Medieval Germany, 800 – 1500*, Turnhout: Brepols, 2006, p. 19; Mattew Innes, *State and Society in the Early Middle Ages: The Middle Rhine Valley, 400 – 1000*, Cambridge: Cambridge University Press, 2000, p. 255; Johannse Fried, "Der karolingische Herrschaftsverband im 9. Jahrhundert zwischen 'Kirche' und 'Königshaus'", *Historische Zeitschrift*, Bd. 235, 1982, S. 1 – 43; Andrey Grunin, "《Imaginer l'Empire》: Étude d'un concept étatique carolingien et évolution du vocabulaire politique dans le royaume et l'empire franc (768 – 840) et dans la *Francia Occidentalis* (840 – 877)", *Revue de l'Institut français d'histoire en Allemagne*, Vol. 3, 2011, p. 151.

基本标准的基础上，站在法兰克人所处时空维度，判断法兰克共同体的本质属性，体察其政治秩序演变的路径、过程及动力。

实际上，墨洛温王朝也的确拥有能够展现自身政治秩序的词语，即"regnum"，只是其内容包含一些变数。就归属权而言，它既可以指代"国王个人之王国"，也能够表达"法兰克人的王国"；从行政区划来说，不论是大一统下的法兰克王国（les royaumes des Francs），还是"诸子分治"时期的二级王国，它们均有使用"regnum"指称自己的资格。不过，需要说明的是，至少在墨洛温王朝中前期，"regnum"的私人化属性还是占据主导地位，其内部的领土、人口、税收、河流、作物等等，无一不归统治者个人所有。法国著名历史学家乔治·杜比（Georges Duby）曾言："国王的头脑里丝毫没有罗马时期那样的国家概念，总是将他的王国看作是应该在他儿子间瓜分的财产。"① 对于上述问题，墨洛温时代的高卢主教们已然有所察觉，在他们看来，要想在这个庞大的"私人世界"中有所作为，必须首先处理好同世俗君主的关系，然后通过利益交换的方式，逐步改变他们的思想观念与统治模式，引导其遵照教会法令逐层整饬内务，并最终将这份国王的"私有财产"转变成一个真正意义上的"基督教王国"。因此，高卢主教团对法兰克共同体的改造必然是以自上而下的方式渐次展开的，也正是在"基督教化"有条不紊的铺陈过程中，法兰克早期国家日臻成形。然而，在法兰克、罗马和基督教等新旧因素并存且相互割裂的情况下，法令本身与法令的实施结果毕竟不是同一回事，历史过程的复杂性、多变性及诡异性在"法兰克早期国家形态"这个问题上尽显无疑。

三 关于本书核心材料的选择

随着中国学术界对世界古代中古史研究的不断深入，在经典文

---

① ［法］乔治·杜比主编：《法国史》上卷，吕一民、沈坚、黄艳红等译，商务印书馆2010年版，第209页。

献解读的底本选择问题上，从"原典原译"到"原意原析"自然是每个历史学研究者追求的上佳路径。不过，在实际操作过程中，这种做法要面临的情况却十分复杂。就作为本书核心材料的"墨洛温高卢教务会议文书"而言，不论是在法兰克国家，还是在后世的法兰西王国，它们通常都会与其他时期或地区的教务会议立法成果一同收录在教会人士编撰的教会法汇编中，例如，墨洛温王朝时期的《科尔比汇编》（*Collection de Corbie*, Paris, Bibl. nat., lat. 12097）和《里昂汇编》（*Collection de Lyon*, Berlin, Phillips 1745, VIIe s.），加洛林王朝（les Carolingiens, 751—987 年）时期的《弗赖辛抄本第二汇编》（*La seconde collection du manuscrit de Freising*, Monacensis lat. 6243）和《博讷瓦勒抄本第一汇编》（*La première collection de manuscrit de Bonneval*, Paris, Bibl. nat., lat. 3859），卡佩王朝（les Capétiens, 987—1328 年）时期的《沃姆斯的布尔夏尔教令集》（*Décret de Burchard de Worms*）和《沙特尔的伊弗教会法汇编》（*Collections canoniques d'Yves de Chartres*），以及大约在 1140 年完成于意大利的《格兰西教令集》（*Décret de Gratien*）。更为棘手的是，这些抄本所用的文字不尽相同。以墨洛温时代的手抄本为例，其使用的中古早期通俗拉丁文既与古典拉丁文有不小的出入，也不同于稍后通行欧洲的罗曼语。因此，要想准确地把握其内涵，不仅要花费大量的时间把散落在各个相关抄本中的规条集合在一起，更要具备极其深厚的西方古文字学功底。对于我个人而言，尽管对"原典原译→原意原析"的理想路径有所希冀，但遗憾的是，考虑到自身目前的能力与学力，这条路径与其说荆棘遍地不如说力有不逮。

19 世纪中后期，德国神学家卡尔·约瑟夫·冯·赫斐勒（Karl Joseph von Hefele）在其巨著《教务会议史纲》（*Conciliengeschichte*）中列举出经其整理的墨洛温王朝教会法，但法令的德语译文并不完整。此后不久，英国学者威廉·克拉克（William Clark）和法国神学家亨利·勒克莱尔克（Henri Leclercq）又将赫斐勒的巨著分别翻译为英文和法文，其中自然包括原著中那部分概要式的法令译文。

19世纪末，依托古代德意志历史文献研究项目，德国学者弗雷德里希·马森（Friedrich Maassen）从诸多教会法的传世抄本中整理出属于墨洛温王朝的部分，并以拉丁语将之编成《墨洛温王朝时期的教务会议》（*Concilia Aevi Merovingici*）一书。1963年，法国学者夏尔·德克莱尔克（Charles de Clercq）出版拉丁语史料文集《高卢教务会议（511—695年）》（*Concilia Galliae. A. 511 – A. 695*），涉及约55次教务会议。1989年，法国著名教会史专家让·高德梅（Jean Gaudemet）和布里吉特·巴斯德旺（Brigitte Basdevant）又对多种传世抄本进行整理与分析，并在德克莱尔克所作成果的基础上，以拉丁语和法语对译的形式，将数百条墨洛温王朝时期的高卢教会法编订成书，此即《墨洛温王朝教务会议教规集（6—7世纪）》（*Les canons des conciles mérovingiens, VIe – VIIe siècles*）。尽管该书在个别拉丁语词句的翻译上存在瑕疵，但其总体的文本研究水平与翻译质量得到了西方学者们的一致认同。因此，在综合考虑文献学的累进成果、本人的语言应用能力以及史学功底等因素后，本书以让·高德梅和布里吉特·巴斯德旺的"拉丁语—法语对译本"作为核心材料、以其他学者整理编订的拉丁语文本作为辅助工具，应是比较合乎情理的选择。

四 关于本书的叙事结构及主要观点

从历史哲学的角度来说，西方现代史学视域下的"叙事"是一种话语模式，其目的在于通过事先拟定的序列或逻辑关系对不同事件进行顺序排列。这种顺序不仅仅是以事件发生时间先后为基础的依次排列，还可以让每个事件成为有意义的整体的组成部分。长久以来，西方学术界在欧洲古代中世纪教务会议史研究领域已经形成一套经典叙事，即，在拟定的时间范围内，依据较为可信的传世文献，按照教务会议召开的先后顺序，叙述或分析会议的举办动因、参与人员、讨论过程、集体决议以及颁布的教规。尽管传统叙事能够帮助人们了解历次会议的来龙去脉，但不论是引人注目的短时段特殊事件，还是能说明其前因后果的中时段社会情势，它们对与教务会议所涉其他问题的整体论证的助益却十分有限。因此，本书在阐释墨洛温高卢教务会议与法兰克王国建设之关系时，尝试在"马克思主义唯物史观"与"年鉴学派三时段理论"的互补中，对西方传统叙事进行适当的调整与改造。

首先，借助传统叙事在理顺事件线索方面的优势，在导论中对墨洛温高卢教务会议的基本信息，即历史行程、传世文献以及研究转向，进行线性描述与直观分析。

毋庸置疑，历史学家的研究工作必须建立在史料梳理的基础之上，这种方法能够在遗痕和证据的考证与拼接中观察某个群体在某一特定时段所做出的具体行为，名副其实的历史学元素便寓于其中。因此，尽管本书对教务会议法令汇编的文献学解释远不如"博学派"那般细致入微，但考虑到国内古代中世纪地方教务会议史研究基本阙如的实际情况，这部分看似"长篇累牍"甚至"枯燥乏味"的文字也就有了存在的合理性。透过相关的文本信息，既可以从宏观上把握早期教务会议在亚、非、欧交汇地带的成长足迹，又可以从微观视角认识墨洛温高卢教务会议的独立性、社会性与政治性。至于从近现代西方史学的发展轨迹中考察教务会议史研究转向的安排，不仅是为了对前辈学人的心路历程与研究理路作一概观式评述，也是为了突显教务会议史书写的时代性与必要性。更为重要的是，通过揭示西方世界"政治介入"与"史学重构"的密切关联，提醒读者，一千多年前的欧洲历史绝不仅仅是一项学术课题，对罗马帝国衰亡缘由和蛮族王国演变历程的解读已经成为西方国家政治话语的一个支柱。

其次，正文部分拟在前人研究的基础上，努力突破单一事件的碎片式局限，主要从教务会议文献所涉高卢社会的五个不同层面，反映法兰克共同体自上而下的基督教化道路，进而揭示教务会议对法兰克早期国家建设的引导作用。

在近两个世纪的时间里（511—696年），主要由高卢主教团主导和参与的教务会议至少颁布了400余条教规，内容涵盖政治、经济、文化等诸多层次的问题。从表面上看，教务会议对法兰克王国的构筑似乎是散乱无章的。但是，如果对这些条文作一个细致的分类考察，便不难发现，高卢主教团在教务会议上的共同决议有着十分明确的指向性，它试图从五个层面来左右法兰克共同体的前进方向，即权力架构、王统理论、宗教政策、地方管理、民众拯救，而这五个层面又分别以"高卢主教团合议制的运作与功能""正统君王与教会精英的合作政治""高卢犹太人法律地位的变更""主教管区的日常统治""奴隶生存状况的改善"为核心，其背后蕴藏着一套自上而下、由宫廷到地方、从少数精英到多数民众的改造方案与行事逻辑。

在高卢主教团看来，作为名正言顺的使徒继承人，主教们应该在教务会议上遵循使徒传统与先贤教父所立法规，借助集体智慧，按照共同决议，为荣耀至极的法兰克国王答疑解惑，协助他们处理国家要务，满足他们的利益需求；相应地，作为正统基督教会之子，法兰克国王则需要依据教会律法承担正统君王之职责，清除一切异教残余，限制犹太人的社会活动，并将其排除在公职系统之外。与此同时，为了带领人民共赴救赎，法兰克境内的各大教区必须严格执行以主教为运转枢纽的管理机制。作为各地教会领袖，主教们要依据《圣经》的指示，以身作则，严守教会规章制度，主持公共崇拜活动，照拂寡妇、孤儿以及奴隶等弱势群体，并在各级神职人员协助下监管民众日常生活。对于违逆"上帝话语"（教规）的人，上至王公贵胄，下至平民百姓，教务会议或教区主教会给予他们相应的处罚，而其中的不思悔改者将永远无法同其他信徒一起在弥撒中"获得新生"。

基于上述叙事结构中的逻辑关系，本书逐一论证的具体观点包括：（1）随着法兰克君主对基督教信仰应用性的倚重程度与日俱增，凝聚"合议精神"的教务会议逐渐从教会传统上升至国家行为，其针对诸多现实问题制定的教务会议法令由此成为法兰克王国建设的施政纲要。（2）法兰克王权的神圣性在教务会议的仪式与法令中得到了较为完美的展现，传递出一种国王与主教共同商议国家大计、处理王国要务的象征性意涵。（3）作为高卢主教团认可的正统基督教君王，墨洛温诸王自然会承担相应的宗教使命，教务会议中有关限制基督徒与犹太人交往的决议因此走向由公共权力主导的旨在培育基督徒身份认同的排犹政策。（4）由于法兰克王国政府在地方行政管理方面的缺位，教务会议一方面把神职人员的行为规范视为民众教化的先决条件，同时又将夹杂"王权表演"的节庆仪制作为统一民众生活步调的重要工具，在一定程度上保证法兰克人民对墨洛温王室的感知与认同。（5）教务会议对奴隶生存境遇的改善，不仅以相对和平的方式在奴隶主和奴隶之间建立起一种新的共识，还在客观上为法兰克王国封建生产方式的形成与发展提供了切实有效的实践模板。

最后，笔者把研习教务会议史期间撰写的读书笔记编制成附录，其中包括"新中国法兰克时代的史学研究"、"高卢教务会议史纪（4—5世纪）"、"高卢教会行政区划（6—8世纪）"、"墨洛温先祖谱系"、"墨洛温王朝中前期疆域变更与国土瓜分"、"墨洛温王朝中后期诸王的基本情况"等内容，一方面想与读者一同分享笔者在法兰克史研习之路上所收获的基础知识，同时也希望帮助读者加深对古代晚期西地中海世界政治、宗教、文化等层面的理解与认识。

在书稿写作过程中，除提炼一条足以贯穿全局的核心线索而外，作者还需处理"研究视角的合理选择"、"书写内容的适当取舍"以及"宗教文化的精准把握"等重难点问题。对此，有关专家学者从书稿内容的整体性和科学性角度出发，一是建议我在原有内容的基础上充分考虑日耳曼人在塑造中古早期国家过程中的选择与再创造，二是希望我能够完整地翻译出"墨洛温高卢教务会议文书"，三是提醒我在充分把握政教分离这一历史发展大方向的基础上去除一些带有宗教色彩的词语以及情感倾向。这些建议无疑是非常中肯的，也是十分有价值的，一方面饱含前辈学者对青年人的指点、鼓励与关照，另一方面为笔者继续从事相关历史问题的学术研究提供了一条切实可行的前进道路。

对于有关专家提到的"日耳曼人在中世纪国家形塑过程中的选择与再创造"问题，笔者是有过思考的。事实上，教务会议文献所反映的以正统基督教政治哲学为核心的权力架构及其运行机制乃是法兰克政教二元相互利用、互相妥协的结果，它只是法兰克王国和社会结构中的一个重要组成部分，既无法单独决定法兰克王国的国家形态，更不能独自左右法兰克王国的发展趋向与最终命运。也就是说，教务会议勾勒的王国图景虽然真实存在且随处可见，但也只是法兰克王国总体样貌的一个面向。实际上，在多种异质文化并存的社会情境中，为了满足其他社会集团的期望，特别是为了迎合法兰克世俗权贵的要求，墨洛温王室还另外执行着一套统治模式。例如，关于决策机关问题，除高卢主教团主导的教务会议外，还有从"三月校场"（Champ de Mars）发展而来的由国王亲自主持的民众大会，后者的参与人员囊括教俗两界的达官显贵。自 7 世纪初开始，这种类型的会议便时常召开。又如，关于王权理论问题，除本书所论基督教王权理论之外，法兰克王国还出现过以"神秘魔法"为基础的"血统权益论"、以"个人武功"为核心的"强人论"、以世俗权贵的共同推选为支撑的"权力合法论"等多种理论，它们在很长一段时间里是并立存在的。再如，关于统治阶层问题，除了照管民众的神职人员外，法兰克王国还存在着宫相、勋贵、公爵、伯爵等世俗职官，他们在军事政治、行政管理、司法审判、税金征收等方面既有分工又有协作。而且，无论是在宫廷还是在城市，官员们大都能够识文断字。因此，托马斯·诺布尔（Thomas Noble）和布鲁诺·杜梅茨尔（Bruno Dumézil）等西方学者认为，墨洛温时代的高卢是一个"官僚式社会"。[1] 囿于本书的研究主题，作者在正文部分无法一一对上述问题进行系统的论证，而只能在必要之时以概述或

---

[1] Bruno Dumézil, *Servir l'État barbare dans la Gaule franque, IVe – IXe siècle*, Paris: Éditions Tallandier, 2013, pp. 180 – 203.

注释的方式给予些许关照，尽力避免以偏概全之嫌。不过，从全面认识中古早期西欧社会治理的具体路径这一角度而言，对这套统治模式展开深入研究是十分有必要的，而这也将成为笔者在未来几年的工作重点之一。

在对书稿进行修改和完善时，笔者曾想将完整的"墨洛温高卢教务会议文书集"中译本置于本书附录部分，而这也正是有关专家对笔者的期望。从某种意义上讲，这项汉译工作的价值甚至高于书稿的正文部分。然而遗憾的是，考虑到笔者目前的翻译水平和教务会议文书集的整体性，对于这类从法兰克时代流传至今的规范性文献（les sources normatives），笔者会在之后几年将其与"314—506 年高卢教务会议文书集"和"742—748 年高卢教务会议文书集"的中文译文一起编订成册，并辅以详细的译本导读和文献注疏，以期为读者呈现一部较为完整的《古代晚期高卢教务会议文书集（314—748 年）》。①

此外，书中使用的"上帝话语"（parole divine）、"人民的救赎事业"（salut du peuple）、"善功"（œuvres de piété）等具有基督教色彩的词语，皆源于"墨洛温高卢教务会议文书"所记载的"会议实录"和"教会规条"，其目的在于依据文本材料如实勾勒历史图景、描绘文化氛围、展现社会情境。

五 关于本书的名词对译原则

书中所有中外文名词对译均为笔者所加，以力求让更多的读者能够通过外文词语轻松查阅与之相关的资料信息。因此，名词对译数量相对较多，外文语言涉及拉丁语、法语、英语、德语等等。在书稿完善过程中，考虑到本书的研究主题更加接近法国古代中世纪史研究范畴，同时也为了引起读者对法语历史学名词的兴趣与重视，

---

① 关于"古代晚期高卢教务会议文书集"的时段划分标准及其缘由，可参见本书"导论"的第一部分"高卢教务会议的起源与发展"。

笔者在总体上采用现代法语标注对应的中文译名，内容包括传世抄本、古代史著、历史事件、历史地理、历史人物等方方面面。而对于近现代历史学家及其创作的史学作品或提出的学术概念，笔者则基本上采用与其国籍相对应的外文语言。另外，书中使用的许多中文译名是前辈翻译巨匠所敲定的，已经为中国读者所广泛接受，但其音译未必能够切合法语名词的发音。例如，"尤利乌斯·凯撒"（Jules César）、"君士坦提乌斯二世"（Constance II）、雷米吉乌斯（Remi）等等。为此，笔者在"名词对译表"中，将这类名词的英语词形或拉丁文词形添加在法文词形之后，以便减少某些对译名词给读者带来的困惑。

六　关于本书的理论价值与应用价值

就具有时序连贯性的法兰克通史而言，《法兰克人史》（*Histoire des Francs*）、《弗莱德加编年史》第4卷（*Chronique de Frédégaire IV*）、《法兰克人史纪》（*Livre de l'histoire des Francs*）、《弗莱德加编年史续编》（*Continuations de la Chronique de Frédégaire*）、《法兰克王家年代记》（*Annales du royaume des Francs*）、《圣伯丁年代记》（*Annales de Saint-Bertin*）等叙述性史料（les sources narratives）在我国已经有完整的汉译本，学术界对其认知和研究也颇有深度。相比之下，法兰克时代规范性文献的汉译与研究工作尚处在较为薄弱的初步发展阶段，还有大量基础性工作亟待处理。在此情况下，对墨洛温王朝法律史、制度史、教会史、政教关系史、社会文化史乃至西欧文明史上诸多具体问题的研究也就难免受到很大制约。正因如此，本书围绕存留至今的20余份"墨洛温高卢教务会议文书"展开深入细致的研究，依据文献整理、法令释义和史学阐析三个递进式步骤，对有关教务会议的"历史意见"和"时代意见"加以辨别区分，进而在西欧古代晚期的宏大叙事中探讨教务会议对法兰克共同体形态演变的重要影响，其具体价值体现在以下两个方面。

1. 理论价值：在亚欧大陆西端文明沿革脉络中，墨洛温高卢教务会议文献既是核心的宗教文献，又是关键的历史文献，还是重要的法律文献。基于宗教与世俗之间的并存关系，这些文献不仅涉及高卢正统基督教会的组织架构与规章制度，而且有很多内容关乎法兰克世俗社会的政治、经济、文化以及社会治理。从一定意义上说，墨洛温高卢教务会议文献能够较为恰当地反映法兰克早期国家在基督教化进程中的成绩与问题，对于深入剖析西方文明特性及其缺陷具有重要的理论价值。

2. 应用价值：对于中国的欧洲史研究而言，叙述性史料与规范性文献的整理、译注与研究是一项虽具体而微但却具有建设意义的工作。在以中国视角考察古代中世纪西方文明的演进历程时，由于国内学界目前尚无可资利用的高卢教务会议史文献，有关法兰克时代的法律史、制度史以及社会文化史研究缺少参考。因此，在遵循唯物史观的基础上，对前述"教务会议决议文书"展开多维度分析，并对西方学界因立场或视角选择而忽视或不愿面对的问题给予合理阐释，不仅有助于中国学术界对欧洲历史的研究，也有助于中国世界史的学科建设及史学领域的"中国话语体系建设"。

当然，笔者围绕上述学术价值展开的研究工作和撰写的学术专著必然存在这样或那样的缺陷，因此，需要前辈学者、同辈研究者以及史学爱好者的批评、指正与帮助。至于这一由笔者自定的学术价值是否名副其实，其最终的判定人当是读者无疑。

摘　　要

在高卢社会由古典晚期转向中古早期的过程中，高卢主教团在511—696年于法兰克境内召开的数十次教务会议是兼具时代性与变革性的历史事件。16世纪以来，墨洛温高卢教务会议立法成果的传世抄本得到西方学术界的广泛关注。在相关文献学研究的基础上，学者们从宗教、政治、社会及文化等层面对之展开综合研究，并取得令人瞩目的成果。然而，在墨洛温高卢教务会议与法兰克王国建设的关系问题上，他们并未给予足够的重视。

通过对教务会议法令及其相关文献的梳理可以看出，作为"使徒统绪"演绎品的"主教团合议制"与高卢世俗政权存在高度纽结的互利共存关系。随着法兰克君主对正统基督教会的倚重程度与日俱增，凝聚"合议精神"的教务会议逐渐从教会传统上升至国家行为，其针对诸多现实问题制定的教务会议法令已然成为法兰克王国建设的施政纲要。法兰克王权的神圣性在教务会议的仪式与法令中得到了较为完美的展现，传递出一种国王与主教共同商议国家大计、处理王国要务的象征性意涵。作为高卢主教团认可的正统基督教君王，墨洛温诸王自然会承担反对异端、打击异教的宗教使命，教务会议中有关限制基督徒与犹太人交往的决议因此走向由公共权力主导的意在构建基督徒身份认同的排犹政策。尽管如此，正统基督教在法兰克高卢的这一胜利并不意味着多数法兰克民众已成为符合教会标准的"上帝子民"。在很长的一段时间里，法兰克高卢的社会生活中依旧留有不少异教习俗的痕迹。在此社会情境下，教务会议通过对高卢敬拜仪式的制度化安排重塑了法兰克民众的内在秩序。伴随着神职人员与普通大众持续不断且渐趋深入的交流与互动，他们之间的关系也早已跨出宗教层面的监管范围，组织生产、御敌护民、社会救济、司法援助已经成为各教区主教的"分内之事"。在法兰克王国境内，教会分布广泛，代表神圣意旨，分享君主权力，管理民众生活。可以说，法兰克王国政府在地方公共教育与行政管理方面的缺失，很大程度上是由教会填补的。也许正因如此，墨洛温国王获得的爱戴与忠诚似乎远不及能够切身关照百姓日常生活的地方主教。鉴于自身的"父母官"角色，主教总会带有体察民间疾苦的一面。在权衡"人类平等"与"上帝分配"的过程中，由这些人组成的教务会议一直尝试改善奴隶的生存境遇。这类救济事业的创立与开展，不仅以一种相对和平的方式在奴隶主和奴隶之间建立起一种新的共识，还在客观上为法兰克王国封建生产方式的形成与发展提供了切实有效的实践模板。

总而言之，墨洛温王朝时期，借由教务会议，法兰克教俗精英在政治理想与社会现实的反复拉扯中，共同在后罗马时代的地中海世界打造出一个颇具教会特性的"法兰克早期国家"。

关键词：墨洛温高卢教务会议；高卢主教团；墨洛温国王；法兰克早期国家

Abstract

When the Gaulish society transitioned from late Antiquity to early Medieval period from the year 511 to 696, Gaulish Episcopate in regnum Francorum held dozens of historical councils, which had both epochal and and transformative character. Since the early modern era, western academia has been attracted to the manuscripts of the Merovingian councils' canon law. The scholars carried out comprehensive research on these historical documents and achieved remarkable results from the perspectives of religion, politics, sociology and culturology studies. However, they failed to focus on the relationship between the councils and the construction of the Frankish Christian kingdom.

A detailed scrutiny of the conciliar canons and other related sources show that the episcopal collegiality, which is derivative from the Apostolic Succession, has a highly intertwined and interdependent relationship with the Gaulish secular regime. When the Frankish kings increased reliance on the application of Christian faith, the councils, which cohered a collegiate spirit, gradually ascended from a church tradition to an act of *regnum*, and its canons for a wide range of issues contributed to the Frankish national construction. The rituals and decrees of the councils perfectly displayed the Christian sanctity of the Frankish royal authority, and they conveyed the symbolic connotation that the king considered and handled the country's matters with the bishops. As the Merovingian Kings were recognized as the orthodox Christian monarchs by the Gaulish episcopate, they naturally assumed the religious mission of opposing heresy and paganism. The decision of the councils to restrict the intercourse between Christians and Jews escalated into the anti-Semitic policies dominated by public authority aimed at building Christian identity. However, the victory of orthodox Christianity in Frankish Gaul does not mean that the majority of people have become Children of God who met the ecclesiastical standards. For a long time, the Gaulish social life still retained traces of pagan customs. In this social situation, the councils restored the inner order of the Frankish people through the institutional arrangements of the Gallican liturgy. As the interaction between the clergy and the general public continued and deepened, their relationship stepped beyond the realm of religious supervision. Diocesan bishops assumed the obligations of organizing production, defending the enemy and protecting the people, social relief and judicial assistance. The Church established a wide presence, governed people's lives and represented popular will in the Frankish kingdom. The Church fixed the inadequacy of local public education and missteps in the Frankish Monarchy's administration to a large extent. Perhaps that is why the Merovingian kings seemed to enjoy far less love and loyalty than the local bishops who could personally take care of people's everyday life. Because of their parental role, bishops were usually aware of people's suffering. In balancing human equality (*aequalitas*) and the divine dispensation (*dispensatio*), the councils formed by bishops tried to relieve the slaves' suffering. The creation and development of this relief not only established a new consensus between the slaveowners and their slaves in a relatively peaceful way, but also provided an effective model for the formation and development of Frankish Kingdom's feudal mode of production.

  In general, during the Merovingian period when the classical civilization had ended and the medieval European civilization was coming into shape, with the assistance of the councils, the Frankish church-state elites jointly created a Frankish early state with ecclesiastical characteristics, in a tug of war between political ideals and the social reality in the post-Roman Mediterranean world.

Key words: Merovingian Gallican councils; Gaulish episcopate; Merovingian kings; Frankish early state

目　　录

导论　墨洛温高卢教务会议史研究的文献基础与理路变化……（1）
　一　高卢教务会议的起源与发展……………………………（2）
　二　墨洛温高卢教务会议法令汇编举要……………………（15）
　三　墨洛温高卢教务会议史的研究转向……………………（37）

第一章　法兰克王国权力架构的变动
　　　　——高卢主教团合议制的运作与功能………………（61）
　一　高卢主教团合议制的起源和确立………………………（63）
　二　高卢主教团合议制的运作及其与王权之关系…………（67）
　三　高卢主教团合议制的社会功能及历史影响……………（73）
　四　本章小结…………………………………………………（78）

第二章　法兰克王国王权理论的构建
　　　　——教会精英与正统君主的合作政治…………………（80）
　一　法兰克"血统权益论"的修正及局限 …………………（80）
　二　教务会议与墨洛温国王的合法性诉求…………………（85）
　三　天主教信仰引导下的正统君王论………………………（90）
　四　"格拉修斯原则"陶染下的共商同治论 ………………（95）
　五　本章小结…………………………………………………（102）

第三章 法兰克王国宗教政策的演进
——以高卢犹太人法律地位变化为例 …………（104）
  一 罗马法典中"执迷不悟"的另类公民 ……………………（105）
  二 教务会议文书中正统信徒的反面参照 ……………………（112）
  三 法兰克上层统治集团对犹太人的强制改宗 ………………（117）
  四 本章小结 …………………………………………………（122）

第四章 法兰克王国地方秩序的重整
——主教管区日常统治的理论与实践 …………（124）
  一 教务会议所见神职人员的行为规范 ………………………（126）
  二 教务会议所见教会节期与公共崇拜的制度安排 …………（131）
  三 墨洛温王室在敬拜仪式中的权力表演 ……………………（137）
  四 本章小结 …………………………………………………（144）

第五章 法兰克王国救济事业的创立
——中古早期高卢传统奴隶制的式微 …………（146）
  一 中世纪早期高卢奴隶制研究及其局限 ……………………（147）
  二 基督教社会伦理与"奴隶人性"的形象表达 ……………（151）
  三 基督教圣域庇护与"奴隶境遇"的外在改善 ……………（155）
  四 基督教灵魂得救与"奴役关系"的内在调整 ……………（161）
  五 本章小结 …………………………………………………（168）

终章 法兰克共同体的形态演变 ……………………………（170）

附录1 新中国法兰克时代的史学研究 ………………………（183）

附录2 高卢教务会议史纪(4—5世纪) ………………………（191）

附录3 高卢教会行政区划(6—8世纪) ………………………（204）

附录4 墨洛温先祖谱系(4—5世纪) …………………………（206）

附录5 墨洛温王朝中前期疆域变更与国土瓜分
       (481—613年) ……………………………………………（209）

附录6　墨洛温王朝中后期诸王的基本情况
　　（639—751年） …………………………………………（211）
参考文献 ……………………………………………………（215）
索　引 ………………………………………………………（240）
后　记 ………………………………………………………（258）

Contents

Introduction   The Documentary Basis and the Changes of Theoretical Path for the Study of the Merovingian Gallican Councils ·················· (1)

  1. The Origin and Development of the Gallican Councils ········ (2)

  2. The Major Canon Law Collections from Merovingian Gaul ······ (15)

  3. The Turns in the Studies on the History of the Merovingian Gallican Councils ·················· (37)

Chapter 1   Changes involved the Power Structure of the Frankish Kingdom: The Operation and Function of Gaulish Episcopal Collegiality ·················· (61)

  1. The Origin and Establishment of the Gaulish Episcopal Collegiality ·················· (63)

  2. The Operation of the Gaulish Episcopal Collegiality and its Relationship with the Kingship ·················· (67)

  3. The Social Function and Historical Influence of the Gaulish Episcopal Collegiality ·················· (73)

  4. Chapter Summary ·················· (78)

Chapter 2 Construction of the Theory of Kingship in the Frankish Kingdom: The Cooperative Politics between the Ecclesiastical Elite and Orthodox Kings ⋯⋯ (80)

 1. The Revision and Limitations of the Theory of Frankish "Jus Sanguinis" ⋯⋯ (80)
 2. The Council and the Merovingian King's Appeal for Legitimacy ⋯⋯ (85)
 3. The Theory of Orthodox Kings Guided by the Catholic Faith ⋯⋯ (90)
 4. The Theory of Joint Discussion and Governance Influenced and Molded by Gelasius's Doctrine ⋯⋯ (95)
 5. Chapter Summary ⋯⋯ (102)

Chapter 3 Evolution of the Religious Policy of the Frankish Kingdom: An Example from the Changing Legal Status of the Gaulish Jews ⋯⋯ (104)

 1. The "Unrepentant" Alternative Citizens in the Roman Code ⋯⋯ (105)
 2. The Contrary Reference of the Catholic Believers in the Conciliar Acts ⋯⋯ (112)
 3. The Forced Conversion of Jews by the Frankish Ruling Classes ⋯⋯ (117)
 4. Chapter Summary ⋯⋯ (122)

Chapter 4 Reorganization of the Local Order of the Frankish Kingdom: The Theory and Practice of the Daily Rules of the Diocese ⋯⋯ (124)

 1. The Clergy's Code of Conduct Stipulated by the Councils ⋯⋯ (126)

2. The Institutional Arrangements of the Ecclesiastical Feasts
   and Public Worship Prescribed by the Councils .... (131)
3. The Performance of the Royal Power in the Liturgical Rites
   by the Merovingian Family .... (137)
4. Chapter Summary .... (144)

**Chapter 5 Implementation of the Public Welfare of the
              Frankish Kingdom: The Decline of the Gallic
              Traditional Slavery in the Early Middle Ages** ...... (146)
1. The Study of Gallic Slavery in the Early Middle Ages and
   Its Limitations .... (147)
2. The Christian Social Ethics and the Image Expression of
   "Slave's Humanity" .... (151)
3. The Christian Sanctuary and the External Improvement
   of the "Survival Conditions of Slaves" .... (155)
4. The Christian Salvation of Souls and the Internal Adjustment
   of the "Slavery Relationship" .... (161)
5. Chapter Summary .... (168)

**Conclusion The Morphological Evolution of Frankish
               Community** .... (170)
**Appendix 1 Historical Studies of the Frankish Era in the
               People's Republic of China** .... (183)
**Appendix 2 Chronicle of Gaulish Councils (4th – 5th
               Centuries)** .... (191)
**Appendix 3 The Distribution of the Ecclesiastical Province
               and Dioceses in Merovingian Gaul (6th – 8th
               Centuries)** .... (204)

Appendix 4	Merovingian Ancestral Genealogy(4th – 5th Centuries) ………………………………………	(206)
Appendix 5	The Changes and Divisions of Territories in the Early and Middle Merovingian Dynasty (AD 481 – 613) ………………………………	(209)
Appendix 6	The Basic Information on the Kings in the Middle and Later Merovingian Dynasty (AD 639 – 751) ………………………………	(211)
Bibliography	……………………………………………………	(215)
Index	……………………………………………………………	(240)
Epilogue	…………………………………………………………	(258)

导 论

墨洛温高卢教务会议史研究的
文献基础与理路变化

  进入4世纪后，罗马皇帝想要在整个帝国重建普遍权力的梦想愈加难以实现。帝国西部的衰落和"民族大迁徙"（invasions barbares）的浪潮使得西欧政治格局发生了翻天覆地的变化。[①] 在不足一个世纪的时间里，帝国西部的领土已被日耳曼人（les peuples germaniques）蚕食殆尽，昔日以地中海为内湖的罗马帝国就此消失，而那片曾经成就尤利乌斯·凯撒（Jules César，公元前100—公元前44年）的高卢大地则沦为各支蛮族部落攘权夺利的竞技场。在这场刀光剑影、尔虞我诈且旷日持久的族群混战中，由墨洛温王族（la famille royale mérovingienne）带领的法兰克人（les Francs）脱颖而出，将罗马人勾勒的高卢版图冠以法兰克王国之名，并在城乡的断壁残垣中重塑起秩序、臣服和信仰的原则。

  [①] 自20世纪中叶开始，在罗马帝国史研究领域，延续200年之久的"罗马帝国衰亡"模式受到了以古代晚期（Antiquité tardive）研究为典型代表的"罗马世界转型"范式的挑战。尽管有关罗马帝国后期（特别是帝国西部）的历史是"衰亡"史还是"转型"史的争论从未停歇，但是古代晚期的概念已经动摇了人们对"衰亡"的看法。因此，用价值中立的"变化"和"转变"等词汇代替"危机"和"衰亡"等包含价值判断的词语在今天的西方学术界似乎逐渐成为一种共识。参见Bryan Ward-Perkins, "The Making of Late Antiquity", *Bulletin of the Institute of Classical Studies*, Vol. 50, Issue Supplement 91, 2007, p. 14. 另外，中国学术界对这一问题已有详细的介绍和分析，参见附录1。

6世纪下半叶（约565—575年），拜占庭史家阿伽提阿斯（Agathias，530—582/594年）曾对其印象中的法兰克世界有过这样一段评述：

> ……与某些蛮族相比，法兰克人并不是游牧民族，他们事实上效仿的是大部分罗马人的政治制度，并与我们遵守相同的法律。在其他方面——契约、婚姻与宗教——他们也遵循同样的做法。因为他们实际上全部都是基督徒，而且是完完全全的正统派。他们在城镇中设有行政长官和教士，并像我们一样庆祝节日。[①]

应该说，阿伽提阿斯的这段文字写得条理清晰，给人以身临其境之感。而且，从这段文字中，人们似乎可以感受到高卢多元异质文化元素的交流与融合。尽管其中的某些评断有待商榷，但不可否认的是，自法兰克开国之君克洛维（Clovis，481—511年在位）接纳兰斯主教雷米吉乌斯（Remi de Reims，约437—533年）的谏言开始，墨洛温王朝世俗君王与高卢教会精英之间的密切合作，的确为法兰克教俗两界共同在王国境内营建基督教文化氛围提供了千载难逢的契机，而贯彻基督教政治哲学的教务会议，也就理所当然地肩负起为这项浩大工程绘制建设蓝图的时代使命。有鉴于此，只有从源头梳理教务会议史的发展脉络，由浅入深地渐次解析传世文本的编纂方式，层次分明地展示文本研究中的理路变化，才能在古代晚期西地中海世界这一时空维度中近距离观察墨洛温高卢教务会议在法兰克早期国家创生历程中所扮演的关键角色。

一 高卢教务会议的起源与发展

就基督教而言，1世纪中叶召开的耶路撒冷会议（Concile de

[①] Averil Cameron, "Agathias on the Early Merovingians", *Annali della Scuola Normale Superiore di Pisa. Lettere, Storia e Filosofia*, Serie II, Vol. 37, No. 1/2, 1968, p. 105.

Jérusalem）很有可能是教务会议的先驱。按照《使徒行传》（Actes des Apôtres）的说法，由于教会内部在外邦人基督徒是否应当遵循"摩西律法"（Loi de Moïse）的问题上存在分歧，保罗（Paul）和巴拿巴（Barnabé）便前往耶路撒冷与当地教会的长老聚会，共同商讨此事的解决办法。① 不过直到 4 世纪末，这次会面才被君士坦丁堡主教"金口约翰"（Jean Chrysostome，349—407 年）等人视为教务会议的雏形。另外，公元 2 世纪时，教会内部已经出现一种约定俗成的主教职位交接形式，即，当一位主教去世后，其他地区的主教便会前来参与已故主教的葬礼，并在葬礼结束后操办继承人选的选举事宜，这类场合也有可能是催生教务会议的一个源头。② 由此看来，虽然教务会议的起源问题可能永远不会有统一的标准答案，但不论其究竟源于何时何地，它的范围一定是地方性的。

更为重要的是，根据凯撒利亚的优西比乌（Eusèbe de Césarée，265—339 年）在其《教会史》（*Histoire ecclésiastique*）一书中的记载，教务会议在 2 世纪中叶似乎已经成为地方教会应对危机的一种手段。当时，小亚细亚（Asie Mineure）的教会领袖们曾聚集起来一同商讨阻止孟他努主义（Montanisme）蔓延的办法。大约 190 年，围绕复活节的具体日期问题，罗马教宗维克托一世（Victor Ier，189—198/199 年在位）发出命令，要求主教们坐在一起共同解决争端。随后，在巴勒斯坦、小亚细亚以及高卢等地，主教们不仅召开了一系列会议，而且还以信件的形式将会议讨论的结果公之于众，这种模式在教务会议史上具有里程碑意义。③

---

① 《使徒行传》第 15 章第 1—30 节，详见中国基督教两会《圣经》（中英对照），中国基督教两会出版部发行组 2013 年版，第 236—238 页（本文所引外文圣经，一概使用该版本，下不另注）。汉密尔顿·赫斯（Hamilton Hess）认为，把此次会议视为基都教历史上"第一次教务会议"是不合时宜的。Hamilton Hess, *The Early Development of Canon Law and the Council of Serdica*, Oxford: Oxford University Press, 2002, p. 5.

② Philip Hughes, *The Church in Crisis: A History of the Twenty Great Councils*, London: Burns & Oates, 1961, p. 3.

③ ［古罗马］优西比乌：《教会史》，［美］保罗·L. 梅尔英译、评注，（转下页）

半个多世纪之后，也就是迦太基的西普里安（Cyprien de Carthage，200—258 年）为北非教会的发展屡作贡献期间，教务会议早已成为一种惯例。① 在与罗马教宗、听忏悔神父（confesseurs）以及背教者的长期斗争中，西普里安极力主张的基督徒之间（特别是主教之间）的"可见合一"，让"主教团合议"在"救恩"的神学要义中顺理成章地成为教务会议的绝对支柱。另外，跟随西普里安传世信件的足迹，人们已经可以清楚地看到教务会议具备的三个核心要素，即召开前拟定的会议章程、进行过程中的主教合议、结束后撰写的决议文书。因此，不论是外在形式，还是内在精神，西普里安在 3 世纪下半叶主持的教务会议均为随后到来的高卢教务会议提供了可供效仿的典范。②

及至公元 4 世纪，在基督教官方化的历史进程中，教务会议的影响力逐渐扩散到帝国境内的每一个行政大区。③ 314 年，经罗马皇

（接上页）瞿旭彤译，生活·读书·新知三联书店 2009 年版，第 248—253 页；Hamilton Hess，*The Early Development of Canon Law and the Council of Serdica*，p. 10.

① Philip Hughes，*The Church in Crisis: A History the Twenty Great Councils*，pp. 2 - 3; Jean Gaudemet，*Les sources du droit de l'Église en Occident du IIe au VIIe siècle*，Paris: Cerf，1985，pp. 11 - 12.

② 关于西普里安在北非主持的教务会议，参见 Hamilton Hess，*The Early Development of Canon Law and the Council of Serdica*，pp. 17 - 20.

③ 戴克里先（Dioclétien，284—305 年在位）在位初期，对罗马帝国的行政区划进行较为细致的改革。他将整个帝国划分为 12 个行政大区，每个大区下辖若干个行省。高卢在当时被划分为高卢和维埃纳两个行政大区，前者包括 8 个行省：第一比利时行省（Belgique I）、第二比利时行省（Belgiue II）、第一日耳曼尼行省（Germanie I）、第二日耳曼尼行省（Germanie II）、塞卡耐斯行省（Séquanaise）、第一里昂行省（Lyonnaise I）、第二里昂行省（Lyonnaise II）、奔宁阿尔卑斯行省（Alpes Pennin），后者包括 7 个行省：维埃纳行省（Viennoise）、第一纳博讷行省（Narbonnaise I）、第二纳博讷行省（Narbonnaise II）、诺维姆波普拉尼行省（Novempopulanie）、第一阿奎塔尼行省（Aquitaine I）、第二阿奎塔尼行省（Aquitaine II）、滨海阿尔卑斯行省（Alpes Maritimes），共 15 个行省。参见 Luce Pietri，"La Gaule chrétienne au IVe siècle"，*Vita Latina*，No. 172，2005，pp. 60 - 61; Jean Gaudemet，éd.，*Conciles gaulois du IVe siècle*，Paris: Cerf，1977，pp. 102 - 103，126 - 127，136 - 137; André Chastagnol，"Le repli sur Arles des services administratifs gaulois en l'an 407 de notre ère"，*Revue historique*，Tome 249，Fasc. 1，1973，pp. 23 - 40.

帝君士坦丁授权，西部帝国的主教们在阿尔勒（Arles）① 召开教务会议，由此拉开了高卢教务会议史的序幕。在法兰克人主宰高卢之前的近两个世纪里（314—506年），包括314年阿尔勒教务会议在内，高卢境内一共举行过超过30次教务会议。事实上，不论是会议召开的原因，还是其公布的结论，人们几乎都能从该时期的传世文献中寻觅到或多或少的信息。② 而且，可以明确的是，它们的召开过程均带有相应的时代色彩，反映出高卢政治格局的演变。

在罗马帝国晚期，皇帝们掌控着教务会议的发展方向，君士坦丁及其后继者毫不犹豫地将召开教务会议视为自身的一项权力。即使是强调教权的罗马教宗利奥一世（Léon Ier，440—461年在位）也未对该权力提出过任何质疑。在罗马皇帝的支持下，参与教务会议的主教在身份上等同于帝国官员，其旅途工具、用度开销均由地方政府负责。如此一来，会议讨论的问题、颁布的教规、签署的教令在很大程度上都需要服从于君主的意志，服务于帝国的秩序。在353年阿尔勒教务会议上，君士坦提乌斯二世（Constance II，337—361年在位）要求到场的全体主教在一份谴责亚历山大里亚主教阿塔纳修（Athanase d'Alexandria，328—373年在任）的教令上签字。尽管这份出自阿里乌派（Arianisme）首脑的教令违反了"三位一体"（Trinité）的基本信条，但由于慑于君主权威，几乎所有主教都对皇

---

① 阿尔勒位于高卢南部滨海地区，今属法国罗讷河口省（Bouches-du-Rhône）。
② 关于314—506年高卢教务会议的相关信息，参见 Hans Barion, *Das fränkisch-deutsche Synodalrecht des Frühmittelalters*, Bonn: Ludwig Röhrscheid Verlag, 1931, S. 220; Ralph Mathisen, "The 'Second Council of Arles' and the Spirit of Compilation and Codification in Late Roman Gaul", *Journal of Early Christian Studies*, Vol. 5, No. 4, 1997, pp. 511 – 554; R. W. Mathisen, "Between Arles, Rome, and Toledo: Gallic Collections of Canon Law in Late Antiquity", in S. Montero, ed., *Fronteras Religiosas entre Roma, Bizancio, Damasco y Toledo: El Nacimiento de Europa y del Islam (Siglos V-VIII)*, Madrid: Universidad Complutense, 1999, pp. 33 – 46; Michael Moore, "The Spirit of the Gallican Councils", *Annuarium Historiae Conciliorum*, Jahrgang 39, Heft 1, 2007, pp. 1 – 52; Gregory I. Halfond, *The Archaeology of Frankish Church Councils, AD 511 – 768*, Leiden: Brill, 2010, pp. 2 – 6.

帝的命令言听计从。正如君士坦提乌斯二世在两年后召开的米兰教务会议上所说："无论我做什么，都要被奉为教会的律法；……你们要么服从，要么被流放。"① 君士坦提乌斯二世打击大公教派的做法引起了普瓦捷主教希拉里（Hilaire de Poitiers，350—367年在任）的激烈反对，他在《反抗皇帝君士坦提乌斯书》（Contre Constance）中公开指责当时已经病故的君士坦提乌斯二世是暴虐的独裁者，并将帝国西部的信仰混乱归咎于他的宗教政策。② 正是在这种带有政治色彩的信仰斗争中，参加教务会议的高卢主教们逐渐形成一个统一的整体，并在360—361年巴黎教务会议上第一次以"高卢主教团"（épiscopat gaulois）的名义向帝国东部地区的主教们寄送了一封教务会议的决议信函，要求那些接受阿里乌派的异端分子重返普世信仰。③ 在此合作的基础上，他们进一步确认和尊重彼此在其所属教区的至高权力。从当时的具体情况来看，高卢主教团成员之间极为默契的权力认同不仅可以有效地对抗异端势力，而且有助于高卢各个教区的稳定发展。

进入5世纪后，罗马帝国地方各级行政机关在蛮族军队、罗马军团和地方权贵相互争斗的浪潮中几乎失去了原有的管理能力。帝国西部支离破碎的政治条件给高卢社会的正常运转带来极大的困难。在这一时期，作为城市和社区中的关键人物，代表文化、历史和政治延续性的主教们开始肩负起照管高卢"基督子民"（peuple chrétien）的重任，其治下的主教管区在地方社会治理方面的作用日益突显。实际上，主教管区并不是一个稳定的地理和法律区域，其范围大小与主教本身的权力欲望、精英思想和掌控教会律法的能力有着千丝万

---

① Athanasius, "Historia Arianorum", c. 33, in Philip Schaff, ed., *Nicene and Post-Nicenne Fathers*, Series II, Volume 4, Grand Rapodes, MI: Christian Classics Ehereal Library, 2009, p. 769.

② Hilaire de Poitiers, *Contre Constance*, éd. et trad. par André Rocher, Paris: Cerf, 1987, p. 180.

③ Jean Gaudemet, éd., *Conciles gaulois du IVe siècle*, pp. 92 – 99.

缕的联系。在这种情况下，一向自命不凡的阿尔勒主教开始借助教务会议的力量在高卢主教团中树立首席权威。① 尽管帕特罗克勒（Patrocle d'Arles，412—426 年在任）、欧拉迪乌斯（Euladius d'Arles，426—427 年在任）、霍诺拉（Honorat d'Arles，427—430 年在任）的权力伸张因无法获得合法证明而宣告失败，但他们的尝试却为其后继者希拉里（Hilaire d'Arles，430—449 年在任）提供了重要的借鉴作用。借助莱兰隐修院（Abbaye de Lérins）② 强有力的关系网络，这位被著名历史学家彼得·布朗（Peter Brown）誉为"帝国建设者"（empire-builder）的罗马贵族，在 439 年里耶（Riez）教务会议和 441 年奥朗日（Orange）教务会议中将阿尔勒主教的权威推向顶峰。③ 尽管罗马教宗利奥一世在致高卢主教们的信中表达了对希拉里超越主教权力界限的不满，并对其施以惩处，但个人层面的处置显然无法从根本上触动阿尔勒主教在高卢教务会议中的核心地位。

---

① 关于阿尔勒教区的传说，参见［法兰克］格雷戈里《法兰克人史》，寿纪瑜、戚国淦译，商务印书馆 2018 年版，第 27 页；Jean-Marie Mayeur et al., éd., *Histoire du christianisme des origines à nos jours*, Tome 2, *Naissance d'une chrétienté (250 – 430)*, Paris: Desclée, 1995, pp. 138 – 139.

② 莱兰隐修院，由阿尔勒的霍诺拉在公元 410 年左右创建，今位于法国东南部莱兰群岛中的霍诺拉岛。自基督教合法化后，为教殉道的事迹已不再发生，禁欲主义逐渐成为基督徒可能到达的最高造诣，能否遵从这一宗教规范也往往成为衡量人们是否圣洁的标准。5 世纪时，经该隐修院训练和培养的很多修道士都在高卢教会自身文化重塑的过程中进入教阶，担任要职。由于师出同门，他们很快结成一个以修院规章和宗教学术为武器的"莱兰派关系网"，并支持阿尔勒主教在高卢主教团内部树立首席权威。关于莱兰隐修院的历史，参见 Adalbert de Vogüé, *Histoire littéraire du mouvement monastique dans l'Antiquité. Première Partie: Le monachisme Latin. L'essor de la littérature lérinienne et les écrits contemporains (410 – 500)*, Paris: Cerf, 2003; Yann Codou et Michel Lauwers, éd., *Lérins, une île sainte de l'Antiquité au Moyen Âge*, Turnhout: Brepols, 2009.

③ Peter Brown, *The Rise of Western Christendom: Triumph and Diversity, A. D. 200 – 1000*, Oxford: Wiley-Blackwell, 2013, p. 113; Karl Joseph von Hefele, *Histoire des conciles d'après les documents originaux*, éd. et trad. par Dom Henri Leclercq, Tome II, Partie I, Paris: Librairie Letouzey et Ané, 1908, pp. 423 – 454. 里耶位于高卢东南部，今为法国上普罗旺斯阿尔卑斯省（Alpes-de-Haute-Provence）的一个市镇。奥朗日位于高卢东南部，今为法国沃克吕兹省（Vaucluse）的一个市镇。

6 世纪初，出于巩固统治的需要，新崛起的蛮族政权向高卢教会施加了新的压力，提出了新的要求，寄托了新的希望。506 年夏，在阿拉里克二世（Alaric II，484—507 年在位）的授意与支持下，24 名主教、8 名神父和 2 名执事在西哥特王国境内的阿格德（Agde）[①] 召开教务会议，其主持者是当时享有盛誉的阿尔勒主教凯撒里乌斯（Césaire d'Arles，502—542 年在任）。此次会议出现了新的开幕仪式："以上帝之名，在最荣耀的、最伟大的、最虔诚的国王的准允下，神圣的教务会议在阿格德举行。我们在那里双膝跪地，为他的统治、为他的长寿、为神的子民祈祷。"[②] 可以说，该仪式标志着蛮族君王与高卢教会之间的关系步入新的阶段。

506 年阿格德教务会议结束后，高卢南部教会围绕阿尔勒教省建立起来的一统格局达到顶峰，阿尔勒主教的宗教权威盛极一时。更为重要的是，在变幻莫测的动荡年代，由于参会者具备深厚的文化底蕴和敏锐的政治嗅觉，其无可比拟的适应能力和行之有效的治国技艺得到了蛮族君王的赏识与认可。为了进一步获取高卢主教团的支持与帮助，阿拉里克二世曾计划在第二年举行一次全高卢的教务会议。尽管这一设想因其殒命于伏伊耶（Vouillé）[③] 而化为泡影，但是，这种有望实现蛮族统治者政治诉求的教务会议并未在高卢就此终结。

[①] 阿格德，位于高卢南部海岸线，现为法国埃罗省（Hérault）的一个市镇。

[②] Charles Munier, *Concilia Galliae. A. 314—A. 506*, Turnbout: Brepols, 1963, p. 192. 关于 506 年阿格德教务会议的具体内容，参见 William E. Klingshirn, *Caesarius of Arles: The Making of a Christian Community in Late Antique Gaul*, Washington, D. C.: The Catholic University of America, 2004, pp. 97 - 104.

[③] 伏伊耶位于高卢西部地区，今为法国维埃纳省（Vienne）的一个市镇。507 年春，克洛维率领的法兰克人在此地与阿拉里克二世率的西哥特人展开激烈战斗，史称"伏伊耶战役"。法兰克人获得了该战役的胜利，而西哥特人则在阿拉里克二世战败丧生后向高卢南部逃窜。此役过后，克洛维继续攻打西哥特王国，并最终把高卢南部的大部分领土收入囊中。参见 Bernard S. Bachrach, *Merovingian Military Organization (481 - 751)*, Minneapolis: University of Minnesota Press, 1972, pp. 11 - 12.

508年，克洛维接到东罗马皇帝阿纳斯塔西乌斯一世（Anastase Ier，491—518年在位）的敕书，受任执政官的职务，并获得奥古斯都的称号，其在高卢的统治权由此得到东罗马当局的承认。① 此后，克洛维接连铲除西吉贝尔特（Sigebert le Boiteux，约496—507年在位）父子、卡拉里克（Cararic，约460—510年）、拉格纳卡尔（Ragnacaire，约470—510年）以及其他威胁他统治的近支亲属，最终成为法兰克共同体的最高领袖。② 511年，为了进一步证明自身统治权力的合理性与合法性，克洛维在高卢中北部重镇奥尔良（Orléans）③召开教务会议。尽管这位依靠武力与权谋为墨洛温王朝奠定百年基业的"新的君士坦丁"（nouveau Constantin）在会后不久便与世长辞，但他与高卢主教团在教务会议中的互动交流却成为其子孙后代争相效仿的榜样。④

就本文的研究取向与核心要旨来讲，对于高卢教务会议在墨洛温时代的总体样貌自然应当有所交代。一般而言，在研究和撰写某一群体的历史活动时，计量学是一种重要的辅助手段，其"数字语言"不仅可以在一定程度上降低文字表达中不可避免的模糊性，而且能够帮助研究者和读者更为准确地把握研究对象的基本要素及其总体发展趋势。鉴于这一特性，对于具有群体历史性的墨洛温高卢

---

① 罗马帝国时期，"奥古斯都"常被用来指代罗马帝国的建立者屋大维，后来"奥古斯都"常用作罗马皇帝的头衔。寿纪瑜和戚国淦两位先生认为这个称号只有后来的法兰克国王采用，克洛维此时似乎不曾用过，这个称号也不大可能由皇帝赐赠。参见［法兰克］格雷戈里《法兰克人史》，第101—102页以及第102页注释。

② 关于克洛维铲除亲属的一系列行动，参见［法兰克］格雷戈里《法兰克人史》，第102—106页。

③ 奥尔良位于高卢中部地区，今属法国卢瓦雷省（Loiret）。

④ 关于"新的君士坦丁"的说法，参见［法兰克］格雷戈里《法兰克人史》，第90页。在墨洛温王朝时期出现的各类文字材料中，一些作者通常会根据君主德行或自身立场，将某位国王同罗马君主或《圣经》中出现的某位以色列王进行类比，以此突显记述对象的功绩或过错，并表达个人的政治意愿或宗教情感。例如，图尔主教格雷戈里（Grégoire de Tours，573—594年在任）将希尔佩里克一世（Chilpéric Ier，561—584年在位）比作罗马皇帝尼禄。再如，参加614年巴黎教务会议的主教们将克洛塔尔二世（Clotaire II，584—629年在位）誉为大卫王。

教务会议而言，利用相关文献材料对其整体面貌进行定向的数据统计和分析显然存在一定的必要性。当然，如果仅从教务会议的数量与传世教规的多寡等方面进行单纯的"数字罗列"，其结果只能令人大失所望，这种方法既不利于人们深入理解教务会议的复杂类型，更无法帮助读者领略教务会议与法兰克政治格局之间存在的微妙关系。因此，要想真正厘清墨洛温高卢教务会议的历史沉浮，还必须将其纳入到法兰克共同体统治结构与政治走向中进行具体阐释。基于这一设想，笔者利用西方学术界已有的研究成果，对墨洛温高卢教务会议的数量、类型以及运作流程进行了分类归纳。

其一，墨洛温高卢教务会议的数量。从现有文献史料来看，从511年克洛维召集奥尔良教务会议开始，直到751年墨洛温末代君王希尔德里克三世（Childéric III，743—751年在位）退位，高卢地区的教务会议从未断绝。但是，由于墨洛温王朝中后期王权渐趋衰败，8世纪上半叶召开的教务会议几乎均处于加洛林家族的控制下，它们与墨洛温王室已无实质性关联。[①] 因此，墨洛温高卢教务会议大体的存在时段应是511年至696年。而这180余年中法兰克境内到底召开了多少次教务却是一个说不清道不明的问题，主要归因于两个方面：一是高卢政治格局的变化。克洛维去世后的20余年里，高卢东部的勃艮第王国和南部的普罗旺斯地区尚未并入法兰克王国，而这两个地方的教务会议活动又相对频繁。例如，勃艮第国王贡德鲍德（Gondebaud，470—516年在位）、西吉斯孟德（Sigismond，516—524年在位）和贡多马尔（Godomar，524—534年在位）执政时期，勃艮第王国境内召开了516年里昂教务会议、517年埃帕奥讷（Épaone）[②] 教务会议、518—519年里昂教务会议和528年瓦

---

① 刘虹男：《墨洛温王朝中后期"王权虚无论"考议》，《华南师范大学学报》2021年第3期。

② 该城地处6世纪初位于高卢东部的勃艮第王国境内。虽然学术界至今无法确定埃帕奥讷的具体位置，但多数研究者都认为，今属法国德龙省（Drôme）的阿尔邦（Albon）市镇可能是它的前身。

朗斯（Valence）① 教务会议。再如，536年法兰克人占领普罗旺斯之前，尚属于东哥特王国控制范围的阿尔勒教省仍然是高卢教务会议活动的中心区域，作为该教省都主教和罗马教宗代理人的凯撒里乌斯在这里一共召开了5次教省教务会议。这些教务会议均不能冠以墨洛温高卢之名。二是真实性难以确定。对于某些教务会议，要么仅有一则史料与之相关，要么出自带有杜撰色彩的圣徒传记。因此，在综合参考夏尔·德克莱尔克、奥黛特·蓬塔尔（Odette Pontal）和格雷戈里·哈尔丰德（Gregory Halfond）等人的统计数据后，本书只能给出一个"50余次"的估值。②

其二，墨洛温高卢教务会议的类型。从教会管辖区域来看，高卢共有15个教省，即阿尔勒（Arles）教省、贝桑松（Besançon）教省、波尔多（Bordeaux）教省、布尔日（Bourges）教省、科隆（Cologne）教省、奥兹（Éauze）教省、里昂（Lyon）教省、美因茨（Mayence）教省、纳博讷（Narbonne）教省、兰斯（Reims）教省、鲁昂（Rouen）教省、桑斯（Sens）教省、图尔（Tours）教省、特里尔（Trèves）教省和维埃纳（Vienne）教省，除纳博讷教省一直处于西哥特王国的控制之下，其他14个教省先后在墨洛温诸王的军事征服下并入法兰克王国版图。③ 正是由于这一"先后"问题，在归纳墨洛温高卢教务会议类型时，必须参照法兰克王国不同时期的领土范围。基于这一前提，通过对墨洛温高卢教务会议决议文书中相关内容的梳理与统计，将其中所列教务会议大致分为以下四种类型相对较为合理：第一，全法兰克王国教务会议（le concile national de

---

① 瓦朗斯，位于高卢西南部，今属法国德龙省的一个市镇。
② Charles de Clercq, *Concilia Galliae. A. 511—A. 695*, Turnbout: Brepols, 1963, pp. 423-426; Jean Gaudemet et Brigitte Basdevant, éd., *Les canons des conciles mérovingiens (VIe-VIIe siècles)*, Paris: Cerf, 1989, p. 12; Odette Pontal, *Histoire des conciles mérovingiens*, Paris: Cerf, 1989, p. 374; Gregory I. Halfond, *The Archaeology of Frankish Church Councils, AD 511-768*, pp. 223-261.
③ 关于高卢境内基督教会的教省与教区分布情况，详见本书附录3。

l'État franc)。此类教务会议通常在法兰克王国"一统君王"或所有"二级国王"①的同意下，召集法兰克高卢境内所有教省的代表共同参加，如511年奥尔良教务会议、533年奥尔良教务会议和614年巴黎教务会议。第二，联教省教务会议（le concile interprovincial）。此类教务会议一般由法兰克高卢境内多个教省的代表共同参加，其召集人通常是"二级国王"或都主教（métropolitain），如535年克莱蒙（Clermont）②教务会议和585年马孔（Mâcon）③教务会议等。第三，教省教务会议（le concile provincial）。此类教务会议的参会者皆来自于同一个教省，如551年奥兹（Éauze）④教务会议和554年阿尔勒教务会议等。第四，教区教务会议（le concile diocésain）。此类教务会议的组成人员通常是同一教区内的教会人士，如561—605年奥克塞尔（Auxerre）⑤教务会议和663—680年欧坦（Autun）⑥教务会议。

其三，墨洛温高卢教务会议的准备工作。314年阿尔勒教务会议召开之前，君士坦丁在写给叙拉古主教克雷斯图斯（Chrestus de Syracuse）的召集函中，指明了会议的时间、地点、议题等会前事项。

---

① 在早期法兰克国家政治结构问题上，"国土瓜分"乃是其典型的特征。克洛维去世后的两代国王，均是以这种方式在4位墨洛温家族直系男性成员之间解决国土继承问题的，因而也就出现了4个二级行政区域，其首脑便可称为"二级国王"。自克洛塔尔一世去世后，法兰克王国内部逐渐形成3个二级王国，即奥斯特拉西亚、纽斯特里亚和勃艮第。及至7世纪上半叶，法兰克王国的领土结构再次发生变化，由原来的3个二级王国变为2个二级王国，即纽斯特里亚—勃艮第王国和奥斯特拉西亚王国。关于法兰克王国的"二级国王"和"二级王国"，参见陈文海、王文婧《墨洛温王朝的"国土瓜分"问题——〈法兰克人史〉政治取向释读》，《历史研究》2014年第4期；刘虹男、陈文海《墨洛温王朝"父子共治"虚实考论——以〈弗莱德加编年史〉为主要考察基点》，《学术研究》2017年第12期。

② 克莱蒙位于高卢中南部地区，今为法国多姆山省（Puy-de-Dôme）的市镇克莱蒙费朗（Clermont-Ferrand）。

③ 马孔，现为法国索恩—卢瓦尔省（Saône-et-Loire）的一个市镇。

④ 奥兹位于高卢西南部地区，今为法国热尔省（Gers）的一个市镇。

⑤ 奥克塞尔，法兰克东部城市，今位于法国约讷省（Yonne）境内。

⑥ 欧坦，法兰克东部城市，今位于法国索恩—卢瓦尔省境内。

对于一向奉行"传统至上"原则的高卢教会来说，由君士坦丁下令筹划的这些会前事项自此成为后世教务会议召开前约定俗成的惯例。及至墨洛温王朝时期，高卢教务会议的前期准备事项大致遵循了罗马高卢教务会议的传统。在会议时间方面，主教们通常会选择气温比较适中的5月至6月或9月至11月进行会晤，而2月、8月和12月则由于其相对恶劣的气候条件，几乎不会举行教务会议。585年马孔教务会议上，参会者曾请求主持会议的里昂主教普里斯库斯（Priscus de Lyon，573—585年在位）加快会议进度，以免即将来到的暴风雨阻碍他们返回各自的教区。① 在会址的选择上，教务会议主要考虑的是交通情况与地理位置。奥尔良、巴黎、里昂、沙隆（Chalon-sur-Saône）② 等交通便利的枢纽城市时常成为教务会议的选址，因为绝大多数参会者都可以通过内陆航道或罗马大道较为轻松地到这些地方。如果是地方性教务会议，会址一般会选择在会议辐射范围的中心区域，以此避免参会者因旅行距离存在过大的差异而无法在相近的时间到达会场。图尔主教格雷戈里在描述590年奥弗涅（Auvergne）③ 教务会议时提到，此次教务会议的召开地点位于奥弗涅、热沃当（Gévaudan）和鲁厄格（Rouergue）的边境上。另外，如果会议的召集者是国王的话，那么宫廷或王庄等王室驻地自然是会场的首选，国王不仅可以免于奔波，而且还能有效地利用政治权力对教务会议的诸项活动进行强有力的干预。最后，有证据表明，至少一部分墨洛温高卢教务会议是存在会议议程的，内容涉及国王诉求、主教选举与审判、王室赠礼、神职人员生活准则、修道院的设施维护，等等。

其四，墨洛温高卢教务会议的决议文书。对于参会的主教们而

---

① Jean Gaudemet et Brigitte Basdevant, *Les canons des conciles mérovingiens* (VIe – VIIe siècles), pp. 454 – 455.

② 此地为索恩河畔沙隆，位于高卢东部地区，今为索恩—卢瓦尔省的一个市镇。

③ 奥弗涅，位于高卢中部，今属法国奥弗涅—罗讷—阿尔卑斯大区（Auvergne-Rhône-Alpes）的一部分。

言，既然要讨论教务方面的问题，那么就需要在会议结束之际达成某种共识，而这一共识通常会以文字的形式记录下来，并最终形成一份决议文书。该文书通常有三个组成部分：一是展现会议基本情况的序言，二是与会者共同表决通过的教会规条，三是与会者共同签署的参会者名单。事实上，虽说文书的格式精致简洁，但其具体内容却蕴含着极为丰富的宗教政治意涵。首先，会议决议是参会者共同协商的结果，其权威得到高卢教会和墨洛温王室的一致认同，因而对法兰克高卢境内的基督徒具有普遍的约束力。其次，教会教规与世俗法令存在一定的关联，其中一部分规条是受罗马法启发而制定的，另有一些规条则是法兰克君主敕令的重要组成部分。到了加洛林时期，法兰克君主以敕令的形式颁布教务会议法令已经成为一种常态。最后，与会的主教们在返回各自的教区时一般会携带一份文书副本，并在特定的基督教节日宣读教规，以此教导人民只有遵守教会律法才能实现灵魂救赎，这种做法的影响力甚至可以深入到法兰克高卢的乡村教区。① 而不遵守教规的人会受到相应的处罚，甚至有可能被开除教籍，并最终沦为遭受排挤且孤立无援的边缘人。

总体而言，在传统居于统治地位的高卢社会，正是通过求诸既往的做法，高卢主教团在教务会议中的立法、司法以及行政权力才可具备相应的合理性与合法性。即便其制定的教规在某些细节上与前代传统相左，也可因立法者在法律程序上的循规蹈矩而成为约定俗成的"新传统"。可以说，教务会议既是"传统至上"的崇尚者，也是其执行者，甚至是某种层面上的缔造者。在近两个世纪的时间里，基于前代教务会议的行事原则与立法成果，墨洛温高卢教务会议逐渐成为法兰克教俗两界共同构建群体规范、实现群体认同、排斥异己的一种"制度"（institution）。当法兰克正统基督教会受到来

---

① 关于法兰克高卢乡村教区的发展，参见［法兰克］格雷戈里《法兰克人史》，第568页；May Vieillard-Troiekouroff, *Les monuments religieux de la Gaule d'après les œuvres de Grégoire de Tours*, Paris: Champion, 1976, pp. 32, 74 – 76, 127 – 128, 286, 302.

导论　墨洛温高卢教务会议史研究的文献基础与理路变化　15

自其他教派的威胁时，当作为"教会领袖"（la tête de l'Église）的主教们发现本派信徒违反《圣经》和教会法的训导时，当以上帝为指向的教会与世俗政权相互利用或明争暗斗时，人们总能看到教务会议上那慷慨激昂的演说、针锋相对的辩论以及用心良苦的规条。不过，囿于法兰克高卢复杂多变的政治形势与族群关系，教务会议的部分设想终究是一厢情愿。

二　墨洛温高卢教务会议法令汇编举要

就从西罗马帝国废墟中建立起来的并对法兰克国家政治制度与社会文化起到奠基作用的墨洛温王朝而言，它为后世留下的可供探求其总体面貌和发展线索的文字材料，不仅种类多样、形式各异，而且数量并不十分稀少，如揭示法兰克人传统习俗的蛮族法典（lois barbares）、记录法兰克国家重大事件的编年史（Chronique）与年代记（Annales）[①]、展现法兰克国家行政管理体系的范本文书（Formulaire）

---

①　墨洛温王朝时期，高卢先后出现的几部史学作品（编年史和年代记）较为完整地记录了法兰克共同体的历史发展脉络。第一部当属图尔主教格雷戈里所著的《法兰克人史》，该书成书于6世纪末，共10卷，从"创世纪"开始，一直记述到591年。第二部为《弗莱德加编年史》第4卷，该卷成书于7世纪中期，从《法兰克人史》第6卷截止的584年写起，止于642年。第三部是《法兰克人史纪》，该书出现于公元8世纪前期，共计53章，其中，43—53章主要涉及638—727年间的法兰克史事，这一时期是法兰克政治文化的转折点。第四部是《弗莱德加编年史续编》，涵盖时段为643—768年，其中，643—721年的材料基本上依据《法兰克人史纪》，721—768年的历史记述属于作者原创。关于这些著作，参见 Wilhelm Arndt et Bruno Krusch, eds., *Gregorii episcopi Turonensis Libri historiarum*, MGH., Tomus I, Hannovre：Hahn, 1951；Gregory of Tours, *History of the Franks*, trans. by O. M. Dalton, Oxford：Oxford University Press, 1927；Gregory of Tours, *History of the Franks*, trans. by E. Brehaut, New York：Columbia University Press, 1961；Grégoire de Tours, *Histoire des Francs*, éd. et trad. par Robert Latouche, Paris：Les Belles Lettres, 2005；［法兰克］格雷戈里《法兰克人史》；"Chronicarum quae dicuntur Fredegarii Scholastici libri IV. cum Continuationibus", in Bruno Krusch, ed., *Fredegarii et aliorum chronica*, MGH., SRM, Tomus II, Hannover：Hahn, 1888；J. M. Wallance-Hadrill, ed. and trans., *The Fourth Book of the Chronical of Fredegar with its Continuations*, London：Thomas Nelson and Sons Ltd., 1960；Fédégaire,（转下页）

与君主条令（Capitulaire）、涉及法兰克大众信仰与社会教化的圣徒传记（Hagiographie）和布道集（Sermons）、描述法兰克高卢正统基督教敬拜仪式（liturgie）和盛大节日（solennité）的圣礼书（Sacramentaire）与祈祷书（Missel），彰显个人意志与抒发时代情怀的书信集（Correspondances）与诗歌集（Poèmes），等等。这些文史资料的字里行间中都会或多或少地夹杂着与教务会议相关的信息。① 因此，不论是叙述性史著，还是规范性文书，抑或是个人或官方之间的来往信件，它们都是重构墨洛温高卢教务会议历史图景时不可缺少的重要史料。但是，从关联程度来讲，与该历史活动存在直接关系的当数法兰克时代留存至今的高卢教会法汇编（les collections canoniques en Gaule）。

（接上页）*Chronique des temps Mérovingiens*, éd. et trad. par O. Devillers et J. Meyers, Turnhout：Brepols, 2001；［法兰克］弗莱德加《弗莱德加编年史》（第 4 卷及续编），陈文海译注，人民出版社 2017 年版；"Liber Historiae Francorum", in Bruno Krusch, ed., *Fredegarii et aliorum chronica*, MGH., SRM, Tomus II, Hannover：Hahn, 1888；Bernard S. Bachrach, ed. and trans., *Libre Historiae Francorum*, Lawrence, KS：Coronado Press, 1973；Stéphane Lebecq, éd. et trad., *La Geste des rois des Francs. Liber Historiae Francorum*, Paris：Les Belles Lettres, 2015；［法兰克］匿名作者《法兰克人史纪》，陈文海译注，人民出版社 2018 年版。

① 格雷戈里的《法兰克人史》中提到的教务会议：552 年瓦恩（Vannes）教务会议（第 4 卷第 4 章）、561—567 年桑特教务会议（第 4 卷 26 章）、573 年巴黎教务会议（第 4 卷第 47 章）、577 年巴黎教务会议（第 5 卷第 18 章）、579 年沙隆教务会议（第 5 卷第 27 章）、580 贝尔尼教务会议（第 5 卷 49 章）、581 年里昂教务会议（第 6 卷第 1 章）、584 或 591 年奥弗涅教务会议（第 6 卷 38 章）、贡多瓦尔德召开的教务会议（第 7 卷 31 章）、588 年 6 月 1 日地点不确定的教务会议（第 9 卷 20 章）、589 年 11 月 1 日的教务会议（第 9 卷第 32 章）、589 年索尔西（Sorcy）教务会议（第 9 卷 37 章）、590 年普瓦捷教务会议（第 9 卷 39—43 章；第 10 卷 15—17 章）、590 年奥弗涅教务会议（第 10 卷第 8 章）；590 年梅斯教务会议（第 10 卷第 19 章）。《弗莱德加编年史》提到了 602 年沙隆教务会议和 636 年克里希教务会议。此外，在墨洛温王朝时期的圣徒传记、主教书信以及王室文书等史料中亦可找到墨洛温高卢教务会议的蛛丝马迹。例如，《圣柳德加尔传》（*Vie de saint Léger*）中提到提乌德里克三世（Théoderic III, 673—691 年在位）和宫相埃布罗安（Ébroïn）在王城（Villeroy, 今为法国塞纳—马恩省内的市镇维勒鲁瓦）召开教务会议，沙特尔主教帕波卢斯（Pappolus de Chartres）的书信中谈及 573 年巴黎教务会议，等等。

（一）墨洛温王朝之前的教务会议法令汇编

在讨论法兰克高卢教会法汇编之前，首先必须弄清"教会法"（droit canonique/droit canon）和"教会法汇编"这两个概念的基本内涵及二者之间存在的密切关联。关于这一问题，早在20世纪初，在美国罗伯特·阿普顿公司（Robert Appleton Company）出版的《天主教百科全书》（The Catholic Encyclopedia）中，法国神学家和教会法家、巴黎天主教大学（Institut catholique de Paris）教授奥古斯特·布迪农（Auguste Boudinhon）就对两者的起源、发展及关系做出了较为全面的概述。[①] 在此后的一个世纪里，法国学者让·高德梅、德国学者海因茨·奥默（Heinz Ohme）、英国学者汉密尔顿·赫斯等人在研究古代中世纪教会法时，均在教务会议的发展史中对这些问题给予了大同小异的说法。[②] 因此，在这里，我们只需在基督教语境中对这两个词的概念与关系作一简要概述。

其一，教会法。法语"droit canonique"或"droit canon"对应的拉丁文词形是"$jus\ canonicum$"，其汉语译名为"教会法"。它泛指基督教会在不同历史时期为其组织及成员制定和编撰的各种规则和章程的总和。而该术语中的"canon"源于希腊文"κανών"，其本义是工匠所用的规尺，引申义为规矩和规范。在古代中世纪基督教会史上，该词的含义不但经历了一个漫长的变化，而且其用法也多种多样。它既可以单独使用，也可以与其他词语构成含义更为宽泛的表达形式，如"ecclesiastical canon"（κανών ἐκκλησιαστικός）或"canonical law"（κανονικὸς νόμος）。2—3世纪时，里昂主教伊雷内（Irénée de Lyon，177—202年在任）等早期基督教父使用"canon"来

[①] The Catholic Encyclopedia, New York: Robert Appleton Company, http://www.newadvent.org/cathen/09056a.htm, 2022年4月10日。

[②] Jean Gaudemet, Les sources du droit de l'Église en Occident du IIe au VIIe siècle, Paris: Cerf, 1985, pp. 11 – 12; Heinz Ohme, Kanon ekklesiastikos: Die Bedeutung des altkirchlichen Kanonbegriffs, Berlin und New York: Walter de Gruyter, 1998, S. 1 – 15; Hamilton Hess, The Early Development of Canon Law and the Council of Serdica, pp. 38, 60 – 89.

指代"真理准则"(canon of truth)或"圣经正典"(canon of Scripture)。① 到了 325 年尼西亚大公会议(Concile de Nicée)时,"canon"已经可以用来代表基督徒普遍遵守的那些比"浅显习俗"(simple custom)更为重要的"教会标准"(ecclesiastical standards)。4 世纪末期,"canon"在君士坦丁堡大公会议(Concile de Constantinople)文件和叙利亚出现的《使徒律令》(Constitutions apostoliques)② 中开始拥有"教务会议法令"(conciliar enactments)之意。在此之后,主教们通过教务会议颁布的用以规范教会组织、处理教义争端、明确教会纪律的法令便逐渐被人们冠以"教规"之名。而"教会法"一语要到 12 世纪才在基督教世界流行开来。

其二,教会法汇编。顾名思义,教会法汇编指的是专门用于收录、整理和翻译各地教会教规的文献集成。尽管基督教最早的教会法汇编要到 4 世纪才出现,但至少在 2 世纪时,在"使徒后期教父"偏向"律法主义"或"基督教的道德主义"的著书立说下,叙利亚等地已经形成专门记载或论讲教会典章制度的文献,其中最著名的是《十二使徒遗训》(Didachè)。③ 该著作大约在公元 1—2 世的叙利亚以希腊文编成,其写作似乎是为了提升基督徒的道德水准,并教导他们如何分辨主的先知。此外,这本书还记载了有关基督徒日常宗教生活的详细说明与指导。在此后的岁月里,随着各地教会组织的不断发展,又出现了多部与《十二使徒遗训》类似的作品,如大约 230 年成书于叙利亚北部的《使徒训示》(Didascalie des Apôtres)、3 世纪初可能出自基督教神学家罗马的希波律图(Hyppolyte de Rome,

---

① 塞维利亚主教伊西多尔(Isidore de Seville)在其《词源》(Etymologiae)一书中将"canon"视为"regula",即生活中的"守则"。参见 Stephen A. Barney et al., eds., *The Etymologies of Isidore of Seville*, Cambridge: Cambridge University Press, 2006, p. 143.

② Marcel Metzger, éd. et trad., *Les Constitutions Apostoliques*, Paris: Cerf, 2012.

③ 关于《十二使徒遗训》,参见 Willy Rordorf et André Tuilier, éd. et trad., *La Doctrine des Douze Apôtres (Didachè)*, Paris: Cerf, 1998.

170—235年）之手的《使徒传统》(Tradition apostolique)、3世纪末在埃及或叙利亚编撰的《使徒教会条例》(Ordre de l'Église apostolique)、4世纪末编写于安条克（Antioche）的《使徒律令》，等等。[①] 尽管上述被记于使徒名下的文献并非由使徒本人撰写而成，但是，这些最初用希腊文写成而后又被译为拉丁文的书卷，既能够帮助人们了解基督教在"使徒时代"的发展状况，又可以反映"后使徒时代"的神学思想与信仰实践。这类文献数量的持续增长和文本内容的不断修订表明，有关基督教道德标准、日常敬拜仪式、教会组织结构、神职人员任命的"使徒传统"开始呈现出标准化、规范化和法律化的发展趋势。可以说，这些早期基督教典章制度文献所宣扬的"昨日之权威"乃是后世教会法编撰精神的精髓所在。

与多为私人编修的早期基督教典章文献不同，教务会议的立法活动具有主教团成员协作共事的特征。西普里安曾在写给同事的信中说道："所有这些（关于251年迦太基教务会议的决议——引者注）都包含在我确信你已收到的那些文件中，我们（在该会议上——引者注）通过的各项措施都以概要的形式列写在内。"[②] 根据该信件的内容，至少在3世纪中期，北非教会已经出现了记录教务会议法令条目的教会文件，并且在主教之间通行，只不过此类文件并没有保存下来。另外，在罗马当局间歇性的基督教迫害行动下，各地教区尚处于地下状态，教务会议的施展空间极为有限，主教们只能在相对狭小的区域内秉承"自给自足"的地方教会学原则，因而没有产生真正意义上的教会法汇编。

313年，罗马皇帝君士坦丁一世（Constantin Ier，306—337年在

[①] 关于这些著作的基本信息及内在联系，参见 Paul F. Bradshaw, *The Search for the Origins of Christian Worship: Sources and Methods for the Study of Early Liturgy*, Oxford: Oxford University Press, 1992, pp. 80 – 110; Jean Gaudemet, *Les sources du droit de l'Église en Occident du IIe au VIIe siècle*, pp. 18 – 28.

[②] G. W. Clarke, ed. and trans., *The Letters of Saint Cyprian of Carthage*, Vol. 3, New York: Newman Press, 1986, p. 36.

位)和李锡尼(Lisinius,308—324 年在位)联名发表《米兰敕令》,承认基督教在帝国境内的合法地位,由罗马官方主导的长达 250 年的基督教迫害政策就此宣告终结。此后,在相对宽松的环境下,各地的教会组织迎来新的发展机遇,新兴教区如雨后春笋般涌现,负责统管数个教区的"教省制"也在主教们的共治意识下最终形成。毫不夸张地说,在整个第 4 和第 5 世纪,从西班牙的埃尔维拉(Elvira)[①]到叙利亚的安条克,从莱茵河谷地到北非海岸,基督教世界的每一个角落几乎都在举行规模不等的教务会议,而由主教共同颁布的会议决议也逐渐汇集在一起,成为在更广阔的地理范围内具有普遍权威的教会法汇编。

例如,叙利亚的《教规集成》(Corpus canonum)收集了 4 世纪安条克教务会议的决议,后又增补了 325 年尼西亚大公会议、381 年君士坦丁堡大公会议和 451 年加采东大公会议所颁布的法令以及一些有关教会法纪的书信。[②] 学术界一般认为,《教规集成》是第一部按年代顺序编排教务会议法令和教父著作片段的教会法汇编。[③] 再如,496 年,应罗马教宗之邀,斯奇提亚裔的修士小狄奥尼修斯(Denys le petit,约 470—544 年)来到罗马,接连编成《狄奥尼修斯教务会议法令集》(Collectio-versio Dionysiana canonum conciliorum)和专门收录教宗教令(384—498 年)《狄奥尼修斯教令集》(Collectio decretalium Dionysiana),后将两者合成著名的《狄奥尼修斯汇编》(Collectio Dionysiana)。又如,北非教会的教会法汇编三部曲:一是编辑于 393 年希波教务会议并在 397 年迦太基教务会议上得到确认的《希波教务会议法令简编》

---

① 埃尔维拉,确切位置存疑,大致位于今天西班牙南部城市格拉纳达(Granada)附近。当时,该地属于罗马治下的倍提卡西班牙行省(Hispania Baetica,设立于公元 14 年,属于元老院行省)。

② Hamilton Hess, *The Early Development of Canon Law and the Council of Serdica*, pp. 53 – 54; Jean Gaudemet, *Les sources du droit de l'Église en Occident du IIe au VIIe siècle*, pp. 75 – 76.

③ 彭小瑜:《教会法研究——历史与理论》,商务印书馆 2011 年版,第 19 页。

（*Bréviaire d'Hippone/Abrégé d'Hippone*），二是因阿皮阿里乌斯事件（Affaire d'Apiarius）而编成的《阿皮阿里乌斯申诉法则》（*Codex Apiarii causae*），三是419年第17次迦太基教务会议批准认可的《迦太基教会纪要选编》（*Registri ecclesiae Carthaginensis excerpta*）。①

作为古代中世纪基督教世界的重要组成部分，在法兰克时代来临之际，高卢已拥有三部比较重要的教会法汇编。第一部是成书于442—506年间的《第二次阿尔勒教务会议教规集》（*Collectio Concilii Secundi Arelatensis*）。② 从具体内容来看，该汇编包含的56个规条大都取自先前教务会议的立法成果，其大致可以分为5个部分：1—17多是照搬325年尼西亚大会颁布的法令；18—25源于314年阿尔勒教务会议的决议；26—46大多出自411年奥朗日教务会议；47—51多是抄录442年韦松（Vaison）③ 教务会议制定的教规；53—56则没

---

① 对于《迦太基教会纪要选编》这一名称，有必要在此略作说明。在419年第17次迦太基教务会议上，与会的主教们确认了一部教会法汇编的合法性，这部汇编收录了393年到418年间北非历次教务会议所颁布的法令。之后，参会者又在其原有的内容上增添了此次教务会议通过的33条新教规，《第17次迦太基教务会议法令汇编》（*Collectio Concilii Carthaginensis XVII*）由此而成。这部新汇编不仅响彻整个北非教会，而且得到西班牙、高卢、意大利以及东部教会的认可。前文提到的狄奥尼修斯将其命名为《阿非利加教务会议法令集》（*Statuta Concilii Africani*），并将其内容以分散插入的方式纳入自己编写的教会法汇编中。6世纪下半叶，遵照东罗马帝国皇帝查士丁尼一世（Justinien Ier，527—565年在位）的命令，君士坦丁堡主教约翰三世（Jean III，565—577年在任）将《第17次迦太基教务会议法令汇编》译为希腊文。17世纪时，法国学者克里斯多夫·贾斯泰勒（Christophe Justel）编撰了第一部拉丁语—希腊文对照版本，并将之命名为《阿非利加教会法典》（*Codex canonum Ecclesiae Africanae*）。不过，现代学者普遍认为，将这部汇编称为《迦太基教会纪要选编》更为妥帖。参见 Jean Gaudemet，*Les sources du droit de l'Église en Occident du IIe au VIIe siècle*，pp. 82 - 83；Constant van de Wiel，*History of Canon Law*，Louvain：Peeters Press，1991，pp. 45 - 46.

② C. H. Turner，"Arles and Rome：The First Developments of Canon Law in Gaul"，*The Journal of Theological Studies*，Vol. 17，No. 67，1916，pp. 236 - 247；Ralph W. Mathisen，"Between Arles, Rome, and Toledo：Gallic Collections of Canon Law in Late Antiquity"，pp. 33 - 46；Michael Moore，"The Spirit of the Gallican Councils"，pp. 46 - 48；Gregory I. Halfond，*The Archaeology of Frankish Church Councils，AD 511 - 768*，p. 160.

③ 韦松，法兰克东南部城镇，今属法国沃克吕兹省。

有出处，属于新的内容。① 虽然说该汇编在抄录前代教规时会对一些规条的细节进行特别处理，并加以详细说明，但是，由于在独创性方面的缺陷，它在被发现后的很长一段时间里，一直被人们普遍视为是私人编修的产物，而非教务会议上主教团集体智慧的精华。近些年来，随着西方学术界对西哥特国王阿拉里克二世的深入研究，部分学者在该汇编的编写者问题上提出了大胆的假设。他们认为，《第二次阿尔勒教务会议教规集》很可能是由西哥特王国境内的主教们在阿拉里克二世统治时期编制而成的，其目的在于为西哥特王国创制出一部以原有教会规条为基础的新编教会法典，只不过由于西哥特高卢的覆灭，此项计划最终没有完成。②

第二部是 5 世纪下半叶出现在高卢南部的《古代教会法规汇编》(Statuta ecclesiae antiqua)，其作者可能是马赛的热纳德 (Gennade de Marseille)。该汇编以一篇阐述主教人选考察标准的文字开头，紧随其后是 102 条教规，其中，前 89 条专门阐述教会法纪，后 13 条则涉及神职人员的任命仪式、童贞女的奉献、结婚庆典以及寡妇的地位等多方面的问题。③ 迈克尔·莫尔 (Michael Moore) 认为，该汇编关注的主要问题是教会内部的秩序与神职人员的品德，其目的在于突出教士文化与世俗文化之间的差异，并强调主教在宗教生活与教会管理方面的绝对权威。④

---

① Ralph Mathisen, "The 'Second Council of Arles' and the Spirit of Compilation and Codification in Late Roman Gaul", pp. 525 – 527.

② Bruno Dumézil, *Le Bréviaire d'Alaric: Aux origines du Code civil*, Paris: Presses de l'Université de Paris-Sorbonne, 2008, pp. 51 – 52.

③ 起初，由于阿非利加教务会议法令在其中占据主导地位，该汇编通常被视为"第四次迦太基教务会议" (Quatrième Concile de Carthage) 的产物。1757 年，通过对 6 份手稿的细致考察，巴莱里尼兄弟 (les Ballerini) 断定该汇编出自 5 世纪下半叶的高卢南部地区。1870 年，马森认为，该汇编的原稿可能出现于 5 世纪末的阿尔勒。20 世纪末，让·高德梅认为，该汇编可能成书于西哥特国王尤里克 (Euric, 466—484 年在位) 统治时期。参见 Jean Gaudemet, *Les sources du droit de l'Église en Occident du IIe au VIIe siècle*, pp. 84 – 86.

④ Michael Moore, "The Spirit of the Gallican Councils", pp. 49 – 50.

第三部是成书于 5 世纪下半叶的《昂热汇编》（Collection d'Angers），其作者是昂热主教塔拉斯（Thalasse d'Angers, 453—462 年在任），该汇编可分为 5 个部分：第一部分是布尔日主教莱昂（Léon de Bourges，约 453—461 年在任）、勒芒主教维克托（Victor du Mans，约 450—490 在任）、图尔主教尤斯托西乌斯（Eustochius de Tours，约 443—459 年在任）写给里昂第三行省的主教与神父的信件；第二部分为 453 年昂热教务会议通过的 12 条教规；第三部分专门抄录 461 年图尔教务会议颁布的教会法；第四部分整理了 461—491 瓦讷教务会议的决议；第五部分是特鲁瓦主教卢普（Loup de Troyes）和欧坦主教尤夫罗尼乌斯（Euphronius d'Autun）写给塔拉斯的信件。①

以上就古代基督教世界出现的主要教会法汇编作了一些简要的描述和分析，其直接目的自然还是为读者提供一条基本线索，并以此展现教务会议、教会教规和教会法汇编之间的密切联系，从而说明经由与会主教共同决议的教会规条在很大程度上是开放性的。不论是高卢内部的地方教会，还是高卢教会与北非、罗马等地的教会，它们之间均存在法律和学术上的互动，这种交流既是对教会传统的一种继承，又是对教会传统的一种创造。

（二）墨洛温王朝时期的高卢教会法汇编

如前所述，5 世纪末期，亦即法兰克人建政之际，高卢已经出现多部教会法汇编，其编纂地点主要位于高卢南部的阿尔勒。到了 6、7 世纪，特别是在法兰克人征服普罗旺斯之后，由于教务会议的活动中心由南向北迁移，罗纳河谷地、高卢中部地区和北部地区也成为了教会法文件的编纂中心。② 当时，针对法兰克教会面临的各项问题，参加教务会议的主教们在商讨解决措施的过程中，通常会将

---

① Jean Gaudemet, *Les sources du droit de l'Église en Occident du IIe au VIIe siècle*, pp. 86–87.

② 关于高卢教务会议会址由南向北迁移的发展趋势，参见 Matthieu Smyth, "Les canons conciliaires de la Gaule, témoins des responsabilités liturgiques épiscopales en Occident", *Revue de droit canonique*, Tome 49, No. 2, 1999, pp. 272–273.

往届教务会议颁布的法律条文作为重要的参考资料，前代教规的汇编工作也由此变得愈发重要。通过主教座堂档案室和图书馆保存的资料，高卢教会法汇编的数量不断增加，流传至今的抄本也相对比较丰富。尽管如此，罗萨蒙德·麦基特里克（Rosamond McKitterick）还是提醒研究者们应该对这些抄本保持警惕。在她看来，尽管这些抄本的确能够提供关于教会法编纂重心与传播地点的详细信息，但需要始终铭记的是，大部分手稿的续存是纯粹的偶然现象，人们只能对其基本信息提出一些意见或假设，而不能得出切实的结论。① 具体来说，这些"幸运的抄本"大致可以分为以下三组。

1. 第一组汇编（公元 525 年至 6 世纪末期）

第一组汇编集中在罗纳河流域，主要包括五部教会法汇编。第一部为《科尔比汇编》，该汇编的编撰时间大约为 524 年以后，是现今发现的最早涉及墨洛温高卢教务会议法令的教会法汇编。学术界一般认为，该文献的编撰地点很可能是维埃纳省（la province de Vienne），但也有学者认为其编纂地点为法国南部地区（Midi de la France）。② 6 世纪末或 7 世纪初时，教士们对该汇编的文本进行了一次较大规模的补充，形成手稿中的"140—224 叶面"（fol. 140 - 224），其中"192—224 叶面"很可能是出自同一个人的手笔。法国学者让·高德梅和布里吉特·巴斯德旺认为，该教会法汇编中主要包含了 511 年奥尔良教务会议、517 年埃帕奥讷教务会议、529 年韦松教务会议、535 年克莱蒙教务会议、538 年奥尔良教务会议、549

---

① Rosamond McKitterick, *Books, Scribes, and Learning in the Frankish Kingdoms, 6th - 9th Centuries*, Aldershot: Variorum, 1994, p. 98.

② 法国学者路易·杜申纳（Louis Duchesne）在其著作《古代高卢教会大事记》中指出，《科尔比汇编》保存于法国国家图书馆拉丁文抄本 12097 号中。他认为，该手稿具体的编纂地址不详，但最初版本完成的时间约为 525 年完。参见 Louis Duchesne, *Fastes épiscopaux de l'ancienne Gaule*, Tome I, Paris: Thorin & Files, 1894, p. 142. 关于其他学者对该手稿编撰地点的推断，参见 Jean Gaudemet et Brigitte Basdevant, éd., *Les canons des conciles mérovingiens (VIe – VIIe siècles)*, p. 14; Odette Pontal, *Histoire des conciles mérovingiens*, p. 18.

年奥尔良教务会议、573 年巴黎教务会议颁布的教会法。①

《科尔比汇编》中的 511 年奥尔良教务会议决议文书选段

第二部为《里昂汇编》。该汇编的最初版本大约成书于 529 年后不久或 6 世纪中期,并在此后的某个时间里得到补充和修订。② 从其

---

① Jean Gaudemet et Brigitte Basdevant, éd., *Les canons des conciles mérovingiens* (VIe – VIIe siècles), p. 14. "叶"(folio),抄本学(codicologie)和古文字学(paléographie)中出现频率较高的专业名词,"一叶"包含"正面"(recto)和"反面"(verso)两个页面。

② 里昂教务会议的第二版手稿出现在 9—10 世纪,该手稿目前保存于法国国家图书馆拉丁抄本第 1452 号中(Paris, Bibl. nat., lat. 1452)。

文本内容可以看出，该汇编包含大量高卢教务会议法令，这些法令可分为四组：第一组涉及的教务会议有511年奥尔良教务会议、517年埃帕奥讷教务会议、524年阿尔勒教务会议和527年卡尔庞特拉（Carpentras）① 教务会议，第二组涉及的教务会议有529年奥朗日教务会议、535年克莱蒙教务会议、538年奥尔良教务会议、549年奥尔良教务会议，第三组为554年阿尔勒教务会议颁布的教会法，第四组为581—583年马孔教务会议颁布的教会法。

第三部为《洛尔施汇编》（Collection de Lorsch, Mss Vatican. Pal. lat. 574, VIII^{e}s. et Murbach, Bibl. Gothanae I, 85, VIIIe – IXe s.）。该汇编出现于560年之前的高卢南部地区，涉及的教务会议有511年奥尔良教务会议（缩编）、517年埃帕奥讷教务会议、524年阿尔勒教务会议、527年卡尔庞特拉教务会议、529年奥朗日教务会议、529年韦松教务会议、533年马赛教务会议（书信）、535年克莱蒙教务会议、538年奥尔良教务会议、541年奥尔良教务会议和549年奥尔良教务会议。②

第四部为《阿尔比汇编》（Collection d'Albi, Ms. Toulouse, Bibl. mun. 364, avant 666/667 et ms. Albi, Bibl. mun. 147, 2, IXe s.）。该汇编包括两部手稿：一为原始手稿《图卢兹汇编》（Collection de Toulouse），成书时间约为600年，收录了524年阿尔勒教务会议、541年奥尔良教务会议、538年奥尔良教务会议、549年奥尔良教务会议颁布的教会法。二为抄写本《阿尔比汇编》，抄录时间约为公元9世纪，增补了517年埃帕奥讷教务会议、662—675年波尔多教务会议、673—675年圣让—德洛讷（Saint-Jean-de-Losne）教务会议所颁教会规条。③

---

① 卡尔庞特拉位于高卢东南部，今为法国沃克吕兹省的一个市镇。

② 奥黛特·蓬塔尔认为，该文献的原始版本最初只整理到541年奥尔良教务会议，之后又增补至549年奥尔良教务会议。参见 Odette Pontal, *Histoire des conciles mérovingiens*, p. 23; Jean Gaudemet et Brigitte Basdevant, éd., *Les canons des conciles mérovingiens* (VIe – VIIe siècles), p. 15.

③ 这部汇编涉及多个地区的教规，包括希腊、阿非利加和法兰克高卢，（转下页）

第五部为《科隆汇编》(Collection de Cologne, Cologne, Bibl. chap. ms. 212, 590 – 604)。该汇编的出现时间大约为公元 600 年，其编纂地点位于罗纳河流域。从文本内容来看，该著作的编者利用了多种教会法材料，其中，墨洛温高卢教务会议法令的分布状况虽然略显杂乱，但大体可分为四组。第一组涉及 511 年奥尔良教务会议，第二组涉及 517 年埃帕奥讷教务会议、524 年阿尔勒教务会议、527 年卡尔庞特拉教务会议、529 年韦松教务会议，第三组涉及 518—523 年里昂教务会议、529 年奥朗日教务会议、538 年奥尔良教务会议和 541 年奥尔良教务会议，第四组涉及 549 年奥尔良教务会议和 533 年马赛教务会议。

2. 第二组汇编（6 世纪中期至 7 世纪）

第二组汇编出现在高卢北部地区，其主要包括五部教会法汇编。第一部是《圣莫尔汇编》(Collection de Saint-Maur)。该汇编的编撰工作从 6 世纪中叶持续到 7 世纪初。目前有关该汇编的手稿主要有两部：其一为保存在法国国家图书馆的 1451 号拉丁文抄本（Paris, Bibl. nat., lat. 1451, 800 – 816），大约在 800 年抄写于图尔地区（抄写的是高卢南部的教规），包含 511 年奥尔良教务会议和 517 年埃帕奥讷教务会议颁布的教会法。[②] 其二为保存在梵蒂冈图书馆的拉丁汇编 1127 号（Vatican, Reg. lat. 1127, IXe s.），其出现的时间

（接上页）其部分内容现存于法国国家图书馆手稿部拉丁抄本 8901 号中。法国学者让·高德梅和布里吉特·巴斯德旺认为，这部作品中首先出现了 524 年阿尔勒教务会议和 541 年奥尔良教务会议颁布的教规；然后再次出现 524 年阿尔勒教务会议的教规，紧接着是 529 年韦松教务会议的第 1 条教规和 535 年克莱蒙教务会议的第 2, 7, 8 和 14 条教规；最后还收录了 538 年奥尔良教务会议和 549 年奥尔良教务会议颁布的部分教规。此外，《阿尔比汇编》还收录了 529 年奥朗日教务会议颁布的第 1—8 条教规。参见 Odette Pontal, *Histoire des conciles mérovingiens*, p. 23; Jean Gaudemet et Brigitte Basdevant, éd., *Les canons des conciles mérovingiens (VIe – VIIe siècles)*, p. 15. 圣让—德洛讷，位于高卢东部地区，现为法国科多尔省（Côte-d'Or）的一个市镇。

② 当时，图尔已是法兰克王国的图书生产与输出中心之一。参见 Rosamond McKitterick, *Books, Scribes, and Learning in the Frankish Kingdoms, 6th – 9th Centuries*, p. 105.

约为9世纪。与1451号抄本中的手稿相比，这份手稿增补了535年克莱蒙教务会议写给国王提乌德贝尔特（Théodebert Ier，534—548年在位）的信件、561—605年奥克塞尔教务会议和647—653年沙隆教务会议颁布的教会法。

第二部为《兰斯汇编》（Collection de Reims，Berlin，Pillipps 1743，VIIIe s.）。该汇编现今仅存一份手稿，其编纂时间约为6世纪下半叶，并于7世纪得到补充。这份手稿辑录了大量墨洛温高卢教会法，其涉及的教务会议有511年奥尔良教务会议（除第4、5和7条）、517年埃帕奥讷教务会议、518—523年里昂教务会议、524年阿尔勒教务会议、527年卡尔庞特拉教务会议、529年奥朗日教务会议、529年韦松教务会议、538年奥尔良教务会议、541年奥尔良教务会议、549年奥尔良教务会议、533年马赛教务会议和614年巴黎教务会议。

第三部为《皮杜汇编》（Collection de Pithou，Paris，Bibl. nat.，lat. 1564）。该汇编目前有两个版本：一是大约在6世纪末期出现的原创本，其编撰地点很可能是高卢西部地区。从文本内容看，涉及高卢教务会议的内容大致可以分为三个部分，首先是535年克莱蒙教务会议，其次是517年埃帕奥讷教务会议和524年阿尔勒教务会议，最后是511年奥尔良教务会议和538年奥尔良教务会议。[1] 二是大约成书于9世纪的修订本，该文本目前保存在巴黎图书馆，作者很可能是科隆主教希尔德巴尔德（Hildebald de Cologne）。

第四部为《迪森汇编》（Collection de Diessen，Munich，Bibl. nat.，ms. lat. 5508，VIIIe s.）。该汇编完成的时间大约为7世纪中叶，其编撰地点很可能是现今奥地利的萨尔茨堡（Salzbourg），内容涉及517年埃帕奥讷教务会议、529年韦松教务会议、614年巴黎教务会议和626—627年克里希（Clichy）教务会议。[2]

---

[1] 该文献的最初版本首先出现在桑斯教省或奥克塞尔教省，它可能与《兰斯汇编》和《科尔比汇编》使用了同一种材料，参见 Odette Pontal, *Histoire des conciles mérovingiens*, p. 25.

[2] 克里希，巴黎西北郊小镇。

第五部为《圣阿芒汇编》(Collection de Saint-Amand, Mss Berlin, lat. 435. VIIIe – IXe s.)。作为法兰克高卢最重要的教会法汇编之一，《圣阿芒汇编》出现的时间应该不早于 7 世纪末期，其流传下来的抄本众多。[①] 按照文本所示，有关墨洛温王朝时期高卢教务会议的内容大致可以分为三组：第一组涉及 524 年阿尔勒教务会议、527 年卡尔庞特拉教务会议、529 年奥朗日教务会议，第二组涉及 511 年奥尔良教务会议、533 年奥尔良教务会议、538 年奥尔良教务会议、541 年奥尔良教务会议、549 年奥尔良教务会议，第三组涉及 529 年韦松教务会议、517 年埃帕奥讷教务会议、567 年图尔教务会议、581—583 年马孔教务会议、585 年马孔教务会议、552 年巴黎教务会议、562 年巴黎教务会议、561—605 年奥克塞尔教务会议、647—653 年沙隆教务会议。

3. 第三组汇编（约 600 年）

第三组为《古高卢汇编》(Vetus Gallica)。该汇编大约完成于 600 年，是法兰克高卢最早的、最具系统性、最具影响力的教会法汇编，其最初版本的作者很可能是里昂主教埃塞里乌斯（Éthère de Lyon, 586—602 年在任）。这位主教与罗马教宗格雷戈里关系亲密，后者曾夸赞他具有尊重教会法的虔诚之心。尽管这部著作的原始版本已经佚失，但有众多抄本流传下来。[②] 依据德国学者胡伯特·莫尔德克（Hubert Mordek）的说法，该汇编现存 13 部完整的抄本和 9 部残缺的抄本，收录了上百条墨洛温王朝时期高卢教务会议制定的法

---

① 比如法国国家图书馆拉丁抄本 3846 号（Paris, Bibl. nat., lat. 3846, IXe s.）、法国国家图书馆拉丁抄本 1455 号（Paris, Bibl. nat., lat. 1455, IXe s. micro film），其中，抄本 3846 号第 80 叶面以后的内容同抄本 1455 号第 128 叶面以后的内容一致。此外，还有梵蒂冈拉丁抄本 3827 号（le manuscrit de Vatican, lat. 3827, IXe – Xe s.）。

② 673 年或 675 年，欧坦主教柳德加尔（Léger d'Autun, 615—679）被流放至吕克瑟伊（Luxeuil）修道院。在此期间，他很可能对《古高卢汇编》进行过修订，因为这部汇编的后续版本中出现了大量欧坦教务会议的相关内容。在此之后，该汇编的所有抄本应该都是在科尔比修道院完成的。

规，涉及511年奥尔良教务会议、581年马孔教务会议、585年马孔教务会议等十余次教务会议。值得一提的是，该书首次将教务会议讨论的"主题"作为教规编排的分类标准，与此前单纯罗列历次教务会议法令的编排方式截然不同。①

从以上各组教会法汇编抄本的基本信息来看，至少在626—627年克里希教务会议之前，墨洛温高卢尚未出现标准化的教会法汇编通行本。墨洛温高卢教会法仅仅是各个教会法汇编当中的一个组成部分，即便是收录了大量墨洛温高卢教规的《古高卢汇编》，其内容同样涉及早期基督教领袖制定的教会纪律。由于教务会议法令的编撰工作均属地方行为，高卢地区由此形成了多个编撰中心，而其由南向北的拓展趋势反映出墨洛温王室对高卢教务会议的重视程度与日俱增。另外，除了依据教会法汇编的编撰地点进行分类之外，我们还可以根据其原始版本出现的大致时间作一概略性考察。在上文列举的11份教会法抄本中，其原始版本属于6世纪的有5个，属于7世纪的有5个，属于6、7世纪之交的有1个。这些抄本的编撰形式相对单一，除《古高卢汇编》是根据主题对墨洛温教会法进行分类外，其余的当朝教会法汇编都是以某次教务会议的名称为准，将它颁布的教会规条逐一罗列在后。

（三）墨洛温高卢教务会议法令的传播与传承

与教会早期颁布的教会法一样，墨洛温教务会议制定的法令并不是封闭性的，其影响力在墨洛温时代便已辐射境外。在亚平宁半岛和伊比利亚半岛出现的一些教会法汇编都有着墨洛温高卢教务会议法令的痕迹。而且，即便是在墨洛温王朝灭亡之后，由墨洛温高卢主教团制定的教会规条依旧在后世王朝的教会法汇编中存有一席之地，甚至到了12世纪中期，人们还是可以在《格兰西教令集》中

---

① Hubert Mordek, *Kirchenrecht und Reform im Frankreich: Die Collectio Vetus Gallica, die älteste systematische Kanonessammlung des fränkischen Gallien*, Berlin und New York: Walter de Gruyter, 1975.

找到它们的身影。关于这一问题，我们可以从以下两个方面进行具体阐述。

其一，意大利与西班牙教会法汇编中出现的墨洛温高卢教务会议法令。从现存教会文本来看，中古早期意大利的教会法汇编对高卢主教团的立法活动有所关注，其中有两部手稿提及墨洛温高卢教务会议法令：一是保存在法国国家图书馆的《圣巴莱斯汇编》（Collection de Saint-Blaise, Paris, B. N., lat. 4279），它收录了511年奥尔良教务会议颁布的第16条教规。二是《凯内尔汇编补本》（Quesnelliana aucta, B. N., lat. 1454, 1458, 3842 A, 3848 A），它收录了511年奥尔良教务会议和573年巴黎教务会议所颁教会规条。与上述意大利教会法文本类似，早期的西班牙教会法汇编《康普顿斯书》（Liber Complutensis）和《西班牙教规简编》（Epitome Hispanico）也收入了少量的墨洛温高卢教务会议法令。前者完成的时间约为527—561年，书中主要包含511年奥尔良教务会议颁布的教会法和524年阿尔勒教务会议颁布的第1条和第2条教规。后者出现的时间约为6世纪末至7世纪初，从文本内容来看，该著作简要概述了511年奥尔良教务会议中的21条教规、524年阿尔勒教务会议中的第1条和第2条教规、549年奥尔良教务会议颁布的教会法（除第22条教规）。这种状况在《伊西多尔的西班牙教规集》（Hispana Isidoriana）中得到改善。依据西班牙学者冈萨洛·马丁内斯·迪埃兹（Ganzalo Martinez Diez）的研究，该书约完成于634年，其编写工作可能由塞维利亚主教伊西多尔（Isidore de Séville，601—636年在任）主持，尽管这部作品的原始版本不知所踪，但留传至今的抄本却相当可观。[①] 这些抄本大致可以分为两组：第一组为《尤里安抄本》（Juliana），包含《尤里安抄本》原创本、《托莱多抄本》（Toletana）和《高卢抄本》（Gallica），其中，原创本收录了511年奥尔良教务会议颁布

[①] 关于《伊西多尔的西班牙教规集》的研究，参见 Ganzalo Martinez Diez y Felix Rodriguez, *La colección canónica Hispana*, Vol. I – VI. Madrid：CSIC, 1966—2002.

的教规（除第4、5、7、10条）、517年埃帕奥讷教务会议颁布的教规（第4、第7、和第12条）、535年克莱蒙教务会议颁布的教规（第6和第9条）、538年奥尔良教务会议颁布的教规（第13、第16、第23、第25和第33条）和阿尔勒教务会议颁布的第4条教规；《托莱多抄本》在原创本的基础上于694—702年间得到了补充，其增补内容涉及517年埃帕奥讷教务会议、527年卡尔庞特拉教务会议、529年韦松教务会议、538年奥尔良教务会议和549年奥尔良教务会议。第二组为通用本（Vulgata），该组抄本主要涉及529年韦松教务会议、511年奥尔良教务会议、538年奥尔良教务会议、517年埃帕奥讷教务会议、527年卡尔庞特拉教务会议、535年克莱蒙宗教会议和549年奥尔良教务会议。由此可见，中古早期意大利和西班牙的教会精英似乎对产生于6世纪中前期的高卢教会法更为关注。

其二，墨洛温高卢教务会议法令的后世传承。墨洛温王朝灭亡以后，闻名于加洛林时代的《狄奥尼修斯—哈德良汇编》（Dionysio-Hadriana）和《达什良汇编》（Dacheriana）并没有收录任何前朝教会法，但这并不意味着由高卢主教团共同创造的法学成就未在加洛林教会文本中谋得一席之地。① 事实上，从8世纪至10世纪，加洛林教士在教会法编撰工作中时常受到《古高卢汇编》的影响，其整理的内容也就自然无法完全脱离墨洛温王朝时期的高卢教务会议。具体来说，此类教会法汇编主要有以下五部。

第一部是大约成书于8世纪中叶的《埃洛瓦良汇编》（Collectio Herovalliana, Paris, B. N. , lat. 13657），该汇编涉及的高卢教务会议有517年埃帕奥讷教务会议、535年克莱蒙教务会议、538年奥尔良教务会议、541年奥尔良教务会议、549年奥尔良教务会议、581—

---

① 774年，哈德良一世（Adrien Ier，772—795年在位）将这部教会法汇编献给查理曼，但它并没有立即成为加洛林官方认可的教会法汇编。关于这部汇编在法兰克国家的应用，参见 Rosamond McKitterick, *Books, Scribes, and Learning in the Frankish Kingdoms, 6th – 9th Centuries*, pp. 97 – 117.

583 年马孔教务会议、585 年马孔教务会议和 583 年里昂教务会议。第二部为《圣日耳曼抄本汇编》(Collection du manuscrit de Saint-Germain, Paris, B. N., lat. 12444)，该抄本的出现时间大约为公元 8 世纪，摘录了 511 年奥尔良教务会议和 538 年奥尔良教务会议颁布的教会法。第三部为《弗赖辛抄本第二汇编》，该抄本是援引前代立法成果最多的加洛林教会法汇编，在其 109 章的内容中，涉及的高卢教务会议有 517 年埃帕奥讷教务会议、511 年奥尔良教务会议、538 年奥尔良教务会议、549 年奥尔良教务会议、529 年韦松教务会议、554 年阿尔勒教务会议、567—570 年里昂教务会议、581—583 年马孔教务会议以及 585 年马孔教务会议等等。第四部为《博纳瓦勒抄本第一汇编》(La première collection du manuscrit de Bonneval, Paris, B. N. lat. 3859)，该书的编撰工作始于 816 年之后，涉及的墨洛温教务会议有 517 年埃帕奥讷教务会议、511 年奥尔良教务会议、533 年奥尔良教务会议、538 年奥尔良教务会议、541 年奥尔良教务会议、549 年奥尔良教务会议、518—523 年里昂教务会议（仅有第 4 条教规）、535 年克莱蒙教务会议（仅第 12 条教规）、554 年阿尔勒教务会议，573 年巴黎教务会议、567 年图尔教务会议、581—583 年马孔教务会议、585 年马孔第二次教务会议和 663—680 年欧坦教务会议。① 第五部为一份不完整的手稿，该手稿出现的时间不早于 825 年，其内容包括 517 年埃帕奥讷教务会议、511 年奥尔良教务会议、538 年奥尔良教务会议以及 549 年奥尔良教务会议所颁布的教会法。

除上述五部教会法汇编外，亦有两部未受《古高卢汇编》影响的教会法汇编收录了 6、7 世纪的高卢教会法。第一部为大约出现在 8 世纪上半叶的《勃艮第汇编》(Collection de Bourgogne, Bruxelles, Bibl. rcg. ms. 8770—8793, VIIIe – IXe s.)，该汇编援引高卢教会法共计 30 余条，涉及 511 年奥尔良教务会议（第 1、2、3、8、9、25、

---

① 《博纳瓦勒抄本第一汇编》的主要内容转录在 9 世纪中叶出现的一份抄本中，该抄本现为法国国家图书馆拉丁文抄本 3859 号的一部分。

26、29、30、31条)、517年埃帕奥讷教务会议(第4、9、12、13、22条)、535年克莱蒙教务会议(除第14条)、567年图尔教务会议(第3、4、6、8条和第10条的最后部分)、583年里昂教务会议(第5条)、581—583年马孔教务会议(第6、8、9、3、5条)以及561—605年奥克塞尔教区教务会议。第二部是成书于9世纪下半叶的《博韦抄本汇编》(la collection du manuscrit de Beauvais, Vatican, lat. 3827),该汇编同样转抄了一系列高卢教务会议颁布的教规教令。值得注意的是,由于使用过相同的参考文献,《博韦抄本汇编》和《圣阿芒汇编》在内容上有很大的相似性。

进入11世纪后,有两部重要的教会法文献提及墨洛温王朝时期的高卢教务会议。第一部为《沃姆斯的布尔夏尔教令集》:沃姆斯主教布尔夏尔(Burchard de Worms)可能在1008—1012年间完成了该书的编订工作。在编订过程中,他借鉴了《关于召开教务会议之动因》(De synodalibus causis)一书。《关于召开教务会议之动因》的编者为普吕姆修道院院长雷吉依(Réginon de Prüm),此人曾在书中援引538年奥尔良教会法第10条、567年图尔教会法第5条以及627年克里希教会法第2条。与雷吉依的这部作品相比,《沃姆斯的布尔夏尔教令集》收录的高卢教会法明显更多一些,其涉及的教务会议有511年奥尔良教务会议、517年埃帕奥讷教务会议、524年阿尔勒教务会议、529年韦松教务会议、535年克莱蒙教务会议、538年奥尔良教务会议、541年奥尔良教务会议、549年奥尔良教务会议、573年巴黎教务会议、567年图尔教务会议、581—583年马孔教务会议、585年马孔教务会议、561—605年奥克塞尔教务会议、614年巴黎教务会议、663—680年欧坦教区教务会议。

第二部为成书于11世纪末期的《沙特尔的伊弗教会法汇编》:该书由《教令集》(Decretum)和《教会法合编》(Tripartita)等多个部分组成,作者为沙特尔主教伊弗(Yves de Chartres,1090—1115年在任)。其中,《教令集》和《教会法合编》的版本A中收录了墨洛温王朝时期高卢教务会议颁布的教会法,前者包含的35条教规分别源自 524 年阿尔勒教务会议（第 3、第 4 条）、511 年奥尔良教务会议（31 条中的 27 条）、527 年埃帕奥讷教务会议（第 4 条）、535 年克莱蒙教务会议（第 6 条）、538 年奥尔良教务会议（第 24、第 26、第 33 条）和 581—583 年马孔教务会议（第 18 条）；后者包含 15 次高卢教务会议颁布的 56 条教规，涉及 511 年奥尔良教务会议、517 年埃帕奥讷教务会议、524 年阿尔勒教务会议、529 年韦松教务会议、535 年克莱蒙教务会议、538 年奥尔良教务会议、541 年奥尔良教务会议、549 年奥尔良教务会议、573 年巴黎教务会议、567 年图尔教务会议、581—583 年马孔教务会议、585 年马孔教务会议、561—605 年奥克塞尔教务会议、614 年巴黎教务会议以及 663—680 年欧坦教务会议。①

在 12 世纪中叶以前的近千年里，教会积累的教会法材料浩如烟海，其中包括《圣经》、早期教父所创之作品、教务会议颁布的教会法以及或真实或伪造的教宗通谕等等。许多教士在修院的抄录工作室中将这些材料编订成册，这项工作中的许多成果流传至今，其中最著名的当数格兰西在意大利博洛尼亚完成的《格兰西教令集》。该著作出现的时间约为 1140 年，收录了大约 4000 条教规，其中与本书核心内容相关的教规共计 51 条，涉及 511 年奥尔良教务会议（含 25 条）、517 年埃帕奥讷教务会议（含 4 条）、524 年阿尔勒教务会议（含 2 条）、535 年克莱蒙教务会议（含 2 条）、538 年奥尔良教务会议（含 5 条）、549 年奥尔良教务会议（含 3 条）、554 年阿尔勒教务会议（含 1 条）、573 年巴黎教务会议（含 2 条）、581—583 年马孔教务会议（含 3 条）、585 奥克塞尔教务会议（含 2 条）和 614 年巴黎教务会议（含 2 条）。

格兰西去世以后的二百余年时间里，教会法汇编的编修工作依

---

① 关于这部汇编，参见 Paul Fournier et Gabriel Le Bras, *Histoire des collections canoniques en Occident depuis les fausses décrétales jusqu'au Décret de Gratien*, Vol. 2, Paris: Sirey, 1932, pp. 55–114.

旧如火如荼。虔诚的教士们置身于修道院的"藏书阁"内埋头苦干，踌躇满志。他们一方面对《格兰西教令集》和教宗教令进行整理加工，同时又继续收集与教务会议相关的各类文本材料，共同将教会法学推向硕果累累的"古典时代"（Âge classique，1140—1378 年）[1]。然而，教士们在收集、整理和抄录史料的过程中，几乎从来没有开展过辨伪工作，当然他们也从未意识到文本甄别的必要性，因为在他们看来，凡是用文字记录下来的教规教令皆为"上帝旨意"。于是，隐藏在这些材料中的种种讹误、荒诞言辞甚至伪造之作，一并被摘录下来，与真实信息共同编修成册。由此看来，这项工作的最终目的并非向世人展现教务会议的历史行程及其在国家建设方面所做出的重要贡献。

及至 15 世纪，文艺复兴时期的人文主义法学家开始大力倡导撇开中世纪注释法学中的冗长评注，借助忠实于原始文本的传世抄本来分析现行法律与历史传统的联系。此后，对法律文献的考据与勘校已然成为法学理论研究与教学实践中的一种时尚。到了宗教改革时期，人文主义法学家对古代文献的考订热情已经蔓延到与教务会议直接相关的教会法领域。基于天主教改革的需要，诸多教会人士开始在考据意识的指引下重新审视和编纂那些在教义斗争中得以重见天日的教会法汇编手稿。与此同时，活字印刷术在欧洲的传播与扩散也为校勘成果的展示以及随后到来的批判性学术研究提供了技术支持。然而，若想深入认识墨洛温高卢教务会议这一论题，还需转向与之相关的历史编纂学（historiographie），并充分结合造就这一社会产物的时空条件。[2]

---

[1] Gabriel Le Bras, *Histoire du droit et des institutions de l'Église en Occident*, Tome VII, *l'Âge classique (1140—1378): Sources et théorie du droit*, Paris: Sirey, 1965.

[2] 在西语当中，英语"Historiography"或法语"Historiographie"是一个学术内涵丰富的术语，它既包括历史研究与写作的发展史，即史学史，也包括有关历史研究的理论和方法，即史学理论。关于该词语的详细解释，参见向燕南《说历史编纂学：一个中西史学文化比较的立场》，《史学史研究》2019 年第 3 期。

三 墨洛温高卢教务会议史的研究转向

16世纪以来，西方学术界对教务会议的关注从未停歇；而且，每个历史时期迥异的社会状况、核心思想以及价值取向均驱动着西方学者以不同的视角观察教务会议，这段历史的研究与书写因而带有浓厚的时代色彩。1979年，德国著名基督教会史专家、时任奥格斯堡大学教授的沃尔特·布兰德米勒（Walter Brandmüller）开始着手主持规模宏大、内容丰富的"教务会议史全书"（Konziliengeschichte）项目，该项目汇集当代数十位顶尖学者，旨在通过集体智慧与个人专长的有机结合，突破教务会议史传统叙事范式的束缚，对基督教世界自古以来的教务会议进行全面的梳理与阐释，以此展现其对思想文化与社会生活的重要影响。与此同时，布兰德米勒也希望这项事业的最终成果能够在教务会议史研究领域取代20世纪初编译完成的法文版《教务会议史纲》的至高地位。①

作为教务会议史中不可或缺的组成部分，墨洛温高卢教务会议顺理成章地成为上述项目中的一个重要子课题，该课题由法国著名教务会议史专家奥黛特·蓬塔尔负责。1986—1989年，她先后出版了论著《墨洛温王朝教务会议史》的德文版和法文版，对中古以来与墨洛温高卢教务会议相关的原始文献和史料汇编作了较为全面的梳理。1989年，美国堪萨斯大学教授理查德·凯（Richard Kay）在评论蓬塔尔的这部著作时，对17世纪至19世纪西方学术界在教务会议史研究工作中采用的编写方法、叙事范式以及研究局限有所关照。② 2010年，格雷戈里·哈尔丰德出版《法兰克教务会议史钩沉

---

① 该项目出版了两套系列丛书：第一系列主要阐述基督教各时代和各地区的教务会议，第二系列深入研究教务会议所展现的基督教思想文化与教会生活，至今已出版数十部学术作品。关于这些作品的基本信息，参见http：//www.konziliengeschichte.org/site/de/publikationen/buchreihe，2022年4月10日。

② 理查德·凯对赫斐勒的作品做出如下评价："在赫斐勒创作（《教务会议史纲》）之时，教务会议这个论题已有超过300年的研究历史。希腊语文本和（转下页）

(511—768年)》一书。通过概述19世纪末以降的重要作品及其主要观点,他指出教务会议史传统叙事在史料可靠性方面存在缺陷,并认为近代西方批判史学思想的不断完善能够拓展教务会议史的研究领域。不过,哈尔丰德的重点还是在于说明西方学术界对教会法的关注胜于对教务会议制度的考察,而对由时代需求引发的研究主题革新这一现象着墨较为有限。[①]

事实上,沿着16世纪以来西方史学研究的发展轨迹,通过对墨洛温高卢教务会议史的研究起源、研究历程、研究方法以及研究趋向等方面的梳理与发微,人们既能够了解宗教改革时期的教义之争对教务会议文献编辑的影响,又能发现法国大革命以来西方史学思潮对教务会议史经典叙事的改良,更能明晰欧洲不同历史时期的核心思想命题与墨洛温王朝教务会议史研究转向的互动关系。正如美国加州大学历史学教授斯塔夫里阿诺斯(Stavrianos)在《全球通史》第7版中所说的那样:"每个时代都要书写它自己的历史。不是因为早先的历史书写得不对,而是因为每个时代都会面对新的问题,产生新的疑问,探求新的答案。"[②]

(接上页)拉丁语文本在一系列教务会议汇编中被反复刊印,最终以曼西的31卷对开本著作《神圣教务会议新编全集》(*Sacrorum conciliorum nova et amplissima collectio*)的现世而告一段落。自17世纪起,为了满足那些不愿为大部头教务会议史汇编花费时间和金钱的读者,出现了主要以地方语言写成的各种文摘。它们中有一些是字典形式的,另一些则在时间框架中把教务会议和教会史的叙述松散地链接在一起。赫斐勒的著作采用了后者的模式;它只是将浅薄的教会史与所有重要教规的详细总结合并在一起。即便是按照他那个时代的标准来衡量,这部著作的学术性也十分有限:没有参考手稿、没有文本批注、没有历史评判、没有归纳概括或比较研究。……《教务会议史纲》只是对希腊语和拉丁语文本进行了不加批判的释义。"(Richard Kay, "Review of *Histoire des conciles mérovingiens*, by Odette Pontal", *Speculum*, Vol. 67, Iss. 4, 1992, pp. 1030 - 1032.)笔者认为,这一评价过于严苛,有失公允。

① Gregory I. Halfond, *The Archaeology of Frankish Church Councils*, AD 511 - 768, pp. 17 - 26.

② [美]斯塔夫里阿诺斯:《全球通史》(上,第7版),董书慧等译,北京大学出版社2005年版,第17页。

（一）教务会议史经典叙事的生成与发展

16 世纪初，新教改革的风起云涌给天主教会带来前所未有的挑战。然而，不论是作为正统信仰象征的罗马教宗，还是善于利用宗教斗争的世俗君王，抑或是维护地方信仰纯洁的教区主教，他们在反对"异端"方面并未显现出应有的积极性。当时身居教宗之位的克勒芒七世（Clement VII, 1523—1534 年在位）坚决反对通过召开大公会议来解决眼前的危机，教廷的枢机们也与教宗站在同一立场。尽管西班牙国王查理一世（Charles Ier, 1500—1558 年）① 要求通过大公会议来解决问题，但是，法国国王弗朗索瓦一世（François Ier, 1515—1547 年在位）坚决反对这一主张。这种对立情景给当时身为奥利金辩护者之一的雅克·梅兰（Jacques Merlin, 1480—1541 年）带来了巨大的心理冲击。1524 年，通过对法国波旁宫图书馆（Bibliothèque du Palais Bourbon）② 保存的一份 12 或 13 世纪手稿的研读，雅克·梅兰精心编撰出第一部教务会议汇编，并将言辞激烈且饱含宗教情感的前言部分寄给巴黎主教弗朗索瓦（François de Paris）和桑斯主教艾蒂安（Étienne de Sens），希望以此激发天主教会打击异端的活力。

在此后长达两个半世纪的时间里，从雅克·梅兰到吉欧瓦尼·多梅尼克·曼西（Giovanni Domenico Mansi, 1692—1769 年），绝大多数教务会议文献的编纂者都是意大利或法国的教会人士。他们或是出自属于托钵修会（Ordre mendiant）③ 的方济各会（Ordre des Frères mineurs）和多明我会（Ordre dominicain），或是加尔都西会

---

① 查理一世，1516 年成为西班牙统治者，1516—1556 年在位。1519 年，他成为神圣罗马帝国皇帝，称查理五世，1519—1556 年在位。1556 年，查理退位，两年后去世。

② 波旁宫图书馆位于巴黎波旁宫内，现为法国国民议会图书馆（Bibliothèque de l'Assemblée nationale）。

③ 托钵修会是完全依靠捐助而生存的天主教修会，他们不蓄财产，需发贫穷誓愿，以便将所有时间和精力投入宗教工作。他们积极维护天主教正统教义，热心布道，攻击异端，过着清心寡欲的生活，力图挽回本派威信。

(Ordre des Chartreux）的成员，或是来自在 1540 年才正式成立的耶稣会（Compagnie de Jésus）。尽管这些修会的修道宗旨存在或多或少的差异，但在宗教改革时期，积极维护天主教正统教义是修士们的共同目标之一。为了攻击"异端邪说"并挽回天主教的威信，天主教的修士们自觉承担起编纂教会历史文献的重任。特别是身为博学派代表之一的耶稣会士，到 16 世纪下半叶之时，他们已然成为中世纪天主教会史研究工作的主力军。在此社会情境下，教务会议原始文献的收集、整理与勘校工作呈现出一片繁荣景象。① 1538 年，皮埃尔·克拉伯（Pierre Crabbe，1471—1553 年）在科隆出版的《教务会议大全》（*Concilia Omnia*）涉及 130 余次教务会议，整整是梅兰整理内容的三倍；1644 年在卢浮宫出版的《王家汇编》（*Collectio regia*）包含的教务会议总数上涨到 815 个；1672 年，菲利普·拉博（Philippe Labbe）和加布里埃尔·科萨尔（Gabriel Cossart）共同完成的 17 卷教规教令集记述的教务会议总数上升至 1600 个；及至 18 世纪下半叶，曼西编纂的《神圣教务会议新编全集》被视为当时最全面的教务会议史著作，其涉及的教务会议总数多达 2400 个。② 正

---

① 雅克·梅兰身后的几十年里，皮埃尔·克拉伯、加尔都西会修士劳伦提乌斯·苏里乌斯（Laurentius Surius）、多明我会修士多米尼克·尼科利尼（Dominique Nicolini）和多米尼克·波拉努斯（Dominique Bollanus）相继接过"教务会议法令编纂"旗帜。17—18 世纪，塞维兰·比尼（Séverin Bini）、雅克·希尔蒙、菲利普·拉博、加布里埃尔·科萨尔、艾蒂安·巴吕兹（Étienne Baluze）、让·阿尔杜瓦恩（Jean Hardouin）、尼古拉斯·科莱提（Nicolas Coleti）、优西比乌·阿莫特（Eusèbe Amort）、吉欧瓦尼·多梅尼克·曼西等人继续从事教务会议文献的编纂工作，并出版或再版了多部教务会议汇编。参见 Henri Guentin, *Jean-Dominique Mansi et les grandes collections conciliaires*, Paris: Ernest Leboux, 1900, pp. 7 – 13; Richard Kay, "Mansi and Rouen: A Critique of the Conciliar Collections", *The Catholic Historical Review*, Vol. 52, No. 2, 1966, p. 156; Siméon Vailhé, "Les grandes collections des conciles", *Échos d'Orient*, Tome 4, No. 4, 1901, pp. 235 – 238.

② Henri Guentin, *Jean-Dominique Mansi et les grandes collections conciliaires*, p. 32. 另外，西班牙人文主义历史学家安东尼奥·奥古斯丁（Antonio Agustín, 1517—1586 年）首次将语言学和校勘方法用于教会法研究，希望通过细致的考订对各种手抄本去伪存真，恢复古典时期的教会法作品的原貌。在此风气的影响下，教宗庇护五世（转下页）

是在这种不遗余力且持续不断的发掘、整理工作中，教务会议史的经典叙事范式逐渐成形。

在《教务会议大全》成书之前，克拉伯在法国北部、比利时和莱茵河沿岸地区走访了 500 余家图书馆，收获大批资料。因此，他编写的每一次教务会议至少都有两份手稿作为史料依据。由于新发现的教务会议成倍增长，且与之相关的信息又通常散落在不同的手稿中，文本内容的编排与串联自然成为一个亟待解决的问题。对此，克拉伯一方面按照罗马教宗的在位次序编排对应时段的教务会议文献，另一方面则在每一阶段的开头部分加入相关教宗的传记概要。① 对于其作品的价值，克拉伯在其序言中写道，"我在力所能及的范围内竭尽全力，可以不夸口地说，我做了至今没人做过的事情"；"假如在罗马、威尼斯、博洛尼亚或其他遥远的地方有比我用过的抄本更好或更完整的手稿，我绝不会阻止任何人将之公之于众"。②

1629 年，法国耶稣会士雅克·希尔蒙（Jaques Sirmond）在巴黎出版了《古代高卢教务会议汇编》（*Concilia antiqua Galliae*）一书，该书共 3 卷，涵盖时段为 314—987 年，其中，第 1 卷专门编撰与 314—751 年高卢教务会议相关的历史文献，这部分内容在教务会议

（接上页）于 1566 年组织了一个包括安东尼奥在内的由学者和枢机团成员构成的教会法文献修订委员会，也就是所谓的"罗马修订者"（correctores Romani），对五大教会法经典（即《格兰西教令集》《格雷戈里九世教令集》《卜尼法斯八世教令集》《克莱蒙五世教令集》《编外卷》）进行勘正。1582 年，教宗格雷戈里十三世承认了他们的校订成果，并以此为基础出版了包括这五部汇编的一套全集，将其确定为教廷认可的正式版本，格雷戈里称之为《教会法大全》（*Corpus iuris canonici*）。但是，该名称当时并未被印制在书上，直到 1586 年法兰克福才首次出版了以此为标题的版本。关于"罗马修订者"，参见 Mary E. Sommar, *The Correctores Romani*: *Gratian's Decretum and the Counter-Reformation Humanists*, Berlin: LIT Verlag Münster, 2009.

① 教宗的传记概要取自《教宗列传》（*Liber Pontificalis*）。关于这部史料，参见 Louis Duchesne, ed., *Le Liber Pontificalis. Texte, introduction et commentaire*, Vol. 1 – 2, Paris: Ernest Thorin, 1886 – 1892; Raymond Davis, *The Book of Pontiffs*, Liverpool: University of Liverpool Press, 2000.

② Henri Guentin, *Jean-Dominique Mansi et les grandes collections conciliaires*, p. 17.

| ANNO CHRISTI | Aurelianense I. | CLODOVEI |
| fii. | | REGIS 30. |

CONCILIVM AVRELIANENSE I.

CLODOVEI FRANCORVM REGIS EVOcatione celebratum, sub die VI. Idus Iulias, Felice V. C. Consule, anno Christi DXI. Symmachi Papæ XIII. Clodouei eiusdem Regis XXX.

TITVLI CANONVM.

1. *De criminosis qui ad Ecclesiam confugiunt.*
2. *Si ad Ecclesiam raptor cum rapta cofugerit.*
3. *De seruis, qui ad Ecclesiam confugiunt.*
4. *De ordinatione clericorum, & vt filij clericorum in Episcopi sint potestate.*
5. *Qualiter ab Episcopo facultates Ecclesiæ dispensentur.*
6. *Eum qui ab Episcopo aliquid repetit, non excommunicandum.*
7. *Vt clerici sine commendatitijs Episcopi sui ad regem non accedant.*
8. *Si seruus inscio domino fuerit ordinatus.*
9. *Si presbyter aut diaconus crimen capitale commiserint.*
10. *De clericis ab hæresi conuersis, & de basilicis Gothorum.*
11. *De pænitentibus qui ad sæcularia redierint.*
12. *Quòd clericis pænitētibus baptizare liceat.*
13. *De relictis clericorum, si alijs nupserint.*
14. *De oblationibus fidelium.*
15. *De his quæ in parochianis Ecclesiis offeruntur.*
16. *Vt Episcopus pauperes & infirmos tueatur.*
17. *Vt basilica in cuius territorio sunt, in eius Episcopi maneant potestate.*
18. *Ne quis defuncti fratris relictam, vel amissæ vxoris suæ sororem ducat.*
19. *Vt Abbates Episcopis, monachi Abbatibus subsint, & de monachis vagis.*
20. *Vt monachi oratorio, vel tzangis non vtatur.*
21. *Si monachus vxorem duxerit.*
22. *Vt monachus cellam sibi sine permissu non construat.*
23. *Vt in terris Ecclesiæ præscriptio locum non habeat.*
24. *Vt ante Pascha Quadragesima obseruetur, non Quinquagesima.*
25. *Vt maiores festiuitates nullus ciuium in villa celebret.*
26. *Vt populus ante completam Missam egredi non præsumat.*
27. *De Litanijs ante Ascensionem Domini celebrandis.*
28. *De clericis qui ad Litanias venire contempserint.*
29. *De vitanda familiaritate extrancarum mulierum.*
30. *De diuinationibus, & sor. ibus Sanctorum.*
31. *Vt Episcopus ab Ecclesia die Dominico non absit.*

EPISTOLA SYNODI AD CLODOVEVM REGEM.

DOMINO suo catholicæ Ecclesiæ filio, Chlothouecho gloriosissimo regi, omnes sacerdotes quos ad Concilium venire iussistis. QVIA tanta ad religionis catholicæ cultum gloriosæ fidei cura vos excitat, vt sacerdotalis mentis affectu sacerdotes de rebus necessarijs tractaturos in vnum colligi iusseritis, secundum voluntatis vestræ consultationem, & titulos
Concil. Gall. Tom. I.   Z

《古代高卢教务会议汇编》中的 511 年奥尔良教务会议选段

史研究领域具有不可替代的学术意义和应用价值。① 从文本的具体内容中，不难发现，作者在写作过程中遵循着一套相对固定的叙事范式。

以511年奥尔良教务会议为例：首先，作者在给出会议名称"奥尔良第一次教务会议（Concilium Aurelianense I）"之后，相继用基督纪年、罗马教宗的任职纪年和法兰克国王的统治纪年这三种纪年方法指明会议召开的时间，即主后511年（anno Christi DXI）、罗马教宗西玛克（Symmaque，498—514年在位）在位的第13年和克洛维统治的第30年。随后，作者以标题形式简要说明此次会议包含的教会法数量及其主要内容。接着，作者将包括序言、教规和参会者名单在内的教务会议决议文书陈列在后，从而与此前的内容共同组成一个较为完整的单次教务会议篇章。对于那些没有留下决议文书的教务会议，希尔蒙则会从与之相关的叙述性史料或书信中截取关键信息来大致说明会议的基本情况。例如，在记述577年巴黎教务会议、588年克莱蒙教务会议和590年奥弗涅教务会议时，希尔蒙分别选用《法兰克人史》第5卷第18章、第6卷第38章和第10卷第8章中的部分内容。② 类似的例证还有很多，限于篇幅，在此不便一一列出。

19世纪下半叶，德国神学家卡尔·约瑟夫·冯·赫斐勒潜心著述二十载，由其创作的7卷本《教务会议史纲》在1855年至1874年间相继出版发行。③ 1887—1890年，约瑟夫·海根怀特（Joseph Hergenröther）又为该书增补了两卷内容，使之最终成为今人所熟知的9卷本巨著。实际上，作为"教宗无谬性"教义的反对者之一，

---

① 该书第2卷和第3卷涵盖的时段分别为751—840年和840—987年。参见 Jaques Sirmond, ed., *Concilia antiquae Galliae*, Vol. I – III, Paris: Sebastien Cramoisy, 1629.

② Jaques Sirmond, *Concilia antiquae Galliae*, Vol. I, pp. 177 – 184, 357 – 360, 396, 404.

③ 赫斐勒，曾为罗马教宗庇护九世（Pie IX，1846—1878年在位）的幕僚。后来，赫斐勒出任罗腾堡（Rottenburg）主教，而且他还参加了第一次梵蒂冈大公会议（Premier concile œcuménique du Vatican，1869—1870年）。

赫斐勒最开始只打算关注大公会议本身，但随着研究工作的不断深入，他很快意识到，在基督教会的发展历程中尚有诸多其他类型的教务会议与大公会议同等重要。

基于这一判断，赫斐勒果断将其考察范围延展开来，并在让·阿尔杜瓦恩和曼西所作成果的基础上，书写所有已知教务会议的历史。在总体秉承前代传统的同时，他对单次教务会议的开篇形式做出调整，不再以简单的会议时间和地点作为罗列教务会议原始文献之前的铺垫，而是用概述性的语言尽量将会议的前因后果交代清楚。另外，对于像墨洛温高卢教务会议这类的非大公会议，在对其教规的处理上，赫斐勒没有选择直接抄录拉丁文教规，而是将其翻译或概述为德文。

20世纪初，针对赫斐勒作品的学术性缺陷，法国神学家亨利·勒克莱尔克在从事翻译工作时，对之进行相应的完善，不仅为其增添了引文注释，而且还讨论了某些教务会议的真实性，并对会议的召开时间、举办地点、参与人员及主要议题做出了有理有据的评断。[①]

1936年，法国学者夏尔·德克莱尔克又以类似的叙事逻辑，专门阐述了从克洛维继位到查理曼执政这段时期的高卢教务会议史。[②]至此，西方学术界在古代中世纪高卢教务会议史研究领域已经形成了一套传统叙事原则，即在拟定的时间范围内，依据较为可信的传世文献，按照教务会议召开的先后顺序，叙述或分析会议的举办动因、

---

① 以541年奥尔良教务会议为例：首先，勒克莱尔克在标题处添加了一个注释，其主要内容是收录此次教务会议文献的前代教务会议汇编；其次，他在与参会人员相关的注释中较为详细地说明了阿尔勒教省的主教们的出席情况。第三，对于某些前代教务会议已经颁布的相同教规或类似条目，他都会在注释中标明出处。Karl Joseph Von Hefele, *Conciliengeschichte*, Zweiter Band, Zweite, verbesserte Auflage, Freiburg im Breisgau: Herder, 1875, S. 780 – 784; Karl Joseph von Hefele, *Histoire des conciles d'après les documents originaux*, éd. et trad. par Dom Henri Leclercq, Tome II, Partie II, Paris: Librairie Letouzey et Ané, 1908, pp. 1164 – 1174.

② Charles de Clercq, *La législation religieuse franque de Clovis à Charlemagne*, Paris: Sirey, 1936.

导论　墨洛温高卢教务会议史研究的文献基础与理路变化

780　§ 253. Vierte Synode zu Orleans im J. 541.

§ 253.

Vierte Synode zu Orleans im J. 541.

Die große fränkische Nationalsynode, die unter dem Consulat des Basilius (d. h. 541 n. Chr.), wie die Unterschrift ihres Präsidenten angibt, zu Orleans abgehalten wurde, war von Bischöfen aus fast sämmtlichen Provinzen Galliens besucht. Fleury und nach ihm Remi Ceillier (T. XVI. p. 732) behaupten, alle drei Reiche, in die damals das große Frankenreich zerfiel, seien hier vertreten und nur aus Narbonensis I kein Bischof anwesend gewesen, weil diese Provinz damals zum spanisch-westgothischen Reich gehörte. Dagegen zeigte Richard (Analysis Concil. T. I. p. 531 sq.), daß aus dem Reich Chlotars (Soissons) kein Bischof anwesend gewesen sei, ebenso keiner aus den zwei germanischen und den zwei belgischen Provinzen; dagegen einer aus Narbonensis I, nämlich Firminus von Ucetia (Uzez). Den Vorsitz führte Erzbischof Leontius von Bordeaux; außer ihm waren noch viele andere Metropoliten, im Ganzen 38 Bischöfe und 12 bischöfliche Stellvertreter gegenwärtig. Unter den Anwesenden finden wir auch den Bischof Grammatikus von Vindonissa [1]. Die 38 Canones dieser Versammlung lauten:

1. Das Paschafest soll von Allen gleichzeitig nach der Tabelle des Victorius (s. Bd. I. S. 34) gefeiert werden. Je an Epiphania soll der Bischof den Ostertag dem Volk ankünden. Entsteht Zweifel über das Fest, so sollen die Metropoliten eine Entscheidung vom apostolischen Stuhl verlangen.

2. In allen Kirchen soll die Quadragesima gleichmäßig gehalten werden, und nicht in einigen eine Quinquagese oder Sexagese. Wer nicht krank ist, muß auch an den Samstagen der Quadragese fasten; nur der Sonntag ist ausgenommen.

3. Es ist nicht erlaubt, daß vornehme Laien das Paschafest außerhalb der bischöflichen Stadt (in ihren Oratorien) feiern.

4. Zur Oblation des hl. Kelches darf man nur Wein von der Rebe, mit Wasser vermischt, gebrauchen.

5. Ein neugewählter Bischof muß in der Kirche consecrirt werden, der er vorstehen soll.

[1] Vgl. meine Schrift: „Einführung des Christenthums im südwestl. Deutschland", S. 176.

德文版《教务会议史纲》中的 541 年奥尔良教务会议选段

> 1164　　　　　　　　LIVRE XIII
>
> est pas parvenu. Le concile semble s'être principalement occupé des droits et privilèges de la province de Byzacène et de son concile ; ou envoya deux députés demander à l'empereur l'approbation des décrets de l'assemblée. Justinien l'accorda, à la condition que rien dans ces décisions ne serait contre l'ordre de l'Église d'Afrique, et que l'on maintiendrait les anciennes coutumes et décisions relatives aux droits des primats de Carthage, des primats de Numidie et de Byzacène et aux conciles [1].
>
> ### 253. Quatrième concile d'Orléans, en 541 [2]. [780]
>
> Le grand concile national franc qui, d'après la souscription de son président, se tint à Orléans sous le consultat de Basile, se composa d'évêques de presque toutes les provinces des Gaules. Fleury et dom Ceillier estiment que les trois royaumes de la monarchie franque y étaient représentés ; que si la *Narbonensis I* n'y a pas envoyé d'évêques, c'est qu'elle faisait alors partie du royaume espapagnol des Wisigoths. Richard [3] prouve, de son côté, qu'il ne se trouvait à Orléans aucun évêque du royaume de Clotaire, c'est-à-dire de Soissons, aucun des deux Germanies et des deux Belgiques ; tandis qu'il y en avait un de la *Narbonensis I* : Firmin d'Uzès. Léonce, archevêque de Bordeaux, présida l'assemblée, qui comprenait plusieurs métropolitains ; en tout trente-huit évêques et douze représentants d'évêques [4]. Parmi les évêques nous trouvons
>
> ---
> 1. Les deux décrets impériaux au concile de Byzacène et à son président, le primat Dacien, sont datés du 6 octobre 541 et du 29 octobre 542 ; ils se trouvent dans Baronius, *Annales*, ad ann. 541, n. 10-12.
> 2. Baronius, *Annales*, ad ann. 545, n. 19. Cf. Pagi, *Critica*, n. 9-10 ; Sirmond, *Concilia Galliæ*, t. I, col. 260 ; *Coll. regia*, t. XI, col. 633 ; Labbe, *Concilia*, t. V, col. 380-390 ; Hardouin, *Coll. concil.*, t. II, col. 1435 ; Martène, *Thesaur. nov. anecdot.*, 1717, t. IV, col. 57-58 ; Coleti, *Concilia*, t. V, col. 1363 ; D. Ceillier, *Hist. génér. aut. ecclés.*, 2e édit., t. XI, p. 859 ; Mansi, *Conc. ampl. coll.*, t. IX, col. 111 ; Maassen, *Conc. ævi Merovingici*, p. 86-99 ; Malnory, *Saint Césaire d'Arles*, p. 164-166 ; pour Bimbenet et de Torquat, voir la bibliographie du concile de 533. (H. L.).
> 3. *Analysis conciliorum*, t. I, p. 531 sq.
> 4. L'union de la province d'Arles avec l'Église franque se manifeste pour la première fois dans ce concile (P. L., t. LXIX, col. 21) qui réunit les évêques des

法文版《教务会议史纲》中的541年奥尔良教务会议选段

参与人员、讨论过程、集体决议以及由与会主教共同签署确认的法律规条。在此之后，不论是夏尔·德克莱尔克出版的《高卢教务会议（511—695年）》，还是让·高德梅编订的《4世纪高卢教务会议》，抑或是高德梅父女合作的《墨洛温王朝教务会议教规集（6—7世纪）》，其编排方法与传统范式并无本质上的差别。①

墨洛温高卢教务会议史的经典叙事范式之所以能够经久不衰，除了得益于历代学人的学术累进而外，很大程度上源于其书写内容的相对可靠性。这些内容多取自数量可观的中古手稿，且有相应时代的叙述性史料作为佐证依据。另外，墨洛温高卢教务会议文书抄本的编写历程也得到了保罗·富尼耶（Paul Fournier）、加布里埃尔·勒布拉（Gabriel Le Bras）、胡伯特·莫尔德克以及劳特·凯里（Lotte Kéry）等学者的关注，他们的研究成果对人们了解这些手稿的抄录时间、存放地点、传播路径等问题助益良多。②

（二）教务会议史研究的"政治转向"

如果说16和17世纪的历史学家主要从事的是与基督教直接相关的史料编纂工作，那么，当启蒙运动宣扬的史学批判思想在18世纪的欧洲旭日当空，历史研究领域的迅速拓展自然也就显得合情合理。学者们不但对权威与传统采取了更多的批判态度，而且试图对当时亚欧大陆西端的人类文明做出合理的解释与评判。正如乔治·皮博迪·古奇（George Peabody Gooch，1873—1968）所言，启蒙时期的历史学把历史的范围从记录事件扩大到论述文明，"它企图把批判的标准和社会学的方法引入史学的领域"。③ 然而，不可否认的

---

① 21世纪初，德国学者约瑟夫·利莫尔继续沿用经典叙事范式记述高卢历次教务会议（314—696年）的基本情况。Josef Limmer, *Konzilien und Synoden im spätantiken Gallien von 314 bis 696 nach Christi Geburt*, Teil 1: *Chronologische Darstellung*, Bern: Peter Lang, 2004.

② Paul Fournier et Gabriel Le Bras, *Histoire des collections canoniques en Occident depuis les fausses décrétales jusqu'au Décret de Gratien*, Vol. I, Paris: Recueil Sirey, 1931; Hubert Mordek, *Kirchenrecht und Reform im Frankenreich: Die Collectio Vetus Gallica, die älteste systematische Kanonessammlung des fränkischen Gallien*; Lotte Kéry, *Canonical Collections of the Early Middle Ages（ca. 400 – 1140）*, Washington, D. C.: Catholic University of America Press, 1999.

③ [英] 乔治·皮博迪·古奇：《十九世纪历史学与历史学家》（上册），耿淡如译，卢继祖、高健校，谭英华校注，商务印书馆1998年版，第82—83页。

是，在如何看待中世纪社会及其宗教观念的问题上，即便是经受过理性主义洗礼的启蒙思想家也终究难以摆脱时代的桎梏。伏尔泰（Voltaire，1694—1778 年）对早期中世纪史研究不屑一顾，在他看来，研究这段历史就像研究狼与熊一样没有任何价值。此外，他还在讽刺性诗歌《奥尔良姑娘》（*La Pucelle d'Orléans*）中流露出对中世纪基督教世界的质疑与不解。部分启蒙思想家对中古早期历史的嗤之以鼻在大革命期间继续发酵，许多革命者鼓吹和过去彻底决裂。在他们眼中，中世纪乃是"黑暗专制"、"愚昧无知"的代名词，而身处"黑暗中心"的教务会议也就只能在博学派的"古文献学论"中徘徊。

1815 年，法兰西第一帝国在滑铁卢之役后彻底倾覆，眼前混乱无序的状态让彷徨的法国民众对过去、现在、未来的价值判断产生了根本性的改变。"在王权、神权与人权的权威丧失殆尽的情况下，历史似乎成了唯一可能的信仰。"① 而当时法国风云变幻的政治形势也恰好推动了"历史世纪"的降临。1820 年 2 月 13 日贝里公爵（duc de Berry）查理·斐迪南（Charles Ferdinand，1778—1820 年）遇刺后，自由派在政府中遭到排挤甚至清除，很多在政治上失意的法国青年才俊纷纷投身史学研究。到了七月王朝时期，"历史不再只是阐明希腊文和拉丁文入门知识的注解了，它拥有了自己的合目的性（finalité），成为一项民族教育"。②

考虑到"历史"的重要性，史学编纂的更新成为一项必不可少的任务。奥古斯丁·梯叶里（Augustin Thierry，1795—1856 年）指出，本笃会修士在史料校雠活动中有一种非凡的洞察力，但却缺乏对历史运动的理解，因而无法领会文献所描述的现象之本质。有鉴

---

① 乐启良：《介入史学的意义与局限——奥古斯丁·梯叶里对法兰西民族史的重构》，《世界历史评论》2019 年第 3 期。

② Christian Delacroix et al., éd., *Les courants historiques en France* (*19e - 20e siècle*), Paris: Armand Colin, 1999, p. 25.

于此，自由派历史学家（les historiens libéraux）通过恢复和继续以让·马比荣（Jean Mabillon）为代表的考证传统，将这一旨在确定历史事实的方法用于历史解释。而且，这种研究方法也不会局限于狭义的历史，文学史、哲学史、语言史、制度史、宗教史同样适用。于是，在弗朗索瓦·基佐（François Guizot，1787—1874年）的《法国文明史》中，此前几乎仅在史料汇编中出现的墨洛温高卢教务会议一跃成为解读西欧政教关系的关键因素。基佐强调，法兰克诸王留下来的无数言行都能证明，除非迫于强大的政治动机，他们既不愿为教务会议中的神学辩论伤脑筋，也几乎不会干涉专门针对教士关系而制定的教规。但是，在一切能使世俗权力发生兴趣的问题上，教会在教义方面具备的那种独立与特权就会荡然无存。① 尽管如此，在国王干预教务会议与主教选举的同时，教会也会通过信仰权威把它的行动和力量日益拓展到奴隶解放、官员监管、国家赋税和司法审判等世俗事务中来。世俗势力和宗教势力由此日益相互靠近、渗透和蚕食，其结果就是双方在相互篡夺中模糊了彼此的界限。

与此同时，在莱茵河彼岸，曾经遭受拿破仑战争火焰侵蚀的德意志同样重视史学革新所带来的社会政治效应，一些德国学者和政治家都相信，通过对德意志原始资料的发掘与解读，在宗教上和政治上分裂的德意志居民能够在历史中获取一种统一性，并在由此激发的爱国热忱中振兴德国。1819年，"德意志早期历史研究会"（Gesellschaft für ältere deutsche Geschichtskunde）在海因里希·施泰因（Heinrich Stein，1757—1831年）的主持下正式成立，负责《德意志史料集成》（*Monumenta Germaniae Historica*）的编辑工作。1870年普法战争结束后，新建立起来的德意志帝国面临的首要问题之一便是如何处理国家与天主教之间的关系。对此，俾斯麦（Bismarck，1815—1898年）曾发起反对天主教和中央党（Zentrumspartei）的行

---

① ［法］弗朗索瓦·基佐：《法国文明史》，沅芷、伊信译，商务印书馆1993年版，第292页。

动,旨在通过"文化斗争"(Kulturkampf)实现政教分离,强化国家对教会和教士的控制。此后,随着弗雷德里希·马森对墨洛温高卢教务会议文献整理的不断深入,埃德加·鲁宁(Edgar Loening)、保罗·辛席乌斯(Paul Hinschius)、鲁道夫·邹姆(Rudolph Sohm)等人的教会法研究开始带有更为浓厚的"政治转向"色彩,他们关注的焦点不再局限于个别教务会议的来龙去脉,而是试图在德意志教会史或法律史叙事中,通过对教务会议及其法令的整体考察来探寻法兰克王权与正统基督教会之间的关系,并借此论证国家在教会法领域建立制度的现象在法兰克时期业已存在。① 鲁宁还进一步指出,墨洛温君王不仅让高卢教省从罗马教宗的控制中解放出来,而且还为松散的高卢"教省联盟"制定了一个共同的制度——法兰克"王国教务会议",从而将高卢教会提升为真正的国家教会。②

到了20世纪初的魏玛共和国(Weimarer Republik,1918—1933年)时期,尽管德意志国家宪法正式确立了政教分离的原则,但它仍在学校、军队、医院等公共机构中为教会留有一席之地。基于国家与宗教的这种"合作"或"分工"式妥协,德国学者汉斯·巴里翁(Hans Barion)借助当时德国流行的法兰克民族教会史书写框架,对墨洛温王朝时期的法兰克国王、高卢教会和教务会议三者之间的关系做出了更为具体的解释。在巴里翁看来,墨洛温诸王允许高卢主教团在教务会议制度中直接完成管理法兰克教会的任务,而君主们则通过区分教规对教会和国家的有效性来实现掌控教会的目的。

---

① Friedrich Maassen, ed., *Concilia Aevi Merovingici*, MGH., Legum Sectio III, Concilia, Tomus I, Hannover: Hahn, 1893; Edgar Loening, *Geschichte des deutschen Kirchenrechts*, 2 Bände, Strasbourg: Verlag Karl J. Trübner, 1878; Paul Hinschius, *Das Kirchenrecht der Katholiken und Protestanten in Deutschland*, 6 Bände, Berlin: J. Guttentag, 1869—1897; Heinrich Brunner, *Deutsche Rechtsgeschicht*, 2 Bände, Leipzig: Verlag von Duncker und Humblot, 1906 und 1928; Albert Hauck, *Kirchengeschichte Deutschlands*, 5 Bände, Leipzig: J. C. Hinrichs'sche, 1904—1920; Rudolph Sohm, *Kirchenrecht*, Leipzig: Verlag von Duncker und Humblot, 1923.

② Edgar Loening, *Geschichte des deutschen Kirchenrechts*, Bd. 2, S. 130.

在王室的认可下，教务会议承担起君主政体不愿或无法履行的经济和教育职责；国王则可以对教务会议制定的教规施加影响，但不能夺走后者在教会内部的权威。主教们希望将教规纳入国家律法的愿望表明他们已经注意到两者的区别；而且，主教们还深刻地认识到，倘若没有国家对教规的授权、没有教会对世俗权力的支持，教会的工作就会变得毫无用处。①

巴里翁之后，西方学术界对法兰克君主在教务会议中扮演的角色进行了更为细致的探讨，并取得了显著成果。奥黛特·蓬塔尔继续遵循法国史家的传统观点，在她看来，国王并不关心教会的教义、教理和纪律问题，教会的整个内部组织在这一层面上是独立的；尽管主教们在教士任命、主教选举和召开教务会议等问题上承认国王的干涉权，但在教义问题上，他们定然会表现出寸步不让的架势。②德国学者欧根·伊维希（Eugen Ewig）进一步指出，王室的介入在很大程度上取决于当时社会的具体情况。虽然王国教务会议需要得到国王的批准，但它们在一定范围内保持自治。6 世纪时，并不存在 "教俗混合会议"（concilia mixta）之类的集会。在针对主教的司法案件中，世俗君主可以对某个主教提出指控，但最终的裁定权掌握在参与教务会议的主教们手中。教规是教会内部的法律，只有当国王将其纳入君主敕令时，它才能在教会之外获得普遍的有效性。③

---

① Hans Barion, *Das fränkisch-deutsche Synodalrecht des Frühmittelalters*, Bonn und Köln: Ludwig Röhrscheid Verlag, 1931, S. 233 – 252.

② Odette Pontal, *Histoire des conciles mérovingiens*, p. 252.

③ Eugen Ewig, *Die Merowinger und das Frankenreich*, Stuttgart: W. Kohlhammer, 1988, S. 104 – 105; Jean Gaudemet, *Église et Cité: Histoire du droit canonique*, Paris: Cerf, 1994, p. 156. 另外，一些学者认为，墨洛温国王与其说是确认教务会议的决定，不如说是将其作为颁布自己立法的先例；另一些学者则认为，法兰克国王对立法程序的介入程度如此之深，以致很难区分教务会议法令和世俗律法。Karl Voigt, *Staat und Kirche von Konstantin dem Grossen bis zum Ende der Karolingerzeit*, Stuttgart: W. Kohlhammer, 1936, S. 250 – 254; Ian Wood, "Incest, Law, and the Bible in Sixth-Century Gaul", *Early Medieval Europe*, Vol. 7, No. 3, 1998, p. 293.

关于政治权力与教务会议的关系，法国学者布里吉特·巴斯德旺则认为，虽然政治权力与教务会议之间存在联系，但它并未让高卢主教团在国王召开的教务会议中受到君主意志的深刻影响。主教们在与会过程中依然保持着自由讨论和自主决断的权力。而且，不论教务会议的召集人是君主还是都主教，整个6、7世纪的教务会议法令几乎都在试图解决教会纪律和神父精神状态的问题。国王就某个争端要求主教团提供解决方案的行为，并不意味着他必然会向同一批主教表明他渴望看到他们对此做出裁决。另外，她还强调，神职人员的任命问题总会引起政治权力的注意。同其他所有世俗统治者一样，墨洛温诸王对教职授予方式的关注不足为奇，他们对此项教规的干涉也不能证明君主对王国教务会议的所有立法存在总体影响。事实上，世俗王权支配的是教务会议施加影响的地理范围，而不是其立法活动中的具体内容。①

由以上所述不难看出，19世纪西欧民主化和世俗化的政治轨迹、史学编纂的更新以及历史在国家建设与国民教育方面受到重视等因素，为墨洛温高卢教务会议史研究领域的拓展提供了新的契机与方向。随着民族主义、国家主义、宗教自由、政教分离等观念逐渐深入人心，西方学人似乎已经把"政治介入"视为历史重构的动力，教务会议史研究的政治转向自然也就成为大势所趋。在西方学界为当前政教关系寻求往昔经验或历史解读的过程中，墨洛温高卢教务会议不再被简单地视为一种解决教义争端的宗教会议，而是被看作一种由国王主导的政教合一的国家管理制度，而这种制度的特点在于王室与教会的分工合作。

（三）教务会议史重构的文化人类学取径

第二次世界大战后，由于帝国主义殖民体系的渐趋瓦解、美苏

---

① Brigitte Basdevant, "Les évêques, les papes, et les princes dans la vie conciliaire en France du IVe au XIIe siècle", *Revue historique de droit français et étranger*, Quatrième série, Vol. 69, No. 1, 1991, pp. 1–16.

两级的争霸趋向以及第三次科技革命浪潮的到来，在断壁残垣中谋求复兴之路的西方国家把更多的财力、物力和精力转向民生领域，希望通过缓和民族矛盾、提高生活水平、完善社保制度、重塑精神文化、构建身份认同等一系列策略的部署与配合，维持资本主义在西欧的统治秩序。在此现实状况与思想意识的影响下，有关墨洛温高卢教务会议史的研究再次出现"重新定向"，其主要内容之一，是从"政教精英"与"制度沿革"转向"普通民众"与"大众文化"。这种新的研究趋向强调把研究范围从宗教政治领域拓展至人民的日常生活层面，从而让原本在史著中失语的普通民众以鲜活的形象展现在世人面前。在当代学者的心目中，墨洛温高卢教务会议史再也不是单向度的政教关系史，而是具有多向度、多层次的社会制度史和宗教文化史。正是在这一研究思路的驱动下，围绕教务会议法令的具体内容，西方学界在基督徒与犹太人之关系、教会财产与社会福利、敬拜仪式与文化认同三个方面着力最勤，至于其他一些零散问题的研究，大都属于这三个层面的延伸。

其一，基督徒与犹太人之关系。自 1933 年起，由于德国纳粹政府掀起残酷的排犹狂潮，原本生活在欧洲的大批犹太人被迫流亡美国、英国和巴勒斯坦等地。面对突如其来的灾难性打击，许多漂泊在外的犹太学者不再局限于本民族法律地位的研究，而是更多地选择从法律文献中探寻本民族在西欧基督教社会中的受难历程。奥地利犹太史家所罗门·卡茨（Solomon Katz）强调，尽管法兰克高卢拥有圣徒传记、图尔主教格雷戈里的著作以及多部加洛林编年史，但其中对犹太人的零散记载只能作为法律文献的补充材料。[1] 第二次世界大战结束后，犹太民族这个一度破碎的统一体似乎又重新建立起来，耶路撒冷的复国运动与自卫战争显示了以色列在新的世界格局中所占有的重要地位。再者，在后现代人文主义思潮的影响下，西

---

[1] Solomon Katz, *The Jews in the Visigothic and Frankish Kingdoms of Spain and Gaul*, Cambridge：The Mediaeval Academy of America, 1937, Preface, V.

方国家在种族歧视问题上进行自我反省的同时，极力倡导人文关切与种族友谊。正因如此，不论是欧洲学人，还是犹太裔史家，他们均试图以墨洛温高卢教务会议的排犹律法为基础，反向搜寻法兰克高卢基督徒与犹太人互动联系的蛛丝马迹，并以此作为重新书写两者关系的证据。伯纳德·巴克拉克（Bernard Bachrach）认为，尽管法兰克王国出现过数次强迫犹太人改宗的反犹运动，但从总体上讲，绝大多数墨洛温国王在其执政期间都采取了亲犹太人政策；而且，法兰克高卢社会中的犹太人社群并不是孤立存在的，它们与天主教徒保持着密切且相对友好的联系。① 沃尔特·帕克特（Walter Pakter）也认为，相较于西欧其他地区的犹太人，法兰克高卢犹太人的处境要更好一些。533 年奥尔良教务会议、535 年克莱蒙教务会议和 538 年奥尔良教务会议颁布的有关犹太人的规条表明，高卢存在犹太人与基督徒通婚的现象。②

毋庸讳言，不论是受难史叙事，还是交流史构建，它们似乎皆与西方政治实践保持着难以割舍的联系。前者为了强调犹太人与基督徒的矛盾根深蒂固，追溯纳粹反犹主义的历史渊源；而后者则意在淡化两者的分歧与冲突，寻求西方国家与犹太民族战后和解的历史支撑。从心理安慰的角度来讲，两派学者的做法均有可取之处，而且在某些方面也的确符合各自时代的发展要求。但是，这类附带某种现实目的的历史书写容易在无形中忽视、模糊甚至遮蔽古代晚期高卢教俗精英针对犹太人频仍展开的例行化活动，妨碍人们捕捉

---

① 关于高卢犹太人社群的情况及与基督徒的往来，参见 Bat-Sheva Albert, "Les communautés juives vues à travers la législation royale et ecclésiastique visigothique et franque", in John Tolan et al. , eds. , *Jews in Early Christian Law*: *Byzantium and the Latin West*, *6th – 11th Centuries*, Turnhout: Brepols, 2014, pp. 179 – 193; Bernard Bachrach, *Early Medieval Jewish Policy in Western Europe*, Minneapolis: University of Minnesota Press, 1977, p. 49; "Liber Vitae Patrum", in Bruno Krush, ed. , *Gregorii Episcopi Turonensis Miracula et Opera Minora*, MGH. , SRM, Tomus I, Part II, Hannover: Hahn, 1969, p. 236.

② Walter Pakter, *Medieval Canon Law and the Jews*, Ebelsbach: Verlag Rolf Gremer, 1988, p. 268; Odette Pontal, *Histoire des conciles mérovingiens*, pp. 291 – 292.

高卢犹太人走进社会困局的草灰蛇线。因此,自20世纪90年代以来,弗里德里希·洛特(Friedrich Lotter)和马丁·凯内昂(Martin Quenehen)等学者开始摒弃某些功利性观念,从群体心理与身份认同的角度,对墨洛温高卢教务会议法令反映出的基督徒与犹太人之关系进行纵深维度的推进。在他们看来,教务会议针对犹太人的立法表明,高卢主教们对犹太人有一种潜在的畏惧心理,他们希望通过禁令与惩戒的方法减少犹太人对基督徒的影响,并将犹太人当做加强基督徒身份认同、维护主教权威的反衬工具。①

其二,教会财产与社会福利之关系。20世纪60年代以来,为了应对经济发展与城市化所引致或扩大的社会问题,西欧各国均加大了社会保障制度的建设力度,社会保险和公共福利成为缓和阶级矛盾、加强社会团结、调节财富分配的平衡机制。在此过程中,人们逐渐发现,不论是总体制度框架,还是具体操作细则,教会所提倡的慈善思想及社会救助均对西欧国家的社会福利建设有一定的借鉴作用。正因如此,西方学者在重新审视墨洛温高卢教务会议文献时,特别注重发掘法兰克教会财产的性质及其与世俗社会的有机联系。德国学者沃尔特·乌尔曼(Walter Ullmann)在考察中世纪早期教务会议中的公共福利与社会立法时指出,借由主教团在教务会议中的通力合作,基督教的"仁爱"(charity)美德实现了从"圣经福音"到"教务会议立法"再到"社会制度"的转变。有关扶助弱势群体的教会规条是中世纪早期教务会议最为杰出的立法成果之一,它们

---

① Friedrich Lotter, "La crainte du prosélytisme et la peur du contact: Les juifs dans les actes des synodes mérovingiens", in Michel Rouche, éd., *Clovis: Histoire et mémoire*, Tome I, Paris: Presses de l'Université de Paris-Sorbonne, 1997, pp. 849 – 851; Martin Quenehen, "Les Juifs de l'évêque: De l'usage des Juifs dans l'œuvre de Grégoire de Tours", *Archives Juives*, Vol. 43, No. 1, 2010, p. 101. 另外,西方学者还对法兰克叙述性史料中的犹太人信息进行了梳理与分析,并得出类似结论。Avril Keely, "Arians and Jews in the *Histories* of Gregory of Tours", *Journal of Medieval History*, Vol. 23, No. 2, 1997, pp. 109 – 113; Immacolata Aulisa, *Les juifs dans les récits chrétiens du Haut Moyen Âge*, Paris: CNRS Éditions, 2015, pp. 89 – 109.

之所以令人印象深刻，其原因在于其强调处于贫困状态的人有权利获得其他社会成员的帮助。换句话说，对穷人的救济是一种社会责任，是将基督教的基本信条转化为具体义务的最重要的行动之一。毫无疑问，参加教务会议的法兰克主教保持着一定程度的社会责任意识，他们能够在与民众的直接接触中了解后者所想，并由此制定出满足后者需求的社会政策。另外，乌尔曼还特别强调，正是通过主教们在教务会议上的共同努力，基督教元素逐渐渗透到法兰克社会中，从而带来了一种基本观念上的统一，这种效果是军事行动、王室政策以及君主立法难以在短时间内实现的。[①]

蓬塔尔和高德梅等法国学者则从教会财产的来源与分配角度阐述公共财富对社会福利的重要性。在他们看来，墨洛温王朝时期，教会固有财产的收益、大大小小且络绎不绝的信徒捐赠、由567年图尔教务会议倡导并在585年马孔教务会议上被正式列入教规的什一税（dîme）均是高卢教会收入的主要来源。随着时间的推移，高卢教会积累起数额庞大的教产，这些财产在名义上属于所有信众的公共财富，其所有权具有不受时效约束性（imprescriptibilité）与不可让渡性（inaliénabilité）；主教只是教会收益的管理者与保护人，他们既不能私自侵占这部分财产，也不能破坏其完整性，而要按照捐赠者的意愿对其做出安排。墨洛温高卢教产的用途大致可以分为四种，即供养神职人员，支付公共崇拜所需费用，修建教堂、收容所等公共设施，救助穷人与病患；任何胆敢侵犯"穷人财富"的人都会受到相应的处罚。[②]

---

① Walter Ullmann, "Public Welfare and Social Legislation in the Early Medieval Councils", *Studies in Church History*, Vol. 7, 1971, pp. 1 – 39.

② M. R. Mayeux, "Les biens de l'Église considérés comme patrimoine des pauvres à travers les conciles occidentaux du VIe siècle", in Henri Desroche, éd., *Inspiration religieuse et structures temporelles*, Paris: Les Éditions Ouvrières, 1948, pp. 139 – 209; Odette Pontal, *Histoire des conciles mérovingiens*, pp. 277 – 279; Jean Gaudemet et Brigitte Basdevant, éd., *Les canons des conciles mérovingiens* (VIe – VIIe siècles), pp. 53 – 54.

其三，敬拜仪式与宗教文化之关系。在近几十年处于蓬勃发展时期的"古代晚期"研究领域，宗教文化史占据显著地位，它既是西方学者界定古代晚期概念的主要视角，又是他们论说现代欧洲世界各要素起源的重要依据，还是西方学界阐释欧洲文明连续性的核心支柱。作为古代晚期基督教文化最为直接的表现形式之一，在教务会议中实现法律化的高卢敬拜仪式自然会得到西方学界的青睐。基于"马比荣研究范式"（Mabillon's Model）[1]的非凡成就，西方学者们逐渐注意到基督教敬拜仪式与法兰克王国基督教文化之间的内在联系，并据此改变了高卢敬拜仪式的研究重点及适用范围。历史学家们不再仅仅关注教务会议规定的基督教节庆典仪的历史起源与相应的庆祝方式，而是把更多的目光转向仪式所具有的社会功能。[2]

法国著名史学家皮埃尔·里什（Pierre Riché）认为，由于法兰克社会存在异教习俗与活动，正统基督教会通过鼓励民众参加洗礼、弥撒和布道等宗教仪式提高后者的基督教化程度。[3] 马克·万宇特方格

---

[1] "马比荣研究范式"指的是，让·马比荣及其领导的"莫尔教团"（Maurists）在基督教敬拜仪式研究领域创建的一套较为完整的研究方法。该范式要求研究者首先在抄本学和古文字学的基础上鉴别手稿的创作时间、编撰地点和传世版本，然后再依据其内容探寻某种仪式的起源与发展，最后将归纳好的具体细节编撰成文。参见 Yitzhak Hen, *The Royal Patronage of Liturgy in Frankish Gaul to the Death of Charles the Bald*, London: Boydell, 2001, pp. 8 – 9.

[2] 自 19 世纪末期开始，西方学术界在高卢弥撒礼仪的起源问题上展开了旷日持久的探讨与争论，并逐渐形成了"东方教会起源说"、"米兰起源说"、"西欧仪制同宗论"以及"西哥特西班牙起源说"等多种论说。不过，近些年来，西方学者们似乎更加倾向于在"西欧仪制同宗论"的基础上强调高卢敬拜仪式结构的灵活性与开放性。正如法国学者米歇尔·门德兹（Michel Mendez）所说，高卢敬拜仪式既不是东方教会的舶来品，也不是古代罗马仪式的粗略影像，而是一种源自早期教会且有着自身特点的复合仪式。它不仅保留着使徒时代的传统要素，而且能够将其他基督教会的经验与创造力为己所用。参见 Michel Mendez, *La messe de l'ancien rite des Gaules*, Paris: Harmattan, 2008, p. 204.

[3] Pierre Riché, *Éducation et Culture dans l'Occident barbare (VIe – VIIIe siècles)*, Paris: Éditions du Seuil, 1962, p. 46.

（Marc Van Uytfanghe）和让·厄克兰（Jean Heuclin）先后指出，墨洛温王朝时期，《圣经》传授和崇拜活动是教会教育民众的重要手段；法兰克教会通过教务会议的立法权威为本派信徒勾勒出一名优秀成员的必备品质，即信仰纯正、勤于礼拜、遵纪守法。① 以色列学者伊扎克·昂（Yitzhak Hen）在对墨洛温高卢教务会议文献中有关节庆仪式的规条进行细致的梳理与分析后，更是斩钉截铁地说道，不论是世俗资料，还是教会文本，它们都能证明基督教信仰实践对民众日常生活的巨大渗透。在敬拜仪式的核心作用下，接受教会的支配似乎已经成为法兰克人民唯一的文化选择；否定墨洛温高卢社会的基督教文化无异于否定所有相关的文字和考古资料。② 另外，在他看来，学界以往从阶级分层视角强调墨洛温高卢"大众文化"与"精英文化"对立的观点并不妥帖。事实上，多数民众和少数精英在文化上似乎没有明显的鸿沟，大众文化应当是绝大多数人——俗人与教士、农民和贵族——共同参与的文化。③

除了上述三个核心层面外，西方学术界还对与墨洛温高卢教务会议相关的其他问题有所研究。例如，教务会议对圣经话语的引用问题。通过对墨洛温高卢教会法文本内容的细致梳理，高德梅父女统计出一份完整的圣经引用列表，并在古代中世纪圣经文化的大视野中对教务会议援引圣经话语的形式、内容及用意做出解释。在他

---

① Marc Van Uytfanghe, "La Bible et l'instruction des laïcs en Gaule mérovingienne: des témoignages textuels à une approche langagière de la question", *Sacris erudiri*, Vol. 34, 1994, pp. 67 – 123; Jean Heuclin, *Hommes de Dieu et fonctionnaires du roi en Gaule du Nord du Ve au IXe siècle*, Paris: Presses Universitaires du Septentrion, 1998, p. 216.

② Yitzhak Hen, *Culture and Religion in Merovingian Gaul*, A. D. 481 – 751, Leiden: Brill, 1995, pp. 252 – 253. 值得注意的是，此前英国学者罗萨蒙德·麦基特里克（Rosamond McKitterick）在研究加洛林时期法兰克教会改革时曾指出，墨洛温高卢社会的基督教信仰在许多情况下都只停留于表面仪式，缺乏教义和神学内容。直到9世纪加洛林文艺复兴时期，世俗君王和神职人员才共同营建出具有明确基督教色彩的法兰克社会。Rosamond McKitterick, *The Frankish Church and the Carolingian Reforms (789 – 895)*, London: Royal Historical Society, 1977, pp. xvii – xxi.

③ Yitzhak Hen, *Culture and Religion in Merovingian Gaul*, A. D. 481 – 751, p. 19.

们看来,墨洛温高卢教会法中直接或间接引用的圣经话语多出现在与教会纪律及教士义务相关的规条中,其主要目的在于利用基督教经典中的适当内容支撑基于当时情况而制定的新法规。① 又如,关于教务会议对奴隶生活境遇的改善,奥黛特·蓬塔尔认为,随着墨洛温高卢教务会议的不断推进,教会一直在循序渐进地改善奴隶的生存条件。②

总体来看,二战之后,教会已不再被视为国家的对立面,以西欧民生建设的现代视角发掘教会的社会建设职能成为近几十年来法兰克教务会议史研究的大趋势。尽管这种研究取向受到以宗教文化为核心且强调文明连续性的古代晚期概念的影响,但是,学者们在书写法兰克民众的社会生活和精神世界时,不但没有忽视法兰克国家的政治变迁,反而把法兰克编年史和年代记中记载的一些支离破碎的历史片段统合成一个有始有终的整体。法兰克国家教务会议不再仅仅是一种划分主教和国王的权力范围的政治制度,更是法兰克王国政府处理族群矛盾、应对社会危机、缓和阶级矛盾以及管理地方民众的决策机关。

综上所述,近代以来西方学术界有关墨洛温高卢教务会议史的研究,显示了时代主题与史学研究之间紧密而复杂的关联。不论是宗教改革之后渐入佳境的经典叙事,还是大革命之后愈发明显的政治转向,抑或是第二次世界大战以来苦心经营的宗教文化史架构,它们均反映"现实问题",带有"价值判断",呈现"时代气质"。当代视角必然会为回顾过去、理解往昔、重识旧日提供不可或缺的动力,并强有力地唤起隐藏在墨洛温高卢教务会议史深处的协作性。换言之,关于这段历史的研究绝不能仅满足于谨本详始的博学产物、

---

① Jean Gaudemet, "La Bible dans les Collections canoniques", in Pierre Riché et Guy Lobrichon, éd., *Le Moyen Âge et la Bible*, Paris: Beauchesne, 1984, pp. 333 – 335; Brigitte Basdevant-Gaudemet, "La Bible dans les canons des conciles mérovingiens", in *Église et Autorités*: *Études d'histoire de droit canonique médiéval*, Paris: Pulim, 2006, pp. 201 –212.

② Odette Pontal, *Histoire des conciles mérovingiens*, pp. 280 – 281.

只有政教斗争的精英汇编以及只用于权术借鉴的宏大综合。精英决策与民众生活相互配合的研究理路、典章制度与实际功效互为引导的动态分析以及文化人类学的思考方式理应成为当下教务会议史重构工作的新取径。

第 一 章

法兰克王国权力架构的变动
——高卢主教团合议制的运作与功能

1962年,由于梵蒂冈第二次大公会议(Concile Vatican II,1962—1965年)的召开,绵延400年之久的"特兰特体系"渐趋松动,人们对天主教大公会议及其所颁文件的考察与解读也随之跃出特兰特会议构筑的神学高墙。而且,梵二会议在教会内部关系问题上确实展现出了一些与此前历次大公会议颇为不同的特点,它不再刻意强调纵向的等级体系,转而倡导与会主教们之间的平等对话和团结协作,特别是罗马教宗保罗六世(Paul VI, 1963—1978年在位)在1964年第二次会议上颁布的《教会教义宪章》(Constitutio dogmatica de Ecclesia)尤为引人注目。从原则上讲,该宪章对天主教信徒的教导是相当清楚的:教会应由教宗和主教共同管理;与罗马教宗共融(communion)的主教团对普世的教会拥有至高和完全的权威,但未获教宗许可,主教团则不能施行这一权威。在这一"共同管理教会"的口号下,"主教团合议制"(collégialité épiscopale)迅速成为国际宗教学界和历史学界的前沿课题与核心论域。天主教世界内部的神学家们开始从历史神学的角度,通过对《新约》、早期教父往来书信的整理与分析,阐述"主教团合议制"自古以来的发展历程,并论证罗马教宗在合议制中的首席权乃是一种"制度化的神赐能力"(charisme institutionnalisé)。①

　　进入 20 世纪 70 年代后，由于这项研究工作对原始资料的倚重程度越来越高，诸多与之相关的地方教务会议法令文书得到进一步重视。② 一些西方学者发现，在高卢社会由古典晚期转向中世纪早期的过程中，高卢主教们对罗马教宗表现出的崇敬态度与后者关注的神学辩论存在一定程度上的脱节，他们更加专注于通过内部成员的"合议共治"，就地解决高卢自身存在的宗教与社会问题，并在墨洛温时代凭借自身无法取代的社会政治价值，成为法兰克王国权力架构中不可

---

①　为避免误解误读，在这里对"主教团合议制"的名称及内涵略作阐释。就基督教会而言，"主教团"的说法古已有之。3 世纪中叶，在迦太基主教西普里安的书信中，拉丁语"collegium"开始具有"一同共事的全体主教"之意。及至 5 世纪，罗马教宗西莱斯廷一世（Célestin Ier，422—432 年在位）多次使用"collegium"指代某一地区的"主教团体"。在基督教语境中，这种用法延续至今。而法语"collégialité épiscopale"则是在"梵二会议"进行过程中才成为被基督教神学家们普遍认同的现代词语。几乎所有西方教会史家皆认为，该词的核心思想，即"全体主教在协商一致的基础上共同管理教会"，早在基督教兴起的最初几个世纪里就已基本成形。法国神学家让·科尔松（Jean Colson）通过对《新约》和早期教父书信集的整理与分析，阐述了"主教团合议制"在公元 1—3 世纪的形成与发展。法国神学家约瑟夫·雷库耶（Joseph Lécuyer）以罗马教宗书信集为核心史料，对公元 5 世纪罗马教宗宣扬的"主教团合议制"思想进行解析，并着重强调其仪式表现乃是使徒团与主教团之间存在连续性的有力证明。梅迪科（Medico）和卡莫罗（Camelot）认为，主教团可以定义为与罗马教宗共融的所有主教的集合，它的基础是"主教祝圣"和"使徒传统"；教务会议乃是主教团作为使徒团继承人的庄严隆重的表现形式，在此类会议上，主教团成员之间存在一种共治的责任意识。参见 Jean Colson, *L'épiscopat catholique, collégialité et primauté dans les trois premiers siècles de l'Église*, Paris：Cerf, 1963；Joseph Lécuyer, *Études sur la collégialité épiscopale*, Lyon：Éditions Xavier Mappus, 1964；Yves Conga, éd., *La collégialité épiscopale*：*Histoire et théologie*, Paris：Cerf, 1965, p. 279；G. Medico and P. Th. Camelot, "La collégialité épiscopale dans les lettres des pontifes romains du Ve siècle", *Revue des sciences philosophiques et théologiques*, Vol. 49, No. 3, 1965, pp. 369 – 402.

②　保罗·兹米尔（Paul Zmire）对阿非利加教务会议中的主教团合议制进行了较为详细的论述。他认为，作为教会制度的基本特征之一，主教团共治结构的重新发现将在教会学的复苏中扮演重要角色，并发挥关键作用；阿非利加主教团的相对自治，既不会侵犯罗马教宗的首席权，也不会破坏整个天主教世界的统一。Paul Zmire, "Recherches sur la collégialité épiscopale dans l'Église d'Afrique", *Recherches augustiniennes*, Vol. 7, 1971, pp. 3 – 72.

或缺的关键一环。① 考察高卢主教团合议制的缘起、运作模式及讨论内容，剖析其核心理念，不但可以更为清晰地把握这种教会传统的发展脉络，同时也可以为我国的法国社会史研究提供一个全新视域。

有鉴于此，本章拟在国际学术界研究的基础上，利用与古代中古高卢教务会议相关的材料，以高卢主教团合议制的历史行程为主线，阐释它在法兰克王国权力架构中扮演的关键角色，以此揭示它的社会功能及其历史影响。

一 高卢主教团合议制的起源和确立

按照《圣经》的说法，基督教会的建立者与最初的领导人无疑是基督的使徒们。然而，当使徒们相继离世后，日渐壮大的基督徒群体便面临着两个必须要解决的核心问题：耶稣基督交给使徒们传播福音的使命由谁来接替？使徒们创建并领导的教会又由谁来掌管？对此，早期基督教的神学家们试图在圣经文本内容的基础上对教会未来的发展方向做出解答。罗马的克莱门特（Clément de Rome，88—99年在任）在写给哥林多教会的书信中将教职的起源与"使徒统绪"（la succession apostolique）联系起来。据他所言，使徒们把自己的首批门徒立为信主之人的监督（主教）与执事。② 被基督徒视为第一代使徒传人的安条克的伊格纳修（Ignace d'Antioche，约68—110年在任）认为，教会中的信徒"应当将监督（主教）视为上帝"，"凡事都应在监督（主教）的主持下按照上帝的旨意去做"。③ 正是在上述两种观念的相互结合下，主教既是使徒继承人又是教会

---

① Michael Moore, "The Spirit of the Gallican Councils", pp. 11 – 18; J. M. Wallace-Hadrill, *The Frankish Church*, Oxford: Clarendon, 1983, pp. 110 – 122.

② Hippolyte Hemmer, éd. et trad., *Les pères apostoliques II : Clément de Rome, épitre aux Corinthiens, homélie du IIe siècle*, Paris: Librairie Auguste Picard, 1926, pp. 86 – 89; Bernard Pouderon, Jean-Marie Salamito et Vincent Zarini, dir., *Premiers écrits chrétiens*, Paris: Gallimard, 2016, p. 60.

③ Bernard Pouderon, Jean-Marie Salamito et Vincent Zarini, dir., *Premiers écrits chrétiens*, pp. 193, 199.

领导者的思想逐渐流传开来，并随着早期传教士的步伐在高卢大地上生根发芽。里昂主教伊雷内在其著作《反异端书》（Contre les hérésies）中强调："我们可以列举出使徒在教会中设立的主教及直到我们这一代的继承者们。……使徒的传统及信仰通过主教们的传承留存至今。"① 3 世纪中叶，在教会领袖的组织与领导下，阿尔勒、图卢兹（Toulous）、兰斯以及吕岱斯（Lutèce）等高卢重要城镇相继形成处于地下状态的主教区。②

从公元 4 世纪起，由于罗马当局承认基督教在帝国境内的合法地位，传教士在高卢城市的布道活动步入正轨，主教区在各地正式建立。314 年，在君士坦丁的命令下，高卢各教区的主教以帝国职官的身份出席阿尔勒教务会议，反对多纳图派（Donatisme）分裂教会的活动。361 年，在新任皇帝尤里安（Julien，361—363 年在位）的支持下，以普瓦捷主教希拉里为首的主教们又在巴黎教务会议上团结一致，第一次以高卢主教团的名义致信东部的主教们，批判阿里乌派的罪恶行径，重申"三位一体"的信仰准则。在此之后，主教们抛开其他神职人员，在承认彼此权力与地位平等的基础上，共同商讨教义教规，整肃教会内务，处理神学争论，清除异端分子，并在教务会议的立法活动中，把自己塑造成高卢教区的唯一代表。及至 4 世纪末，随着高卢教省体系的日臻完备，高卢主教团逐渐形成了以"（北）高卢各省和（南部）五省"（les Gaules et les Cinq provinces）为基准的地域统一性，其成员之间的共同合作也由此成为保证教区稳定发展的"教会传统"。③ 不过，需要注意的是，尽管教务

---

① Irénée de Lyon, *Contre les hérésies*, Livre III, éd. et trad. par Adelin Rousseau et Louis Doutreleau, Paris: Cerf, 1974, pp. 30–33.

② 图卢兹，位于高卢西南部，现为法国上加龙省（Haute-Garonne）的一个市镇；吕岱斯是罗马帝国高卢大区治下的一个城镇，后更名为今人熟知的巴黎。关于这一时期高卢基督教会的艰难处境，参见 Jean Gaudemet, *Les sources du droit de l'Église en Occident du IIe au VIIe siècle*, pp. 40–41.

③ 戴克里先在位初期，对罗马帝国的行政区划进行改革。他将整个帝国划分为 12 个行政大区，每个大区下辖若干个行省。高卢在当时被划分为高卢和维（转下页）

会议法令规定主教团成员在各自的教区享有至高权威，但是他们无权过问其他教区的内部事务。一位主教既不能在其他教区委任神职人员，也不能对其他教区的教士进行审判，甚至不能接收被其他主教区驱逐的信徒。这样一来，主教们共同明确了各自的权力范围，有效地降低了因教区管辖权而产生的矛盾。

自5世纪开始，由于罗马西部帝国的各级行政机关在罗马军团、蛮族军队和地方权贵相互争斗的浪潮中逐渐衰微，原本统一有序的罗马高卢逐渐陷入无政府状态。在此危难之时，高卢主教团肩负起照管高卢民众的重任。出身于罗马元老阶层且拥有巨额财富的贵族精英垄断了高卢主教职位，他们把主教座堂打造成普通民众的庇护所，并借由成员之间的共同决议逐渐成为高卢社会新的法律权威与秩序代表。[①] 诚如法国学者吕斯·皮埃特里（Luce Pietri）在其鸿篇巨制《基督教史》中所言，尽管惨绝人寰的战争烽火、渐趋混乱的经济秩序以及日益沦丧的社会道德让高卢大地饱受折磨，但不可否认的是，高卢主教团在教务会议上的"合议共治"的确成功地延续了罗马和天主教的统治结构。[②]

及至墨洛温王朝时期，高卢主教团一方面把高卢主教的"使徒教父"

（接上页）埃纳两个行政大区。维埃纳行政大区最初只有5个行省，后来阿奎塔尼行省和纳博讷行省分别一分为二，这才出现了7个行省。不过，在4世纪末之前，人们还是沿用5省（quinque prouinciae）的说法，7省（septem prouinciae）之说在396年尼姆（Nîmes）教务会议上才首次出现。参见 Luce Pietri, "La Gaule chrétienne au IVe siècle", pp. 60 – 61；Jean Gaudemet, éd., *Conciles gaulois du IVe siècle*, pp. 102 – 103, 126 – 127, 136 – 137；André Chastagnol, "Le repli sur Arles des services administratifs gaulois en l'an 407 de notre ère", pp. 23 – 40.

[①] 关于高卢罗马元老家族对主教职位的控制，参见 Joseph Morsel, *L'aristocratie médiévale*, V^e – XVe siècle, Paris：Armand Colin, 2004, pp. 30 – 33.

[②] Jean-Marie Mayeur et al., éd., *Histoire du christianisme des origines à nos jours*, Tome 2, *Naissance d'une chrétienté*（250—430）, Paris：Desclée, 1995, pp. 138 – 143, 832 – 860；Jean-Marie Mayeur et al., éd., *Histoire du christianisme des origines à nos jours*, Tome 3, *Les églises d'Orient et d'Occident*（432—610）, Paris：Desclée, 1998, pp. 207 – 246, 330 – 350, 745 – 799.

(apostolicus pater) 称谓以教会法的形式固定下来，同时又反复强调主教共事乃属圣灵意旨。例如，551 年奥兹教务会议实录提到，为了重塑教会秩序和挽救人民的灵魂，奥兹教省的主教们在神圣且令人敬仰的阿斯帕修斯 (Aspasius)，即本教省的首席主教（都主教）① 与使徒主教的召集下聚集在一起。又如，罗马教宗维吉利 (Vigile, 537—555 年在位) 在写给高卢主教团的信中提到，主教们应当在古代大公会议的传统中继续展示教会法的编撰者乃是圣灵这一事实。每当使徒们的继承人聚集在同一个地方时，圣灵就在他们中间。② 参加 585 年马孔教务会议的高卢主教们也曾明确表示："在上帝襄助下，我们将在合议中共同决定每一个需要处理的问题。为了让每一个人毫无借口地明悉他们应当遵守的规定，我们叮嘱所有兄弟把圣灵通过我们下达的将要被确定的律法传达给所有的教会和信众。"再如，673—675 年圣让—德洛讷教务会议法令第 18 条写道："作为教会领袖，所有主教都有责任宣讲上帝话语。"③ 在墨洛温高卢教务会议法令中，这类带有基督教神圣性的语句不但数量众多，而且定位明确，意在表明主教团成员之间的共同决议乃是圣灵启示的完美诠释。

从以上所述可以看出，在古代晚期高卢主教团的发展历程中，"使徒统绪"一直发挥着重要的推动作用。自 314 年阿尔勒教务会议

---

① 墨洛温王朝时期，都主教通常是指执掌教省首府的主教。除了履行主教之职外，其还有三个基本任务：一是定期召集本教省的主教们参加教省教务会议，二是调节和仲裁本省神职人员之间的纠纷，三是干涉本省主教职位的选举。另外，值得注意的是，尽管他们的名字总是出现在教务会议署名文件的前列，但并无任何一条教规明确表示他们在"主教团合议制"中具有首席权。参见 Jean Gaudemet et Brigitte Basdevant, éd., *Les canons des conciles mérovingiens* (VIe – VIIe siècles), pp. 49, 330 – 331.

② Wilhelm Gundlach, ed., "Epistolae austrasicae", No. 43, in Ernest Dümmler, ed., *Epistolae Merowingici et Karolini Aevi*, Tomus I, MGH., Berlin: Apvd Weidmann, 1892, pp. 63 – 64.

③ Jean Gaudemet et Brigitte Basdevant, éd., *Les canons des conciles mérovingiens* (VIe – VIIe siècles), pp. 454 – 457, 582 – 583.

后，高卢主教和本地其他神职人员之间的区别日益明显，前者逐渐成为使徒传统的守护者、教会律法的制订者、教务争端的裁决者以及最高圣事的执行者。当这些特权最终以教务会议法令的形式确立之时，它们便永久地成为一种能够让主教们合法统治教会的"神赐契约"。与此同时，经过数代神学家与教会法家的精心雕琢，"主教团合议制"在高卢教会中的内涵已经变得极为丰富。它从不同层面上满足了高卢主教团对信仰、对律法、对民众、对秩序、对治权的各种需求。正是由于这一教会传统与统治权力相连、与社会秩序相关，它所包含的核心思想在现实化与具体化后便都不可避免地染上了浓郁的政治色彩，而这也是"主教团合议制"在墨洛温时代的一个显著特征。

二 高卢主教团合议制的运作及其与王权之关系

进入4世纪后，基督教开始在晚期罗马帝国的社会政治环境中茁壮成长，它不再仅仅被看作是"一种抽象的概念，或是一种纯哲学"，更被视为一种应用型宗教。[1] 诚如迈克尔·摩尔在阐述罗马帝国晚期"高卢教务会议精神"时所言，这一时期的基督教神学问题已经逐渐转化为帝国政治一体化问题。[2] 诸多罗马皇帝都曾通过教务会议在充满基督教神圣色彩的"主教团合议制"中融入各自的政治抱负。及至中古早期，改信正统基督教的法兰克君主对"主教团合议制"的依赖有增无减。尽管他们的神学功底欠佳，但他们却能够对这一制度在世俗社会中的具体表现形式施加影响。由于该问题涉及的内容极为庞杂，无法作面面俱到的描述，只能从教会法文献中撮其主要，简要分析其中的三个核心层面。

其一，教区主教的选任工作。在基督教主教人选方面，罗马教宗

---

[1] Perter Brown, *The Rise of Western Christendom: Triumph and Diversity*, A. D. 200—1000, Malden, MA: Wiley-Black-well, 2013, pp. 25–29.

[2] Michael Moore, "The Spirit of the Gallican Councils", p. 51.

利奥一世曾言："有责任统领所有人的人必须由所有人选举产生。"① 尽管这句话意在强调普通教士和世俗民众对主教选举的重要影响，但其实真正决定主教人选的却是主教团体。因此，主教选举与其后进行的祝圣仪式自然成为"主教团合议制"的具体表现形式之一。事实上，早在 3 世纪上半叶，迦太基的西普里安就曾言明，在我们这个时代的各个教会中，同省的主教们在该省主教人选方面负有主要责任，他们是民众和教士选举结果的最终评定人。314 年阿尔勒教务会议和 325 年尼西亚大公会议皆明确规定，至少有 3 名主教同时在场的情况下才能为新任主教举行祝圣仪式。② 由此看来，世俗君王在主教的选任环节中并不具备任何决定权。

然而，到了墨洛温时代，尽管高卢主教团在主教选任方面依旧循规蹈矩，但其具体操作环节却充斥着法兰克王权的痕迹。549 年奥尔良教务会议上，高卢主教团正式承认主教的选任工作需要获得王权的认同。③ 此后，在国王命令下擢升为主教的人络绎不绝，如图尔主教格雷戈里。614 年巴黎教务会议上，高卢主教团有意在主教选任流程中把王权排除在外，然而，在用以配合教务会议法令实施的国王敕令中，克洛塔尔二世强调，同省主教、教士和人民选举出的主教只有获得国王的承认后才能进行祝圣仪式。④ 于是，在法兰克王权的袒护下，越来越多的法兰克世俗显贵得以进入主教行列，这不但加剧了主教团的世俗化倾向，而且使得主教授任愈发带有世俗职官选拔的色彩。

---

① "Letter X of Leo the Great", in Philip Schaff, ed., *Nicene and Post-Nicenne Fathers*, Series II, Volume 12, Grand Rapids, MI: Christian Classics Ethereal Library, 2009, p. 45.

② Jean Gaudemet, *Les élections dans l'Église latine des origines au XVIe siècle*, Paris: Fernand Lanore, 1979, pp. 16 – 17.

③ Jean Gaudemet et Brigitte Basdevant, éd., *Les canons des conciles mérovingiens (VIe – VIIe siècles)*, pp. 308 – 309.

④ "Chlotharii II. Edictum", No. 9, in Alfred Boretius, ed., *Capitularia Regnum Francorum*, Toums I, MGH., Hannover: Hahn, 1883, p. 21.

其二，教务会议的运行模式。保罗·兹米尔认为，教务会议是"主教团合议制"的杰出表现形式之一。[1] 从会议筹备到会议落幕的诸多细节，无不饱含着主教们合作共事的坚定信念。因此，定期召开教务会议逐渐成为延续这种信念的一项重要规定。439 年里耶教务会议法令第 7 条有言："按照古代律法的规定，如果天气允许，每年应当召开两次教务会议。"[2] 墨洛温高卢教务会议法令则要求每个教省在每年至少要举行一次教务会议。[3] 然而，自教务会议登陆高卢起，它的运行模式便与世俗君权高度纽结在一起。314 年阿尔勒教务会议召开之前，君士坦丁在写给叙拉古主教克雷斯图斯的召集函中指明了会议的时间、地点、议题、参会者的随行人员和参会者旅途待遇等会前事项。[4] 此后，尽管高卢教务会议曾因罗马当局在帝国西部统治权力的衰败而一度独立，但到了中古早期，热衷效仿罗马帝王的法兰克君主又开始挤压教务会议的自由空间。

例如干涉教务会议的内容。511 年奥尔良教务会议召开前，克洛维曾就王国治理中遇到的"教会庇护权"、"教会财产"、"教士义务"以及"政教关系"等疑难问题致信询问即将参与会议的高卢主教团。此后，墨洛温诸王在与其直接相关的教务会议中都会遵行这样的处事原则，其所问事项的种类也逐渐增多。在 588 年某地教务会议召开之前，贡特拉姆（Gontran，561—592 年在位）就向图尔主教格雷戈里阐述了会议需要决定的问题："首先而且最关重要的，就是与上帝本身有关的问题；你们该追查一下普雷特克斯塔图斯主教（Praetextatus，550—577 年在任）怎么会在他的大教堂里死于剑下。可是关于那些被控告为道德败坏的人，也该讨论讨论，使他们或是在接受你们的制裁以后，改恶从善，或是经证明无罪后，由你们当

---

[1] Paul Zmire, "Recherches sur la collégialité épiscopale dans l'Église d'Afrique", p. 4.
[2] Charles Munier, *Concilia Galliae. A. 314—A. 506*, p. 70.
[3] Jean Gaudemet et Brigitte Basdevant, éd., *Les canons des conciles mérovingiens (VIe – VIIe siècles)*, pp. 230 – 231.
[4] ［古罗马］优西比乌：《教会史》，第 462 页。

众宣布其并无此种莫须有的罪行。"① 8 世纪中叶，为了恢复搁置已久的教务会议并对教会进行改革，在卜尼法斯（Boniface，约 680—754）的帮助与罗马教宗扎迦利（Zacharie，741—752 年在位）的指导下，时任"法兰克的公爵与元首"（dux et princeps Francorum）②的卡洛曼（Carloman，741—747 年任宫相）和丕平三世（Pépin III，751—768 年在位）分别在各自的王国召开数次教务会议，其中，卡洛曼在 742 年 4 月 21 日的日耳曼教务会议（concile germanique）的开幕仪式上说道，为了基督子民能够确保获得救赎，他下令召集其王国境内的主教与神父举行教务会议，并为他们重修上帝法律与教会规条提供意见。③

再如选择教务会议的时间与地点。6 世纪上半叶，在墨洛温诸王的影响下，高卢教务会议的中心已由位于高卢东南部的阿尔勒教省转移至地处法兰克王国中心区域的奥尔良，这里几乎承办了当时所有的大型教务会议。590 年，希尔德贝尔特二世（Childebert II，575—595 年在位）下令，凡参加 10 月份在凡尔登（Verdun）召开的教务会议的主教，要在 11 月赶往梅斯（Metz）召开一次旨在审判犯有叛国罪的兰斯主教埃吉迪乌斯（Egidius de Reims，573—590 年在任）的教务会议。④ 克洛塔尔二世统一法兰克王国后（613 年），教务会议开始与由法兰克达官显贵组成的法兰克人民大会同时进行。626—627 年，克洛塔尔二世就曾在克里希王庄召集法兰克境内的达

---

① ［法兰克］格雷戈里：《法兰克人史》，第 477 页。

② 这一称号始于丕平二世（Pépin II，约 680—714 年任宫相），意在表明使用者居于至高无上的地位。后来，丕平二世的后人查理·马特（Charles Martel，717—741 年任宫相）及其两个儿子丕平三世和卡洛曼也沿用了这一称号。墨洛温王朝灭亡前夕，丕平三世和卡洛曼分别组织了多次教务会议。关于这些会议的阐述与分析，参见 Charles de Clercq, *La législation religieuse franque de Clovis à Charlemagne*, pp. 120 – 125.

③ Albert Wermighoff, ed, *Concilia Aevi Karolini*, Vol. I, MGH., Legum Sectio III, Concilia, Tomus II, Hannover: Hahn, 1906, p. 2.

④ ［法兰克］格雷戈里：《法兰克人史》，第 549 页。凡尔登，法兰克东北部城镇，今为法国莫兹省（Meuse）的最大城市；梅斯，法兰克东北部城镇，今位于法国摩泽尔省（Moselle）境内。

官显贵以及诸位主教共同商讨王国大计。① 757 年 5 月，丕平召集法兰克人，在贡比涅（Compiègne）② 开会，该会议包括一个由 21 位主教参加的教务会议。③ 实际上，自加洛林鼎革之变（751 年）后，这种"教俗混合会议"的时间与地点几乎完全取决于统治者的意愿。④ 而且，加洛林君王已经把承载主教团合议传统的教务会议和凝聚法兰克人民共议传统的"三月校场"融为一体，并最终将其作为处理国家政务与教务的核心机构。

其三，教会绝罚的政治实践。既然主教们按照规定参加教务会议的行为属于"主教团合议制"的内在要求，那么，无故缺席教务会议自然也就意味着放弃与其他主教兄弟共同管理教会的权力。更为严峻的是，这类违背主教团共同决议的行为还会面临教会绝罚（excommunication）的处置。⑤ 从本质上讲，教会绝罚同样是"主教团合议制"的核心内容之一，它不仅是主教团维护自身权威的重要手段，而且是认定彼此权力对等的有效方式。360—361 年巴黎教务会议上，与会的高卢主教们在上帝面前立誓并宣称，在高卢诸省中，任何一位反对共同决议的主教不仅应当被排除在主教团共融之外，而且要被罢黜主教职位，因为他的罪孽与亵渎不配享有主教之名。⑥ 527 年，参与卡尔庞特拉教务会议的主教们在写给昂蒂布主教阿格里修斯（Agricius d'Antibes）的信中义正严辞地说道："主教们在上帝

---

① ［法兰克］弗莱德加：《弗莱德加编年史》第 4 卷及续编，陈文海译注，第 137 页。
② 贡比涅，旧译"康边"，法兰克北部城镇，位于今法国瓦兹省（Oise）。
③ Albert Wermighoff, ed., *Concilia Aevi Karolini*, Vol. I, pp. 59–63.
④ 关于教俗混合会议在法兰克时代的发展变化，参见 Gregory I. Halfond, *The Archaeology of Frankish Church Councils, AD 511–768*, pp. 193–198.
⑤ 关于古典晚期至中古早期高卢教会绝罚的分析，参见 Jean Gaudemet, "Les formes anciennes de l'excommunication", *Revue des sciences religieuses*, Tome 23, Fascicule 1–2, 1949, pp. 64–77; Jacques Péricard, "L'excommunication dans le royaume franc. Quelques remarques sur la législation canonique et ses contournements (V^e–IXe siècle)", in Geneviève Bührer-Thierry, Stéphane Gioanni, dir., *Exclure de la communauté chrétienne: Sens et pratiques sociales de l'Anathème et de l'excommunication (IVe–XIIe siècle)*, Turnhout: Brepols, 2015, pp. 21–37.
⑥ Jean Gaudemet, éd., *Conciles gaulois du IVe siècle*, pp. 96–99.

启示下制定的律法因上帝恩宠而不容侵犯乃公义所在。事实上，如果法律的制定者首先违反法律，那么遵守法律对子孙后代又有什么意义呢？"626—627 年克里希教会法第 6 条有言："主教不应轻率地对一个人施行绝罚：如果被判处绝罚的人认为他遭受了不公正的谴责，那么他可以在下一次教务会议上提出申诉；如果此前对他的谴责确实存在不公正之处，那么他应当被免除罪责。"①

罗马帝国晚期，教会绝罚似乎并未引起皇帝们的足够重视，他们更愿意直接用"流放"来惩办那些违逆自己意愿的主教，只是这种带有强烈专制意味的惩处方式容易引起主教的不满甚至是攻击。普瓦捷主教希拉里就曾在其所著的《反抗皇帝君士坦提乌斯书》中公开批判君士坦提乌斯二世迫害大公教派的罪恶行为："你让主教们身陷囹圄，你派遣军队对教会施行恐怖统治，你召集的教务会议把帝国西部人民的信仰推入亵渎的深渊。"② 与罗马皇帝相比，法兰克君主则将教会绝罚转变为一种更加有效且更具说服力的政治武器。例如，利用教会绝罚惩办威胁自身统治权威的主教。577 年巴黎教务会议上，希尔佩里克答应主教们按教规行事，并要求他们将支持他的儿子墨洛维（Mérovée，约 550—577 年）夺权的鲁昂主教普雷特克斯塔图斯开除教籍。尽管图尔主教格雷戈里对此愤懑不平，但是他也无法对依据主教团共同决议行事的国王妄加评论。585 年马孔教务会议上，贡特拉姆授意与会的主教们把达克斯主教福斯提亚努斯（Faustianus de Dax）和卡奥尔主教乌尔西努斯（Ursicinus de Cahors）开除教籍，因为他们曾经与自己的敌人贡多瓦尔德（Gundovald，584—585 年在位）相互勾结。③ 再如，保证教会绝罚并凌驾其上。

---

① Jean Gaudemet et Brigitte Basdevant, éd., *Les canons des conciles mérovingiens (VIe–VIIe siècles)*, pp. 532–533.

② Hilaire de Poitiers, *Contre Constance*, éd. et trad. par André Rocher, p. 180.

③ ［法兰克］格雷戈里：《法兰克人史》，第 241—242、421—422 页；Jacques Péricard, "L'excommunication dans le royaume franc. Quelques remarques sur la législation canonique et ses contournements (V^e–IXe siècle)", pp. 25–27.

596年，希尔德贝尔特二世下令把拒绝服从主教绝罚的人遣送至王廷；755年韦尔（Ver）会议所颁第9条法令规定，任何不愿服从教会绝罚的人都需接受君王审判。① 因此，从某种程度上说，法兰克国王利用教会绝罚惩处主教的做法，不仅能够有效规避教会的公开谴责，还能彰显王权的优势地位。

　　从以上文献的具体内容中不难看出，不论是主教的选任程序，还是教务会议的运行模式，抑或是教会绝罚的应用，它们均因法兰克君主的干涉活动而呈现出较为明显的国家化趋向。尽管这种现象在罗马帝国晚期就已有所显露，但在公共管理单位略显单一的法兰克王国的衬托下，它的政治表现力显得更为引人注目。在这里，主教团合议制既可以为法兰克君主遴选"地方职官"，又能在王国治理问题上为其答疑解惑，还可以在必要时成为他们打击异己的政治工具，政教二元相互依存且分工合作的特性也由此得到充分展现。对此，参加535年克莱蒙教务会议的主教们也曾充满自信地表示，国王与主教聚在一起，神明会给王国带来幸福，并赐予他们支配王国的力量。② 从这一层面上讲，自511年奥尔良教务会议开始，高卢主教团成功地展现并延续了合议制的神圣权威，并最终让自身成为法兰克王国权力架构中一个不能分割且永不消亡的关键要素。在此基础上，主教们的共同决议也就理所应当地延及法兰克社会生活。

三　高卢主教团合议制的社会功能及历史影响

　　墨洛温王朝早期，由于法兰克人保持着根深蒂固的部落传统，

---

　　① "Childeberti Secundi Decretio", No. 7, in Alfred Boretius, ed., *Capitularia Regnum Francorum*, Tomus I, p. 15; "Concilium Vernense", No. 14, in Alfred Boretius, ed., *Capitularia Regnum Francorum*, Tomus I, p. 35. 韦尔，高卢北部的加洛林王庄，其具体位置存在争议，可能位于今属法国瓦兹省的洛内特河畔（Ver-sur-Launette）或韦尔讷伊昂阿拉特（Verneuil-en-Halatte）境内。

　　② Jean Gaudemet et Brigitte Basdevant, éd., *Les canons des conciles mérovingiens*（VIe–VIIe siècles）, pp. 210–211.

日耳曼式的个人效忠体系与高卢此前相对稳定的罗马行政制度形成了鲜明的反差。在国家观念淡薄、执政经验匮乏以及文化水平普遍不高的情况下，墨洛温诸王在地方行政管理方面很难有所作为，地方社会存在的各种问题也就无法得到有效处理。例如，异教习俗与占卜迷信时常扰乱法兰克基督徒的宗教生活；个人层面的矛盾与冲突很容易转化为恃强凌弱的粗暴行径；诸王之间的权力斗争时常让高卢民众的劳动成果付之东流；等等。在这样特殊的历史条件下，旨在维护地方秩序并带领民众走向救赎的高卢主教团势必要有所回应。透过墨洛温王朝时期的高卢教务会议文件，不难看出，高卢主教团在教务会议上讨论的社会问题是有针对性的，对它们的处理方式也是颇具仁爱精神的。

其一，统一宗教信仰，教化高卢民众。众所周知，罗马人在征服的道路上并没有摧毁被征服者的宗教，而是让各地的信仰续存下去。与此类似，自克洛维受洗后的几十年里，虽说墨洛温上层统治者将正统基督教视为法兰克国教，但他们既没有改变其治下子民信仰的强制举措，也没有彻底禁绝法兰克境内的异端思想与异教活动。《撒利克法典》（*Loi salique*）中有关禁止偷取祭祀牲畜的法条仍然存在；犹太人在法兰克人眼中依旧相当于高卢罗马人；在异教徒的餐宴上毁坏其神圣的餐盘还是属于非法行为。正如法国学者杜梅茨尔所说，6世纪中叶之前的法兰克王国不仅远没有实现完全的基督教化，甚至还存在国家信仰再次反转的可能性。[①] 面对这种情况，自533年奥尔良教务会议起，高卢主教团颁布了一系列反对偶像崇拜、取缔异教迷信、限制基督徒与犹太人交往的教务会议法令。与此同时，在墨洛温诸王的配合下，部分由主教负责传

[①] Bruno Dumézil, *Les racines chrétiennes de l'Europe: Conversion et liberté dans les royaumes barbares (V^e – VIIIe siècle)*, Paris: Fayard, 2005, p.220; Marc Van Uytfanghe, "La Bible et l'instruction des laïcs en Gaule mérovingienne: des témoignages textuels à une approche langagière de la question", *Sacris erudiri*, Tome 34, 1994, p.97.

达给神职人员和平信徒的教会规条，还以君主敕令的形式在王国境内得到推行。①

另外，为了从根本上清除法兰克民众日常生活中潜在的异端或异教元素，高卢主教团还对宗教节日与崇拜仪式进行了制度化规范，与之相关的规条看似分布零散，实则环环相扣：法兰克君民每年都应在教会规定的日子一同庆祝将临节（Avent，11 月 11 日—12 月 24 日）、圣诞节（Noël，12 月 25 日）、复活节（Paques，3 月 18—4 月 15）、耶稣升天节（Ascension，从复活节算起的第 40 天）、圣灵降临节（Pentecôte，复活节后第 50 天）等基督教盛大节日；主教们应在神职人员与达官显贵的环绕下在各自教区的大教堂中主持庆典活动；每逢安息日（周日），包括基督徒奴隶在内的所有法兰克基督教徒都应放下手中的劳务工作，并在各自教区的教堂中聚集在一起，之后，作为"教会领袖"的主教需要为上帝托付给他的羊群主持弥撒，并以"上帝话语"（教规）教导法兰克民众如何成为一名遵纪守法、信仰虔诚且乐善好施的教会一员。② 到了加洛林时期，经过加洛林统治者的教会改革，上述宗教仪式在原有的基础上更加规范，教会对民众的教育感化也更为深入。由此可见，在罗马式公共学校凋敝的墨洛温时代，教会承担起社会公共教育的部分职能。③ 在此基础上，高卢主教团也就有了在法兰克王国内部实现"等级秩序"与"平等互爱"兼容并蓄的可能性。

---

① "Childeberti I. Regis Praeceptum", No. 2, in Alfred Boretius, ed., *Capitularia Regnum Francorum*, Tomus I, pp. 2 – 3; "Chlotharii II. Edictum", No. 9, in Alfred Boretius, ed., *Capitularia Regnum Francorum*, Tomus I, p. 22; Bruno Dumézil, "La christianisation du royaume des Francs", in Alain Tallon et Catherine Vincent, dir., *Histoire du christianisme en France: Des Gaules à l'époque contemporaine*, Paris: Armand Colin, 2014, p. 33.

② Jean Gaudemet et Brigitte Basdevant, éd., *Les canons des conciles mérovingiens (VIe – VIIe siècles)*, pp. 266 – 267, 254 – 255, 244 – 245, 492 – 493, 190 – 191, 582 – 583, 464 – 465.

③ 尽管罗马式的公共学校大约在 5 世纪末期几近消逝，但这并不意味着古典世俗教育在法兰克高卢消失殆尽。事实上，古典世俗教育在高卢罗马贵族的家庭教育中得以续存，并以此形式延绵至大约 7 世纪末到 8 世纪初。参见 Pierre Riché, éd., *Instruction et vie religieuse dans le Haut Moyen Âge*, London: Variorum Reprints, 1981, pp. 884 – 888.

其二，传递仁爱思想，救助弱势群体。整体而言，墨洛温高卢社会是一个物质极度匮乏、生活条件相对恶劣的社会，战争、灾害、疾病、饥荒等群体性创伤总是与法兰克民众形影不离。正是在这样的历史条件下，高卢主教团将耶稣关爱世人的教导编制成扶助弱势群体的教会规条，并逐步将其转化为一种以公共财产（教会财产）为基础的社会救助事业。① 511 年奥尔良教会法规定，主教们应当在力所能及的范围内为无法自食其力的穷人和残疾人分发食物和衣服；在 567 年图尔教务会议上，主教们又将该义务的承担主体拓展至城市居民与乡村神父。在此过程中，主教们还尝试在各地建立以教堂为中心的弱势群体收容所。于是，自 549 年奥尔良教务会议确认并赞扬国王希尔德贝尔特一世（Childebert Ier，551—558 年在位）在里昂建立收容所的行为后，普瓦捷（Poitiers）、勒芒（Le Mans）和奥克塞尔等地均出现了与之相同的公共救助场所。② 加洛林时期，主教们倡导的社会关爱事业得到了进一步发展。816 年亚琛（Aachen）教务会议所颁第 28 条法令有言，修道院附近的收容所应照顾老人和病人；836 年亚琛教务会议所颁法令第 3 条规定，所有城镇和修道院都应建立一处收容所；845 年，在主教们的建议下，西法兰克国王秃头查理（Charles le Chauve，843—877 年在位）将复兴收容所的任务视为国王职责。及至 9 世纪末，收容所在高卢已经十分普及。③

---

① 法兰克教会对教会财富的保护和使用有着较为详细的规定：侵犯教会财富的人乃是"穷人杀手"；除了支持神职人员日常开销和教会的基础设施建设外，教会财富应用于赎买战俘、拯救奴隶、帮助穷人、照拂病患等慈善事业。关于教会财产的规条，参见 Jean Gaudemet et Brigitte Basdevant, éd., *Les canons des conciles mérovingiens* (VIe - VIIe siècles), pp. 76 - 77, 308 - 313, 342 - 343, 385 - 389, 412 - 417, 430 - 431, 512 - 513.

② Jean Gaudemet et Brigitte Basdevant, éd., *Les canons des conciles mérovingiens* (VIe - VIIe siècles), pp. 82 - 83, 354 - 355, 310 - 311; Jean-Marie Mayeur et al., éd., *Histoire du christianisme des origines à nos jours*, Tome 4, *Évêques, moines et empereurs* (610—1054), Paris: Desclée, 1993, p. 612. 普瓦捷，法兰克高卢南北之间的要冲，今位于法国维埃纳省境内；勒芒，法兰克城镇，今位于法国萨尔特省（Sarthe）境内。

③ "Institutio Sanctimonialium Aquisgranensis", No. 39, in Albert Wermighoff, ed., *Concilia Aevi Karolini*, Vol. I, pp. 455 - 456; "Decreta concilii Aquisgranensis",（转下页）

其三，代表民众意志，缓和阶级矛盾。毋庸讳言，墨洛温高卢社会是一个等级观念深入骨髓、特权现象众目昭彰的传统阶级社会。在这里，奴隶主虐杀奴隶、大地主横行乡里、统治阶层鱼肉百姓的现象时常发生。倘若置之不理，不仅会让普通民众的生活每况愈下，而且容易激化统治者与被统治者之间根深蒂固的阶级矛盾，进而严重危害法兰克教俗精英的统治秩序。在此社会情境下，高卢主教团一方面代表普通民众的意志，同时也成为奴隶主与奴隶之间的缓冲器。585 年马孔教务会议法令第 12 条有言，《圣经》中有关寡妇和孤儿的规定对主教们来说并不陌生，在这方面，寡妇和孤儿的利益是上帝给他们的特别托付。因此，"法官在没有通知主教之前，不得传唤处于后者监护下的寡妇和孤儿"，他们应当在法官与主教同时在场的情况下接受公正的审判。614 年巴黎教务会议上，经过反复商讨，法兰克主教团一致决定，所有自由人释放的奴隶均受到主教的保护，如果有人想要再次压迫他们，那么这些人将会面临世俗法庭的审判或被排除在教会圣餐礼之外。[①] 随后，《克洛塔尔二世敕令》也明文规定，依照释放文书的内容，所有自由人的释奴都应得到神职人员的保护，在主教和教会代表缺席的情况下，上述释奴不能被押往公共法庭接受审判。[②] 除此之外，在高卢主教团成员的共同庇

（接上页）No. 56, in Albert Wermighoff, ed., *Concilia Aevi Karolini*, Vol. II, MGH., Legum Sectio III, Concilia, Tomus II, Hannover: Hahn, 1908, p. 707; "Concilium Meldense-Parisiense", No. 293, in Alfred Boretius et Victor Krause, eds., *Capitularia Regnum Francorum*, MGH., Legum Sectio II, Tomus II, Hannover: Hahn, 1897, p. 408; "Ansegisi abbatis capitularuim collectio", No. 183, in Alfred Boretius, ed., *Capitularia Regnum Francorum*, Tomus I, pp. 420 – 421; Walter Ullmann, "Public Welfare and Social Legislation in the Early Medieval Councils", in G. J. Cuming and Derek Baker, eds., *Councils and Assemblies: Papers Read at the Eighth Summer Meeting and the Ninth Winter Meeting of the Ecclesiastical History Society*, Cambridge: Cambridge University Press, 1971, pp. 10 – 11. 亚琛，日耳曼古城，位于今天德国北莱茵—韦斯特法伦州西部边境，与比利时及荷兰两国接壤，是德国最西面的城市。

① Jean Gaudemet et Brigitte Basdevant, éd., *Les canons des conciles mérovingiens* (VIe – VIIe siècles), pp. 470 – 473, 512 – 513.

② "Chlotharii II. Edictum", No. 9, in Alfred Boretius, ed., *Capitularia Regnum Francorum*, Tomus I, p. 22.

护下,基督徒奴隶的生存处境也得到了很大改善。他们不仅被视为法兰克基督教大家庭的一分子,而且能在一定范围内拥有婚姻生活、支配私有财产等基本权利。更为重要的是,释奴行为已成为获得教会承认的彰显虔诚的"王国惯例"。

从以上所述可以看出,高卢主教团试图在反对异教迷信的前提下,依托规范化的教育网络与充满仁爱精神的救助事业,逐步推进整个法兰克王国的基督教化进程,继而缓和地方社会的主要矛盾。在这套管理模式中,主教团合议制居于社会管理的核心地位,决定着高卢民众的生活半径,维护着弱势群体的现实利益。不论是公共崇拜还是日常生活,人们都需要听从主教团的教导与安排。对于高卢主教团在法兰克社会中的统治力量,墨洛温国王希尔佩里克曾抱怨道:"你们看!我们的国库一向多么贫乏。你们看!教堂是怎样地把我们的财富给汲干了。说实在的,除了那些主教以外,根本没有人在统治。我的王权已经丧失净尽,已经转移到待在各自的城里的主教们的手里去了。"[1]

四 本章小结

墨洛温王朝初期,高卢主教团合议制之所在短时间内从"教会传统"上升至"国家行为",除去自身的神学底蕴,其主要原因也许在于它具备与时俱进的政治性与社会性。在当时的社会历史条件下,不论法兰克政权进入什么样的历史阶段,也不论墨洛温诸王遇到什么样的棘手问题,高卢主教团的共同决议似乎大都能够恰到好处地转变为应对危机的实践举措。按照社会学的理论来讲,知识密集型组织内部的独立个体之间的共同协作往往能够完成非常规任务。也许正是基于这样的应用性特征,它不仅能够让高卢主教团这一行为主体在法兰克王国权力架构中占据"半壁江山",而且能够在地方行政管理体系残缺不全的情况下充当对立阶级之间的"缓冲器",从

---

[1] [法兰克]格雷戈里:《法兰克人史》,第345页。

而在很大程度上改变了法兰克人民的权力意识、宗教情感以及社会风气，进而为生于乱世又几经变革的法兰克王国指明发展方向。当然，如果站在后人的角度上来看，高卢主教团合议制在应对社会矛盾与危机方面的大多数立法成果都存在着明显的狭隘性，同时也有很多民生问题没有列入共议范畴，或者只是隐约提及。因此，它对社会问题的关注远没有达到无所不包的境界，其数以百计的立法成果看似洋洋大观，实则指向明确，其根本目的还是巩固自身的统治地位，而不是为身处离乱之世的高卢百姓创造福祉。

虽然说高卢主教团合议制的发轫历程与社会功能已经大致明确，但是对高卢主教团与罗马教宗之关系还应有所关照。墨洛温时代，高卢教会始终与使徒宗座保持着断断续续的联系，它既没有否定罗马教宗权威，也没有忽视其话语和谕令的信仰价值。541 年奥尔良教会法第 1 条规定，每当人们对复活节这一盛大节日（的日期）存在疑问时，都应遵循罗马教宗的决定。567 年图尔教务会议上，与会的主教们将罗马教宗英诺森一世（Innocent Ier，401—417 年在位）写给鲁昂主教维克特里斯（Victrice de Rouen，393—407 年在任）的部分信件内容编入教会法第 21 条，以此告诫那些侍奉上帝的童贞女忠于初心。[1] 8 世纪中叶，卜尼法斯在高卢主持的教会改革也得到了罗马教宗扎迦利的指导。不过，值得注意的是，罗马教宗试图以阿尔勒主教为代理来干涉高卢教会内务的做法似乎并不成功，即便是在凯撒里乌斯在任期间，罗马教宗的治权也仅在普罗旺斯等高卢东南部一隅获得过一定程度上的认可。当阿尔勒教省并入法兰克王国后，这种有限的治权随即烟消云散。而且，至少到加洛林统治高卢之前，教宗们都几乎无法左右整个高卢教会在其教务工作方面的自主性。

---

[1] Jean Gaudemet et Brigitte Basdevant, éd., *Les canons des conciles mérovingiens* (*VIe – VIIe siècles*), pp. 368 – 369.

第 二 章

法兰克王国王权理论的构建
——教会精英与正统君王的合作政治

墨洛温王朝时期，高卢主教团在教务会议过程中所遵循的处事传统及所立教规，既包含对平信徒的训诫和教导，也涉及对法兰克政教关系的认识与构想。在与墨洛温世俗政权相关的会议成果中，有一部分是针对法兰克王权的，它们不仅为法兰克王权合法性提供法律支撑，而且成为法兰克教会劝谏墨洛温诸王履行正统基督教君王宗教使命与政治职责的理论指南。正因如此，本章试图通过阐明西方学术界在法兰克王权理论研究方面的发展及局限，从墨洛温高卢教务会议的角度去考察法兰克王权理论的基督教化进程，以此分析教务会议与法兰克王权合法性之间的关系，论证法兰克基督教王权理论在教务会议史中的构建过程及具体内容。对于上述问题的解答，不仅有助于厘清法兰克王权理论的历史演变，而且还有助于加深对西欧中古早期王权基督教化的理解，从而更加全面地把握欧洲中世纪王权理论与实践的历史发展脉络。

一 法兰克"血统权益论"的修正及局限

在法兰克时代政治史研究领域，8世纪之前的法兰克王国是否存在基督教王权理论，一直是萦绕在诸多史家心头的难解之题。与加洛林王朝较为丰厚的"王权理论"著述相比，墨洛温王朝几乎没有留下任何专门阐述王权的理论文本。直到 20 世纪 80 年代，大多数西方学者仍旧只能通过图尔主教格雷戈里所著《法兰克人史》提供的相关记载，探寻墨洛温王朝时期法兰克王权的演变轨迹。[①] 尽管《法兰克人史》在传统教会史写作范式的基础上，有意加强法兰克王权与天主教信仰的联系，但是，在大多数情况下，人们关注的还是法兰克国王通过战争获取的领导权力以及"长发"、"姓名"、"长矛"等与法兰克血统权益紧密相连的政治符号。[②]

19 世纪末至 20 世纪初，在"大日耳曼主义"和"种族优越论"的影响下，以德国学者弗里茨·凯恩（Fritz Kern）为代表的一批"日耳曼派"学者率先提出法兰克王权的"血统性"。在他们看来，由于传统与习俗的主导地位与强势效应，墨洛温国王同其他活跃于中世纪早期西欧政治舞台上的"蛮族国王"一样，在民众的观念中具有某种超自然的神秘力量。这种神秘力量仅在王族的血统中传承，并通过墨洛温王族独特的长发发式表现出来，而法兰克王权的合法性正是基于这种"血统权益"。[③]

二战之后，在德国学者赖因哈德·文斯库斯（Reinhard Wenskus）

[①] Bruno Dumézil, "Le modèle royal à l'époque mérovingienne", in Michèle Gaillard, éd., *L'empreinte chrétienne en Gaule du IVe au IXe siècle*, Turnhout: Brepols, 2014, p. 131.

[②] 关于墨洛温王族长发的研究，参见 Maximilian Diesenberger, "Hair, Sacrality and Symbolic Capital in the Frankish Kingdoms", in Richard Corradini et al., eds., *The Construction of Communities in the Early Middle Ages*, Leiden-Boston: Brill, 2003, pp. 173–212. 关于墨洛温王族成员名字与绰号的解读，参见 Eugen Ewig, "Die Namengebung bei den ältesten Frankenkönigen und im merowingischen Königshaus", *Francia*, Bd. 18, No. 1, 1991, S. 21–69; Cédric Lemagnent, *De Clodion le Chevelu au Roi Soleil: Révisez l'histoire de France à partir des surnoms des rois et des reines*, Paris: Armond Colin, 2020. 关于法兰克"长矛"象征内涵的阐述与分析，参见 Régine Le Jan, *Femmes, pouvoir et société dans le haut Moyen Age*, Paris: Picard, 2001, p. 179.

[③] 关于日耳曼蛮族的"血统权益论"，参见 Jean Heuclin, *Les Mérovingiens*, Paris: Ellipses, 2014, pp. 83–84; Patrick Demouy, *Le Sacre du Roi*, Strasbourg: Éditions La Nuée Bleue, 2016, pp. 12–13.

构建的"核心传统论"（noyau de tradition）① 基础上，西方学者开始对上述包含某些反动元素的"血统权益论"进行反思与清算，进而提出"族群生成论"（ethnogenèse）。这一新理论将王权置于族群形成过程中的核心位置，认为王权即为"核心传统"。也就是说，法兰克族群认同的并不是墨洛温王权的"血统性"，而是它的"文化性"。② 另外，米歇尔·索特（Michel Sot）在论证987年之前的西欧神圣王权时明确提出，中世纪存在两种性质的王权：一种是魔法的，一种是宗教的。墨洛温王权建立于军事武功，以"魔法"和"神秘观念"为基础，其神化过程"完全无需借助基督教"。③

或许正是由于这些醒目的特点，当时的法兰克王权通常被视为墨洛温国王个人的成就。在不少人看来，介于5世纪"皇帝颂歌"（les grands panégyriques）和9世纪"君主镜鉴"（les miroirs du prince）之间的法兰克酋长式王权难登大雅之堂，它缺乏明确的意识形态，其基督教化至多是个人行为且肤浅之极。总而言之，"发长识短"（cheveux longs, idées courtes）的形象不仅让墨洛温国王长期饱受史家诟病，更让充满个性化色彩的法兰克王权难以同天主教信仰引导下的基督教王权联系在一起。④

---

① 所谓"核心传统"，指的是由贵族家族世代保存下来的传说及其衍生出的文化习俗，被蛮族群体的贵族领导者家族世代相传，成为他们所领导的蛮族群体构建共同身份认同的工具。关于"核心传统"的阐述与分析，参见 Reinhard Wenskus, *Stammesbildung und Verfassung: Das Werden der frühmittelalterlichen Gentes*, Köln: Böhlau, 1961.

② Régine Le Jan, "La sacralité de la royauté mérovingienne", *Annales. Histoire, Sciences Sociales*, 58ᵉ Année, No. 6, 2003, p. 1220; Régine Le Jan, *Les Mérovingiens*, Paris: Presses Universitaires de France, 2020, pp. 29 – 31.

③ Michel Sot, "Hérédité royale et pouvoir sacré avant 987", *Annales. Histoire, Sciences Sociales*, 43ᵉ Année, No. 3, 1988, pp. 707 – 711.

④ Bruno Dumézil, "Le modèle royal à l'époque mérovingienne", p. 131. 关于墨洛温国王的负面形象及其形成过程，参见 Helmut Reimitz, "Contradictory Stereotypes: 'Barbarian' and 'Roman' Rulers and the Shaping of Merovingian Kingship", in Nikos Panou and Hester Schadee, eds., *Evil Lords: Theories and Representations of Tyranny from Antiquity to the Renaissance*, Oxford: Oxford University Press, 2018, pp. 81 – 83.

毋庸讳言，不论是"血统权益"，还是"神秘魔法"，抑或是"核心传统"，学者们在很大程度上都是为了强调法兰克时代存在两种不同类型的王权理论，从而突出丕平三世与罗马教宗在形塑法兰克基督教王权方面的重要作用。然而，值得注意的是，从墨洛温王朝到加洛林王朝的转变并不意味着王权性质发生本质变化，两者在本质上都属于君权神授，只是在表现形式上存在一定程度上的差异。更为重要的是，从古典晚期至中古早期，高卢存在的多种异质文化元素，理应促使法兰克王权超越"血统权益论"，吸收其他元素中的政论思想。

正是基于中世纪早期高卢社会文化的多元性，很多西方学者开始着眼于法兰克社会中的基督教元素。他们认为，早在墨洛温王朝前期，在国王的积极吸纳下，基督教元素就开始成为王权理论的重要组成部分。华莱士—海德里尔认为，墨洛温王朝时期，"国王们进入了一种教会的氛围中，他们必须以新的方式思考自己的职责，而很多国王的确这样做了"。[1] 雷吉纳·勒让（Régine Le Jan）认为，法兰克神秘成分和基督教成分并存于墨洛温王权理论中，但随着时间的推移，后者逐渐占据优势地位。[2] 詹尼特·尼尔森（Janet Nelson）甚至提出："如果说存在墨洛温王族的神圣性，那么它也不可能经受住6—7世纪基督教对法兰克王权观念和实践的强大影响。"[3] 在此思维模式的引导下，西方学者又对墨洛温王朝时期的基督教王权理论展开进一步的探讨与论证。伊扎克·昂认为，在中世纪早期圣经文化的影响下，墨洛温知识分子将政治现实与《圣经》中的话语和实例联系在一起，并以一种较为含蓄的方式将"正义"和"虔诚"等基督教国王应具备的品质传递给墨洛温诸王。到了墨洛温王

---

[1] J. M. Wallace-Hadrill, *Early Germanic Kingship in England and on the Continent*, Oxford: Clarendon Press, 1971, p. 47.

[2] Régine Le Jan, "La sacralité de la royauté mérovingienne", pp. 1217–1241.

[3] Janet L. Nelson, *The Frankish World, 750–900*, London and Rio Grand: Hambledon Press, 1996, p. 101.

朝晚期，基督教主题已成为法兰克高卢统治和管理思想的主旋律。① 很多修道院的祈祷词中出现了为国王和王族祈祷的内容，而正是在这种祈祷作用下，法兰克民众感受到"清晰而成熟的基督教王权观念"。② 此后，布鲁诺·杜梅茨尔从法兰克主教们与墨洛温诸王的书信往来中探讨王权思想的变化，在他看来，当时的基督教王权与其说是一种模式，不如说是一种论述；主教们宣扬的"基督教君王"是一种既充满期待又包罗万象的表述，在任何情况下，它都可以根据时代的需求被赋予不同的意涵。③

从以上所述可以看出，华莱士—海德里尔和雷吉纳·勒让等学者对法兰克王权理论的修正，在一定程度上证明了其多元复合结构，但由于写作主旨不同，他们强调的重点在于法兰克王权理论中蕴含基督教元素。另外，伊扎克·昂和布鲁诺·杜梅茨尔的确注意到了法兰克基督教王权理论的动态发展，但他们对墨洛温王朝时期法兰克王权基督教化的历史进程、法兰克基督教王权理论的具体内容及其实践形态的论证尚显不足。既然法兰克王权中蕴含基督教政治哲学，那么它一定与墨洛温王朝时期召开的一系列教务会议有着千丝万缕的联系。不过，在考察法兰克基督教王权理论时，单纯关注教务会议决议文书又是远远不够的，只有将它们和当时的编年史、年代记以及王室文书等多种史料贯穿起来进行关照性分析，才有可能

---

① Yitzhak Hen, "The Uses of Bible and the Perception of Kingship in Merovingian Gaul", *Early Medieval Europe*, Vol. 7, No. 3, 1998, pp. 277 – 289.

② Yitzhak Hen, "《Flirtant》 avec la liturgie. Rois et liturgie en Gaule franque", *Cahiers de civilisation médiévale*, 50ᵉ Année, No. 197, 2007, pp. 33 – 41.

③ Bruno Dumézil, "Le modèle royale à l'époque mérovingienne", pp. 131 – 147. 关于法兰克基督教王权观念的分析，还可参见 Hans Hubert Anton, *Fürstenspiegel und Herrscherethos in der Karolingerzeit*, Bonn: Ludwig Röhrscheid Verlag, 1968, S. 49 – 55; Ian Wood, *The Merovingian Kingdoms*, New York: Longman Publishing, 1994, pp. 66 – 70; Erik Goosmann, "Carolingian Kingship, Apostolic Authority and Imperial Recognition: Pippin the Short's Italienpolitik and the Quest for Royal Legitimacy", in Stefen Esders et al., eds., *East and West in the Early Middle Ages: The Merovingian Kingdoms in Mediterranean Perspective*, Cambridge: Cambridge University Press, 2019, pp. 329 – 346.

窥知其具体内容及构建过程。

二 教务会议与墨洛温国王的合法性诉求

对于西方教会史的研究者来说，教务会议并不是什么陌生的概念。简单来说，"教务会议"就是主教们聚集在一起共同商讨基督教教义、教理以及教会风纪等问题的宗教会议。314年8月1日，罗马皇帝君士坦丁召集西部帝国的主教们在阿尔勒举行了古代高卢历史上的第一次教务会议，试图通过此类会议宣扬其"帝国统一、宗教同一"的治国理念。① 此后，作为古代晚期高卢基督教文化的载体的教务会议，开始与世俗政权紧密结合，并逐渐承担起处理高卢政教关系的重任。及至511年，志在一统高卢的墨洛温国王克洛维继续发挥教务会议的政宣功能。他在奥尔良召开墨洛温王朝第一次王国教务会议，此次会议不仅向世人宣布"新的君士坦丁"的降临，同时也拉开了墨洛温高卢教务会议史的序幕。

关于克洛维召集主教举行教务会议的缘由与动机，学界在19世纪下半叶大致形成了"唯政论派"和"唯教论派"两个截然相对的流派。"唯政论派"认为，511年奥尔良教务会议属于一次纯粹的政治行动，法兰克国王在此过程中一直居于主导地位；高卢主教团在召开教务会议的问题上不仅得到国王的授权，而且服从国王下达给他们的命令，以期完成罗马元素与日耳曼元素的融合。② "唯教论派"则认为，511年奥尔良教务会议是高卢主教团对法兰克国王克洛维施加压力的产物，是一次纯正的宗教会议，是高卢主教团对法兰克国王的胜利；它关注的焦点是法兰克王国的宗教利益，标志着

---

① Jean Gaudemet, éd., *Conciles gaulois du IVe siècle*, p. 40; Michael Edward Moore, *A Sacred Kingdom: Bishops and the Rise of Frankish Kingship, 300 – 850*, Washington, D. C.: Catholic University of America Press, 2011, pp. 55 – 58.

② Jean-Eugène Bimbenet, "Des conciles d'Orléans, considérés comme source du droit coutumier et comme principe de la constitution de l'Église gauloise", *Revue critique de législation et de jurisprudence*, Tome XXIII, 13e Année, 1863, pp. 290 – 307.

伟大的高卢教会恢复了往日的活力。① 20 世纪 30 年代以来，在西方较为成熟的文献学研究的基础上，以夏尔·德克莱尔克和奥黛特·蓬塔尔为代表的一些西方学者，试图抹平前代史家在奥尔良教务会议上制造的政教鸿沟，为其召开动因设计出一种颇为有益的"政教协作论"解读路径。在他们看来，奥尔良教务会议的目的在于解决征服西哥特王国后遗留下来的领土或政治问题。②

然而，如果深入考察奥尔良教务会议留下来的原始文献，并将它们与高卢的历史传统、文化结构以及法律体系等因素联系在一起，就不难发现，西方学者把"政教协作，王国一统"视为克洛维召开奥尔良教务会议的动机，似有夸张之嫌。事实上，511 年奥尔良教务会议虽然是"政教协作"的直接产物，但是，它的初始动机应该说尚未达到"王国一统"的高度。克洛维之所以召集此次教务会议，根本缘由应当在于，他期望借助教务会议这一"传统力量"来证明法兰克王权的合法性，并让其成为高卢各个族群共同的政治文化认同。关于这一问题，可以从以下几个方面进行具体分析。

第一，族群原始王权的理论性局限。对于中世纪早期的法兰克首领来讲，他们通常将自身家族与所在族群崇拜的"海牛神"联系在一起，希望借助这种神秘的超自然力量，证明其统治权力的合法性，巩固墨洛温家族在整个族群中的领导地位。③ 不过，这种带有浓

---

① Godefroid Kurth, *Clovis*, Tome II, Paris: Victor Retaux, 1901, pp. 134 – 136; Michel Rouche, *L'Aquitaine des Wisigoths aux Arabes*, Paris: Les Éditions de l'EHESS, 1979, p. 52.

② Charles de Clercq, *La législation religieuse franque de Clovis à Charlemagne*, p. 8; Odette Pontal, *Histoire des conciles mérovingiens*, p. 48. 关于这一观点的争论，参见 William M. Daly, "Clovis: How Barbarian, How Pagan?", *Speculum*, Vol. 69, No. 3, 1994, pp. 657 – 658; Gregory I. Halfond, "Vouillé, Orléans (511), and the Origins of the Frankish Conciliar Tradition", in R. W. Mathisen and D. Shanzer, eds., *The Battle of Vouillé, 507 CE: Where France Began*, Berlin: De Gruyter, 2012, p. 154.

③ 综合早期法兰克人的偶像崇拜、墨洛温国王希尔德里克一世（Childéric Ier，约 457—481 年在位）墓室中的"牛面马具"和墨洛维（Mérovée）奇异身世中出现的"牛头海怪"等异教元素，不难看出，"牛头海怪"很可能是早期法兰克人崇（转下页）

厚法兰克元素的原始王权理论，显然无法迎合和满足各个社会集团对法兰克国王的期望与要求。对于拥有独立身份意识的高卢罗马人来讲，他们需要一位衣冠齐楚、慷慨解囊的罗马执政官；对于族群意识渐趋清晰的其他日耳曼人来讲，他们拥戴各自群落中继承先祖神秘力量的军事首领；对于寻求政治庇护的基督教会来讲，它渴望一位信奉和保护正统信仰的"新的君士坦丁"。① 因此，在征服高卢大部分地区后，克洛维的首要目标理应是向世人证明法兰克王权的合法性，而由高卢主教团组成的凝聚传统力量的教务会议，则恰好能为这一目标的达成提供具体的操作指南。

第二，符合历史传统的合法性证明。总体而言，中世纪西欧的墨洛温高卢属于典型的传统社会。传统居于至高无上的统治地位，应对现世危机的举措以及改造文化习俗的办法，都要从前代传统中寻求支持。自君士坦丁大帝搭建起联结世俗政务与教务会议的桥梁后，不论是"异端信徒"君士坦提乌斯二世，还是"背教者"尤里安，抑或是"僭主"马克西穆斯（Maximus，384—388 年在位），都曾通过教务会议来巩固其在高卢的统治权威。② 自 5 世纪开始，随着蛮族势力的崛起和新兴王国的出现，统一的西部帝国逐渐淹没在蛮族军队、罗马军团和地方贵族势力的相互争斗中。在此过程中，高卢经历着急风骤雨般的政治文化变革，罗马皇帝显然对此无能为力。与此相反，高卢主教团却能够运用其娴熟的技艺在此种乱世中泰然自若，代替皇帝肩负起管理高卢的历史重任，而由其构成的教务会议则成为继承罗马文明、沟通蛮族世界、维持地方秩序的核心机构。及至 6 世纪初，教务会议再次与世俗政权紧密联合在一起。

（接上页）拜的神明之一，法兰克族群原始王权理论便是基于墨洛温家族与神明的亲密联系。关于墨洛温王族与"海牛神"的联系，参见李隆国《〈弗里德加编年史〉所见之墨洛温先公先王》，《史学史研究》2012 年第 4 期；刘虹男《墨洛温先祖与墨洛温王族的崛起》，《法国研究》2018 年第 3 期。

① 陈文海：《法兰克族源叙事及其社会文化情境》，《学术研究》2014 年第 10 期。
② Michael Edward Moore，"The Spirit of the Gallican Councils"，pp. 11 – 18.

506年，西哥特国王阿拉里克二世召集高卢南部的主教，在阿格德举行教务会议，在此过程中，这位阿里乌派异端国王的权力同样得到了高卢南部正统派主教们的承认。①

对于克洛维来讲，通过教务会议赢得君权合法性的罗马皇帝和蛮族国王无疑成为效仿对象；② 而且，身为信仰正统基督教的国王，克洛维自然也不想在宗教政策上输给一个受阿里乌派"蛊惑"的异端国王。因此，在507年伏伊耶战役之后，克洛维先是接受东罗马皇帝阿纳斯塔西乌斯一世的敕书，成为名义上掌管高卢大地的执政官。国内局势基本稳定后，致信高卢主教团，要求他们在奥尔良举行教务会议。他在信中承诺给予身陷囹圄的天主教徒应有的保护与自由，将自己塑造成他们的解放者，以此谋取高卢主教团的好感与信任，从而借助他们掌控的传统力量为法兰克王权披上"合法"的外衣。③ 之后，尽管克洛维没有亲自到场参会，但是，与会的32名主教不仅以书信形式接受和承认墨洛温国王的政治权力，而且从教务会议立法层面入手，协助墨洛温国王在世人面前树立起一种天经地义的"合法"形象。

第三，教务会议立法的普适性特征。与罗马皇帝颁布法典类似，中世纪早期蛮族统治者的立法活动既是王室权威的象征之一，又是王权合法化、概念化和理论化的重要表现形式。克洛维在占领高卢大部分地区后，下令颁布主要由法兰克习惯法构成的《撒利克法典》，用这种具有象征意义的仪式化行为将抽象的王权概念化，以此

---

① 会议结束后，阿拉里克二世计划在第二年召开一次全高卢的教务会议，希望得到整个高卢主教集团的承认，但由于他在同克洛维的争霸战争中战败身亡，预先设定好的教务会议并没有召开。关于506年阿格德教务会议，参见 Michael Edward Moore, *A Sacred Kingdom: Bishops and the Rise of Frankish Kingship, 300 – 850*, pp. 75 – 80.

② Gregory I. Halfond, "Vouillé, Orléans (511), and the Origins of the Frankish Conciliar Tradition", pp. 152 – 153.

③ 关于克洛维是南高卢基督徒的解放者的说法，参见 Charles de Clercq, *La législation religieuse franque de Clovis à Charlemagne*, Paris: Sirey, 1936, p. 8; Odette Pontal, *Histoire des conciles mérovingiens*, p. 48.

展现墨洛温王族至高无上的地位。① 然而，在蛮族习惯法、罗马法、蛮族—罗马法以及教会法并存的墨洛温高卢法律体系中，单纯通过《撒利克法典》实现合法化的法兰克王权，很难跨出法兰克族群的界限。② 即便高卢主教团接受墨洛温国王的政治统治，法兰克王权也需要获得高卢罗马人和其他日耳曼族群的一致认同。因此，若想让墨洛温高卢各个社会集团理解和承认墨洛温王权的合法性，就必须颁布足以令所有社会集团都接受和信服的法律，而国王与高卢主教团在教务会议中的合作立法恰好可以满足这一要求。

对于墨洛温高卢地区实行不同法律的族群来讲，由教务会议制定的教规是一种全体公众均可接受的律法。③ 正因如此，高卢主教们通过教务会议的立法活动，先是把国王的命令同教会的行动联系在一起，然后将包括王权合法性在内的诸多重要疑难问题以教会法条的形式固定下来。例如，511年奥尔良教会法序言写道："应最为荣耀的国王克洛维之召，高阶教士的教务会议在奥尔良举行。"又如，该会议所颁教会法第4条规定："在没有国王的命令或国王代理人的

---

① Hubert Mordek, "Kapitularien und Schriftlichkeit", in Rudolf Schieffer, ed., *Schriftkultur und Reichsverwaltung unter den Karolingern: Referate des Kolloquiums der Nordrhein-Westfälischen Akademie der Wissenschaften am 17. /18. Februar 1994 in Bonn*, Opladen: Westdeutscher Verlag, 1996, p. 36.

② 早在克洛维去世之前，法兰克王国内部就已经出现了较为明显的多元法律结构。507年，克洛维基本占领西哥特高卢后，承认《西哥特人的罗马法典》（*Loi romaine des Wisigoths*）的有效性。该法典不仅适用于高卢罗马人，而且能在教会法未做规定之处为各地教会所用。法兰克人继续使用此前颁布的《撒利克法典》。此后，随着法兰克王国领土的扩大，不论是《勃艮第人的罗马法典》（*Loi romaine des Burgondes*），还是《里普阿尔法典》（*Loi ripuaire*），抑或是《阿勒曼尼法典》（*Loi des Alamans*）和《巴伐利亚法典》（*Loi bavaroise*），都成为法兰克王国法律体系的重要组成部分。参见 Olivier Guillot et Yves Sassier, *Pouvoirs et institutions dans la France médiévale*, Tome I, *Des origines à l'époque féodale*, 3e édition, Paris: Armand Colin, 1999, pp. 81–82; Maurizio Lupoi, *The Origins of the European Legal Order*, trans. by Adrian Belton. , Cambridge: Cambridge University Press, 2000, pp. 388–405. 我国已有学者对上述大部分法律进行了较为详细的研究，详见李秀清《日耳曼法研究》，商务印书馆2005年版，第7—102页。

③ Odette Pontal, *Histoire des conciles mérovingiens*, p. 50.

授权时，任何人不得将世俗人士晋升为教士。"①

从 511 年奥尔良教务会议的整个议程及其颁布的教会法中可以看出，在法兰克、基督教和罗马等新旧因素并存且相互碰撞的墨洛温高卢社会，几近统一高卢的墨洛温国王理应考虑的是如何证明自身统治权力的合法性问题。在这种情况下，只有借助教务会议的立法活动，才能逐步缓解各种异质文化元素之间的矛盾，才能消除它们之间的隔阂，从而让法兰克王权成为各个社会集团共同的政治文化认同。于是，墨洛温国王和高卢主教团一同颁布了凝聚法兰克王权意识且具有普适性的教会法，以此向其治下的"人民"或"基督子民"传达一种共同的观念，即教会的管理者已经通过"传统力量"树立了墨洛温国王的统治权威，承认了他的统治权力，王权的合法性也就毋庸置疑。更为重要的是，自 511 年奥尔良教务会议起，墨洛温国王与高卢主教团之间逐渐形成亲密的联盟，而他们在教务会议中的共同决议，则成为法兰克王权迈向"正统"的驱动力。

三 天主教信仰引导下的正统君王论

在 511 年达成"奥尔良政教协议"（Concordat d'Orléans）之后，此前相对独立的高卢教会转变为法兰克国家教会。② 由于法兰克教会在王国治理方面的积极作用，克洛维的后继者们往往通过控制教务会议运行模式的方式干涉教会事务。或许正是由于这一颇为鲜明的

---

① Jean Gaudemet et Brigitte Basdevant, éd., *Les canons des conciles mérovingiens* (*VIe - VIIe siècles*), pp. 70 - 71, 74 - 75. 墨洛温王朝时期，法兰克官方文书通常会借用出自《狄奥多西法典》（*Code théodosien*）的 "iudex" 一词，指代为公共权力提供服务的地方行政人员，他们服从于国王的命令，其权力具有"委托性"和"代理性"。因此，在这里将之汉译为"国王代理人"或许比较合适。参见 Bruno Dumézil, *Servir l'État barbare dans la Gaul franque*, *IVe - IXe siècle*, p. 143.

② 关于"政教协议"之说的提出与论证，参见 Louis Duchesne, *Histoire de l'Église au VIe siècle*, Paris: Boccard, 1925, p. 502; Michel Rouche, *L'Aquitaine des Wisigoths aux Arabes*, p. 52; Jean Heuclin, "Le concile d'Orléans de 511, un premier concordat?" in Michel Rouche, éd., *Clovis: Histoire et mémoire*, Tome I, p. 438.

特点，包括奥黛特·蓬塔尔、吕斯·皮埃特里、让·高德梅在内，诸多基督教会史专家在研究法兰克王权与教务会议的关系时，通常将关注的重点放在前者对后者的影响上，而对后者改造前者的考察略显单薄。① 从墨洛温高卢教务会议所颁教规中可以看出，尽管法兰克王权在会议选址、会议议程、主教选举和会议决议等方面占据绝对优势，但在王权意识、王权功能和治国方略等理论层面，教务会议却是法兰克王权不可否认的"导师"。

事实上，教务会议对法兰克王权的认可，既不是一些趋炎附势的主教对墨洛温诸王的阿谀谄媚，也不是法兰克教会对世俗政权的盲目服从，而是与会主教对"基督教王权"这一概念的表达以及对其持有者的期许与要求。② 在满腹法治理念与立法才能的法兰克主教们的共同努力下，教务会议严格遵守"宣扬基督教正统教义"这一天主教会核心要领，将法兰克王权纳入正统信仰体系之中加以渲染。而且，通过教务会议实录的概念性表达，教务会议充分展现了法兰克国王信仰正统性的形成，以及这种正统性所承担的宗教使命与政治职责，从而形成了较为具体的法兰克正统君王论。关于这个问题，可以从以下三个方面进行具体分析。

第一，对法兰克国王的尊崇与祝福。在墨洛温高卢教务会议所颁教会法以及相关文件中，对法兰克国王表示敬意和祝福的条文通常出现在教会法的序言中。例如，会议赋予法兰克国王"最为荣耀之王"的地位。533 年 7 月 23 日的奥尔良教务会议实录写道："为了讨论天主教会律法的遵守情况，我们遵照最为荣耀的国王们的旨

---

① 关于墨洛温诸王对教务会议的干涉与利用，参见 Odette Pontal, *Histoire des conciles mérovingiens*, pp. 258 – 260, 298 – 301; Luce Pietri, "L'Église du Regnum Francorum", in Jean-Marie Mayeur et al., éd., *Historie du christianisme des origines à nos jours*, Tome 3, *Les églises d'Orient et d'Occident* (432—610), Paris: Desclée, 1998, pp. 759 – 762; Jean Gaudemet, *Les sources du droit de l'Église en Occident du IIe au VIIe siècle*, pp. 105 – 111; Grgory I. Halfond, *Bishops and the Politics of Patronage in Merovingian Gaul*, Ithaca and London: Cornell University Press, 2019, pp. 42 – 54.

② Luce Pietri, "L'Église du Regnum Francorum", p. 774.

意在奥尔良相聚。"567 年 11 月 18 日的图尔教务会议实录有言："在最为荣耀的国王卡里贝尔特（Caribert，561—567 年在位）的完全同意下，为了教会的和平与教导，我们认为有必要草拟如下教规并以各自的署名对之加以确认。"626—627 年，奉命前往克里希开会的主教们更是将克洛塔尔二世比拟为卓越的"大卫王"。① 又如，墨洛温高卢教务会议承认墨洛温国王是天主教国王并对之表示祝福。538 年 5 月 7 日的奥尔良教务会议上，与会者在第 33 条教规中宣称："我们活在天主教国王们的统治下。"② 大约起草于 585 年 10 月 23 日的马孔教务会议实录有言：让人们感到高兴的是，在最为荣耀的国王贡特拉姆的统治下，所有获得教会职务的主教们汇聚一堂，为其共同的首领（贡特拉姆）祝福，保佑他身体健康。③ 这类祝福性的语句虽属常规且数量不多，但定位明确，意在表明国王在法兰克主教团心中的正统性以及享有的崇高地位。

第二，引导法兰克国王履行正统基督教君王的宗教使命。5 世纪末，当克洛维带领法兰克战士皈依正统基督教后，在墨洛温高卢社会的信仰领域中，虽然正统基督教已经开始逐步走向主导地位，但还存在着各种形式的异教，即便到了 7 世纪后半叶，偶像崇拜的幽灵依旧在法兰克世界中徘徊。④ 在这样一种社会宗教文化氛围中，墨洛温诸王仍有被异端或异教思想"玷污"的可能。正因如此，墨洛温高卢教务会议不仅对法兰克国王的信仰甚为重视，而且主动引导法兰克国王制定打击异端和异教的法令，明确其作为正统天主教国王的宗教使命。

---

① Jean Gaudemet et Brigitte Basdevant, éd., *Les canons des conciles mérovingiens (VIe - VIIe siècles)*, pp. 196 – 197, 348 – 349, 528 – 529.

② Jean Gaudemet et Brigitte Basdevant, éd., *Les canons des conciles mérovingiens (VIe - VIIe siècles)*, pp. 256 – 257.

③ Jean Gaudemet et Brigitte Basdevant, éd., *Les canons des conciles mérovingiens (VIe - VIIe siècles)*, pp. 454 – 455.

④ 关于墨洛温王朝时期异端和异教的活动及其社会情境，参见 Bruno Dumézil, *Les racines chrétiennes de l'Europe. Conversion et liberté dans les royaumes barbares (V^e – VIIIe siècle)*, pp. 217 – 243.

例如，反对偶像崇拜和惩处异端的法令。533 年奥尔良教会法第 20 条规定，对进行偶像崇拜活动的天主教徒应处以绝罚。① 同年，在此教规的启发下，希尔德贝尔特一世颁布了著名的《希尔德贝尔特一世国王训令》（*Précepte du roi Childebert Ier*），该法令明确表示，国王将承担起主教们无法完成的宗教使命，利用王权严令禁止一切偶像崇拜活动。② 538 年奥尔良教会法有言：依照国王的信仰和正义，地方伯爵应当逮捕为天主教臣民进行第二次洗礼的异端主教，否则该伯爵将面临开除教籍一年的惩处。③

又如，限制犹太人的法令。自 533 年奥尔良教务会议禁止基督徒和犹太人通婚开始，有关犹太人的问题逐渐成为墨洛温高卢教务会议的重要议题，特别是在由国王召集和参加的教务会议上，主教们经常会更新和重申限制这些"隐秘的敌人"（Ennemis intimes）的律法，以此提醒国王注意犹太人潜存的危险。④ 在此基础上，538 年奥尔良教务会议规定："禁止基督徒和犹太人同席共餐。" 583 年马

---

① Jean Gaudemet et Brigitte Basdevant, éd., *Les canons des conciles mérovingiens* (*VIe – VIIe siècles*), pp. 202 – 203.

② "Childeberti I. Regis Praeceptum", No. 2, in Alfred Boretius, ed., *Capitularia Regnum Francorum*, Tomus I, pp. 2 – 3. 一些西方学者对此训令中提出的禁止异教活动的内容进行过简要的阐述与分析，参见 J. M. Wallace-Hadrill, *The Frankish Church*, p. 32; Charles de Clercq, *La législation religieuse franque de Clovis à Charlemagne*, p. 16; Bruno Dumézil, *Les racines chrétiennes de l'Europe. Conversion et liberté dans les royaumes barbares* (*V^e – VIIIe siècle*), pp. 223 – 227. 另外，538 年奥尔良教务会议、541 年奥尔良教务会议、551 年奥兹教务会议、567 年图尔教务会议和 626—627 年克里希教务会议，也有禁止某些异教行为或活动的规定。

③ Jean Gaudemet et Brigitte Basdevant, éd., *Les canons des conciles mérovingiens* (*VIe – VIIe siècles*), pp. 256 – 257.

④ 关于"隐秘的敌人"的说法，参见 Martin Quenehen, "Ennemis intimes, la représentation des Juifs dans l'œuvre de Grégoire de Tours", *Archives Juives*, Vol. 42, No. 2, 2009, pp. 112 – 128. 关于墨洛温王朝时期法兰克主教对犹太人潜在危险的认识与恐惧，参见 Friedrich Lotter, "La crainte du prosélytisme et la peur du contact: Les juifs dans les actes des synodes mérovingiens", in Michel Rouche, éd., *Clovis: Histoire et mémoire*, Tome I, pp. 849 – 879.

孔教务会议有言，"任何犹太人都不能被任命为基督徒的审判官，也没有担任税收官的权利"，"根据我们的主人希尔德贝尔特的敕令，从吾主耶稣最后的晚餐日至复活节后的周一，犹太人不能在街道上行走"。① 在585年马孔教务会议上，贡特拉姆宣布法兰克王国遵守周日为"安息日"的天主教法则。② 614年巴黎教规第17条和克洛塔尔二世随后发布的《克洛塔尔二世敕令》（Édit de Clotaire II）都强调，犹太人不能觊觎世俗官职。③ 通过颁布这些法令，墨洛温国王能够在主教的指引下更好地承担起守护正统基督教的使命。

第三，引导法兰克国王承担正统天主教君王的政治职责。在如何实现国家长治久安问题上，古典时期的大多数教父往往沿用古希腊以来的法治传统，将王权与"正义"紧密联系在一起，把实现"正义"设定为统治者在维持国家稳定过程中应当履行的重要政治职责。虽然"正义"的概念几经变换，但在墨洛温王朝时期，法兰克主教团通常将保护教会利益和关心臣民福祉，看成是墨洛温国王实现"正义"的核心途径。④ 为此，他们利用教务会议的政治属性，巧妙地把这一政治职责与法兰克王权牢固地捆绑在一起。

511年奥尔良教规第5条规定，国王赏赐给教会的财富与土地"只能用于修缮教堂、周济教士和穷人以及赎买战俘"。⑤ 583年马孔

---

① Jean Gaudemet et Brigitte Basdevant, éd., *Les canons des conciles mérovingiens* (VIᵉ - VIIᵉ siècles), pp. 244 - 245, 436 - 437.

② Bruno Dumézil, "La christianisation du royaume des Francs", in Pierre Pierrard, éd., *La christianisation de la France*, Paris: Desclée, 1994, p. 33.

③ Jean Gaudemet et Brigitte Basdevant, éd., *Les canons des conciles mérovingiens* (VIᵉ - VIIᵉ siècles), pp. 518 - 519; "Chlotharii II Edictum", No. 9, in Alfred Boretius, ed., *Capitularia Regnum Francorum*, Tomus I, p. 22.

④ 墨洛温王朝时期的叙述性史料中记载了很多国王行使"正义"的事迹。例如，584年，在进驻巴黎后，"贡特拉姆国王行使正义，将从前希尔佩里克王国的部下向各种各样的人所非法夺取的一切都归还给他们；他本人向各教堂赠献大量礼物"。（[法兰克] 格雷戈里：《法兰克人史》，第358页。）

⑤ Jean Gaudemet et Brigitte Basdevant, éd., *Les canons des conciles mérovingiens* (VIᵉ - VIIᵉ siècles), pp. 76 - 77.

教规序言写道:"在荣耀至极的主人贡特拉姆国王的命令下,为了公共事务的利益和穷人们的需要,卑微的我们会聚马孔。"① 584 年瓦朗斯教务会议所撰文件有言:"为解决穷人们的各种不满,根据最为荣耀的国王贡特拉姆的命令,平庸的我们在瓦朗斯召开教务会议。"② 585 年马孔教务会议第 14 条教规规定,凡是侵犯穷人财产的人,都将被处以绝罚。③

从以上所述可以看出,在留有会议实录的教务会议中,除少数教省教务会议和教区教务会议外,王国教务会议和联教省教务会议所制定的教规,皆与法兰克王权理论存在或多或少的关联。因此,尽管墨洛温王朝时期以阐发政治理论为核心目的的著作尽付阙如,但是,墨洛温诸王与法兰克主教团在正统基督教信仰的指引下,通过教务会议的立法活动,创立、塑造和运用了不以血缘关系为纽带的法兰克"正统君王论"。④ 无论这一理论是否完善,它都是对当时的政治现实、社会情境和文化挑战的有力回应。正如华莱士—海德里尔所言,6 世纪末时,法兰克国王就已接受了教务会议对其正统基督教国王的角色定位,捍卫教义与道德、保护教会和穷人成为其实现"扬善惩恶"宗教政治职责的核心理念。⑤

四 "格拉修斯原则"陶染下的共商同治论

罗马帝国晚期,随着正统基督教会的合法化,教会同世俗政权

---

① Jean Gaudemet et Brigitte Basdevant, éd., *Les canons des conciles mérovingiens* (*VI*ᵉ *– VII*ᵉ *siècles*), pp. 428 – 429.

② Charles de Clercq, *Concilia Galliae. A. 511 – A. 695*, p. 235.

③ Jean Gaudemet et Brigitte Basdevant, éd., *Les canons des conciles mérovingiens* (*VI*ᵉ *– VII*ᵉ *siècles*), pp. 472 – 475.

④ 需要说明的是,"正统君王论"的出现并不意味着"血统权益论"和"神秘魔法论"等王权理论的衰败。在法兰克时代,由于君主会针对不同的群体塑造不同的王权形象,上述多种王权理论在很长一段时间里是并存的。

⑤ J. M. Wallace-Hadrill, *Early Germanic Kingship in England and on the Continent*, p. 48.

之间的关系也发生了翻天覆地的变化，二者纷纷摒弃此前不容水火的仇怨，开始以合作伙伴的关系共同为创建一个法治的基督教社会而努力。在此过程中，尽管世俗政权一直占据绝对优势地位，但在国家统治与社会管理方面，教会不仅从未放弃过"权力对等"的要求，而且还期盼有朝一日可以凌驾于世俗政权之上。5世纪末，罗马教宗格拉修斯（Gelasius，492—496年在任）提出了著名的"二元政治论"，他在写给东罗马帝国皇帝阿纳斯塔西乌斯一世的信中宣称，"统治这个世界的主要有两种力量"，分别是"教宗的神圣权威（auctoritas sacrata pontificum）和君主的权力（regalis potestas）"，在这两种力量中，神职人员的责任更为重大。不过，值得注意的是，虽说罗马教宗试图利用"二元政治"分割罗马皇帝手中合二为一的政教权力，建立两个相对独立的权力体系和社会秩序，但是，这并不意味着它们之间处于相互对立的状态。按照格拉修斯的说法，这种划分是为了避免人类骄傲感（superbia）所带来的影响。[①] 也就是说，只有这两种平行的力量在分工合作的基础上共同管理基督教社会，才能避免人类自取灭亡。及至中世纪，由于教会势力在西欧社会政治运转中的作用与日俱增，这种"二元政治"在神职人员的奔走呐喊下日渐流行，并通过教务会议逐步渗透到中世纪的王权理论中。

与罗马教宗保持联系的高卢主教团，对教会内部流行的"二元

[①] 一般而言，"auctoritas"译为"权威"，而"potestas"则译为"权力"。不过，关于格拉修斯使用的这两个术语孰高孰低、孰重孰轻的问题，学界一直存有争议。著名的中世纪政治思想史家沃尔特·乌尔曼认为，"auctoritas"是创建规条的内在能力，而"potastas"则是用来执行"auctoritas"所创规条的外在力量。约瑟夫·坎宁（Joseph Canning）对乌尔曼的观点持怀疑态度，在他看来，乌尔曼对这两个术语含义的解读显然超过了格拉修斯原本的用意。事实上，没有证据表明教宗打算准确地使用这两个术语，因为在其他作品中，它们有时会混合使用，甚至被颠倒使用。关于上述两种观点，详见 Walter Ullmann, *The Growth of Papal Government in Middle Ages: A Study in the Ideological Relation of Clerical to Lay Power*, London: Methuen, 1970, p. 21; Joseph Canning, *A History of Medieval Political Thought, 300–1450*, London: Routledge, 1996, pp. 35–36.

政治"自然不会陌生。① 正是因为有着这样的契合性,墨洛温王朝时期的法兰克王权理论也就有了吸纳"共治"思想的可能。早在克洛维受洗之前,兰斯主教雷米吉乌斯就曾建议克洛维构建一个由国王与主教共商同治的王国。在致克洛维的信函中,雷米吉乌斯写道:"您应该倾听教士们的建议,经常征求他们的意见;与他们在一起对您有好处,您的行省能够更好地得到维持。"② 格雷戈里·哈尔丰德和威廉·戴利(William Daly)都认为,511年奥尔良教务会议的召开,正是克洛维铭记雷米吉乌斯所述共治理念的体现。③ 克洛维去世后,后继者依照惯例,继续在奥尔良等地召开教务会议,就王国内的诸多问题征询主教们的建议。与此同时,随着主教们在法兰克王

---

① 事实上,自里昂主教伊雷内开始,高卢教会始终与罗马教宗保持着断断续续的联系,它既没有否定罗马教宗的权威,也没有忽视其话语和谕令的信仰价值。例如,书信往来。伊雷内曾以高卢基督徒的名义支持罗马教宗维克托一世在复活节问题上宣讲的"使徒传统",并劝谏他采用和平手段解决问题。314年阿尔勒教务会议后,高卢主教们致函罗马教宗,希望后者拓展此次会议立法成果的应用范围。567年图尔教务会议上,与会的主教们将教宗英诺森一世写给鲁昂主教维克特里斯的部分信件内容编入教会法第21条。又如,视罗马教宗话语为"信仰象征"。451年阿尔勒教务会议结束后,与会的高卢主教们立即向利奥一世寄送了一份联合署名的决议信以示对"二性一位论"的鼎力支持,在他们看来,能够聆听教宗的权威之声实属荣幸,因为它是一种需要铭记在心的"信仰象征"。再如,遵从罗马教宗决定的复活节日期。541年奥尔良教会法第1条有言:每当人们对复活节日期存在疑问时,都应遵循罗马教宗的决定。参见[古罗马]优西比乌《教会史》,第251页;Jean Gaudemet, éd., *Concilies gaulois du IVe siècle*, pp. 46 – 47;Jean Gaudemet et Brigitte Basdevant, éd., *Les canons des conciles mérovingiens* (*VIe – VIIe siècles*), pp. 266 – 267, 368 – 369;Michael Edward Moore, "The Spirit of the Gallican Councils", p. 34.

② 这封信件被收录在《德意志史料集成》当中,参见 Wilhelm Gundlach, ed., "Epistolae Austrasicae", No. 2, in Ernest Dümmler, ed., *Epistolae Merowingici et Karolini Aevi*, Tomus I, MGH., Berlin: Weidmann, 1892, p. 113;法文版参见 Patrick Demouy, *Notre-Dame de Reims: Sanctuaire de la royauté sacrée*, Paris: CNRS Éditions, 2008, p. 104;中文翻译详见李隆国《兰斯大主教圣雷米书信四通译释》,北京大学历史学系编《北大史学》第18辑,北京大学出版社2013年版,第255页。

③ Gregory I. Halfond, "Vouillé, Orléans (511), and the Origins of the Frankish Conciliar Tradition", pp. 161 – 162;William M. Daly, "Clovis: How Barbaric, How Pagan?" pp. 632 – 633.

国社会政治管理体系中的地位逐渐攀升,越来越多的法兰克世俗贵族加入主教行列,并与墨洛温诸王在教务会议的舞台上展开更为广泛的合作。在此过程中,通过会议典仪与王国敕令的诠释,以"格拉修斯原则"为基础的"共商同治论"逐渐纳入法兰克王权理论中,并在7世纪以降的法兰克王国"教俗混合会议"中得到一定程度的展现。关于这一问题,我们可以从以下三个方面进行具体阐释。

其一,会议典仪中的"二元协作"。墨洛温王朝初期,由于法兰克军民的文化程度有限,王权思想的扩散与传播在很大程度上是靠某些仪式的推行而实现的。在很多方面,宗教仪式取代了书面解释。在这一问题上,比较典型的例证当数535年克莱蒙教务会议的开幕仪式。这一年,提乌德贝尔特一世下令在克莱蒙召开教务会议,与会主教通过会议典仪就法兰克社会秩序与权力性质进行了生动展示:

> 以上帝的名义,聚圣灵之意愿,在最为荣耀的国王希尔德贝尔特的准允下,本次神圣的教务会议在克莱蒙召开。请诸位下跪于地,向上帝为国王的统治、他本人的长寿和他治下的子民祈福。按照惯例,国王同我们一起在教堂中就座,我们聚在一起,上帝会给王国带来幸福,上帝会赐予我们支配王国的力量和治理王国的正义。①

从有关教务会议开幕仪式的材料中不难看出,基于教务会议的开幕典仪,颇为复杂的"共商同治论"得到了较为充分的表现,并由此传递出一种易于理解的象征性意涵:在克莱蒙,法兰克国王与高卢主教团同室而坐,共同商讨如何治理王国;主教团的力量源于圣灵的启示,它可以为虔诚的正统君王及其治下的基督教王国祈福。更为重要的是,提乌德贝尔特一世执政期间,曾以一种前所未有的

---

① Jean Gaudemet et Brigitte Basdevant, éd., *Les canons des conciles mérovingiens* (*VIe – VIIe siècles*), pp. 210–211.

方式与主教们进行合作，允许他们左右朝堂的议政进程，指导他的宗教政策。① 可见，通过教务会议典仪诠释的"共商同治论"，其实践工作在提乌德贝尔特一世执政时期就已逐步开展。

其二，王国敕令中的"二元共治"。如果说 535 年克莱蒙教务会议只是以宗教典仪的方式传递国王与主教"共商同治"的象征性意涵，那么 585 年马孔教务会议后颁布的《贡特拉姆国王敕令》（*Édit du roi Gontran*）则以法令的形式对这一理论进行了书面解释。在该敕令中，贡特拉姆亲自向其治下所有主教和世俗官员阐述了基督教社会二元力量的来源与功用：

> 神圣的主教们，仁慈的上帝把父亲般的权力交付给你们。吾主说，因为你们需要通过反复讲道来训诫受神意而服从你们的人民，并以你们身为牧羊人的热忱来管理他们。……上帝的权威把统治的能力交托于本王，如果不能照管好臣服于本王的人民，那么就无法避免上帝的愤怒。②

在他看来，上帝是整个基督教世界的"众王之王和众主之主"（rex regum et dominus dominorum），不论是主教的"父权"（patria potestas），还是国王的"统治能力"（facultas regnandi），它们均属于神圣恩赐；主教和国王不但要各司其职、各尽其责，而且要共同管理王国的子民。③ 另外，贡特拉姆在条令中还提到，主教与国王之间的"共治"是神明通过自然灾害和人畜死亡等征兆降下的启示；

---

① Roger Collins, "Theodebert I, 'Rex Magnus Francorum'", in Patrick Wormald et al., eds., *Ideal and Reality in Frankish and Anglo-Saxon Society*, Oxford: Blackwell, 1983, pp. 7 – 33.

② "Guntchramni regis edictum", No. 5, in Alfred Boretius, ed., *Capitularia Regnum Francorum*, Toums I, p. 11.

③ 依据图尔主教格雷戈里的记载，国王贡特拉姆曾言："对于那位俯赐仁慈使这一切实现的众王之王和众主之主，的确应当表示感谢。"（［法兰克］格雷戈里：《法兰克人史》，第 363 页。）

换言之，主教权与王权的"合作治民"亦是神明的精心安排。① 诚如莫尔所言："《贡特拉姆国王敕令》之所以引人注目，不仅仅在于它从主教的关切视角对王室立法进行深刻考量，更在于它对主教权与王权的交互式表达。"②

其三，教俗混合会议中的"共治实践"。墨洛温王朝初期，从整个法兰克王国的角度来讲，主要存在两种形式的集会：一是在法兰克国王命令下由法兰克主教团构成的王国教务会议；二是在法兰克王室召集下由世俗贵族及其武装随从组成的"三月校场"。③ 不过，自7世纪初开始，上述两种集会的合并现象日渐普遍，形成了一种名为"教俗混合会议"的集会，其中比较典型的当数克洛塔尔二世在614年10月18日召开的巴黎会议。④ 克洛塔尔二世在此次会议上发布《克洛塔尔二世敕令》，该敕令所颁24条法令有14条出自614年10月10日巴黎教务会议制定的律法，其中最后一条明确规定，法兰克王国的臣民应当遵守"本王在此次会议上与主教、世俗权贵和忠诚信徒共同达成的决议"。⑤ 626—627年，克洛塔尔王国境内的

---

① "Guntchramni regis edictum", No. 5, in Alfred Boretius, ed., *Capitularia Regnum Francorum*, Tomus I, p. 11.

② Michael Edward Moore, *A Sacred Kingdom: Bishops and the Rise of Frankish Kingship, 300–850*, p. 136.

③ "三月校场"既是法兰克人军事检阅的场地，也是法兰克人召开贵族会议的地方。墨洛温王朝时期的法兰克人通常会从每年的3月开始向敌对势力开战。在此之前，法兰克王室或操纵着实权的宫廷官员，会将手下的贵族及其武装随从召集在一起，商讨作战方略，讨论国家要事，并处理一些纠纷。到了加洛林王朝时期，对外开战的时间通常延后到每年的5月，相关集会亦因此顺延，故又有"五月校场"之谓。参见 Alain J. Stoclet, *Du Champ de Mars mérovingien au Champ de Mai carolingien: Éclairages sur un objet fugace et une réforme de Pépin, dit "le Bref"*, Turnhuot: Brepols, 2020.

④ 614年10月，克洛塔尔二世在巴黎召开了两次集会：第一次为10月10日召开的教务会议，此次会议汇集了70余名主教和一名修道院院长；第二次是10月18日召开的由主教和世俗权贵共同组成的教俗混合会议。参见 Odette Pontal, *Histoire des conciles mérovingiens*, p. 206.

⑤ "Chlotharii II. Edictum", No. 9, in Alfred Boretius, ed., *Capitularia Regnum Francorum*, Tomus I, p. 23.

所有达官要员以及诸位主教齐聚克里希，他们在会上与国王共同商讨治国大计及王国遇到的种种问题。① 除上述集会外，7 世纪时，尚有数次"教俗混合会议"在墨洛温诸王或握有实权的宫相的命令下召开，有时，此类会议甚至有可能左右法兰克二级王国的领土划分。②

可见，7 世纪初出现的以教务会议为重要组成部分的教俗混合会议让法兰克王权理论有了新的发展。一方面，法兰克教俗权贵共同参会的形式为"共商同治论"增加了新的象征性意涵，即从国王与主教"共商同治"到国王、世俗权贵和主教三者"共商同治"。另一方面，墨洛温诸王或宫相还以条令的形式将这一理论上升到国策层面，因为随着 7 世纪以降王权与世俗贵族权力的此消彼长，后者已有足够的能力与前者一起或以前者的名义掌控世俗秩序。

从以上三个递进式层面来看，通过宗教典仪的象征性表达和王国教令的书面诠释，基督教会内部流行的"格拉修斯原则"不仅在法兰克王权理论中生根发芽，而且催生出颇具法兰克特色的"共商同治论"。在此理论中，法兰克主教团、墨洛温君王以及后来加入的世俗权贵，都是墨洛温高卢基督教社会的中流砥柱，三者是一种分工合作、相互依存的关系。正是基于这一密切的关系，法兰克王权的合法性和正统性，才能在由教俗权贵共同组织的集体活动中，更好地成为法兰克王国臣民的普遍共识。不过，值得注意的是，到了墨洛温王朝覆灭前夕，墨洛温国王在教俗混合会议中的权力几乎被完全架空。不论是会议的召集，还是王国敕令的发布，抑或是法兰克王国的政治运行，均是在加洛林家族的"法兰克的公爵与元首"、

---

① 与此类似，616 年，克洛塔尔二世曾将勃艮第所有的主教和显贵人物召至波纳伊庄园（Bonneuil）。在那里，对于他们所提的合理诉求，他都一一加以倾听并做出让步，而且他还以书面形式对这些让步予以确认。参见［法兰克］弗莱德加《弗莱德加编年史》（第 4 卷及续编），陈文海译注，第 137、127 页。

② 约 625 年，克洛塔尔二世和达戈贝尔一世一起从法兰克人当中选取了包括几名主教在内的 12 位贵族，让其裁断他们之间的领土争端。关于此次会议的分析，参见刘虹男、陈文海《墨洛温王朝"父子共治"虚实考论——以〈弗莱德加编年史〉为主要考察基点》，《学术研究》2017 年第 12 期。

世俗权贵和主教的合作下完成的。"共商同治论"最终还是成为墨洛温王族寿终正寝的理论滥觞。

五 本章小结

从以上考察中可以看出，法兰克王权理论的历史演变在很大程度上就是法兰克王权基督教化的历史进程。在墨洛温高卢教务会议诞生之前，墨洛温国王最为纠结的问题之一就是法兰克王权的合法性。随着511年奥尔良教务会议的召开，这一问题实际上就已有了明确的答案。虽然此次教务会议并没有就这个问题制定任何直接相关的教规教令，但是，通过法兰克主教团与墨洛温诸王在教务会议上的协作互动，法兰克王权的合法性开始实实在在地扎根于高卢基督教社会。此后，借由教务会议，法兰克教会宣扬的"正统君王论"和"共商同治论"，以宗教典仪和王国敕令的形式逐渐纳入法兰克王权理论中，传递出一种"正统君王"与"正统主教"共治天下的象征性意涵。另外值得一提的是，法兰克王权理论的基督教化既不是肤浅粗鄙的个人行为，也不是索然寡味的纸上谈兵，特别是其中的"共商同治论"已在教俗混合会议这一政治实践中真真切切地展现在世人面前。

事实上，在长达270年的墨洛温王朝史中，"基督教王权"既是一种日新月异的理论学说，又是一种应对时局的统治形式。在王国初建、政权未稳之时，主教团可以利用其手中掌控的传统力量为墨洛温王权披上"合法"的外衣，以此向其治下的基督教民众展示墨洛温诸王的统治权威。在墨洛温王国走向鼎盛的道路上，主教团又能在教会规条中为墨洛温诸王指明"正统君王"需要承担的宗教和政治使命，并告诫他们只有做到"敬畏上帝、尊敬主教、爱戴教会、关切人民、救济百姓"，才能代表上帝在人世间实现"正义"。在王朝没落、王权衰败之时，主教团还能为新旧势力更迭提供合乎情理的解释，并为其搭建起符合正统基督教信仰的交接平台。当然，不论法兰克基督教王权出现什么样的新变化，国王与主教在法兰克早期国家中的共商同治，始终是不可变更的核心要义。

虽然说墨洛温王朝教务会议与法兰克王权理的关系已大致廓清，但对这一演变与墨洛温王族走向之间的关系似乎还有进一步探讨的余地。从理论上讲，不论是"正统君王论"，还是"共商同治论"，皆与法兰克原始王权观念存在很大的冲突。按照法兰克传统，墨洛温王族之所以掌握王权，其核心依据在于该家族和法兰克人崇拜的"海牛神"存在着密不可分甚至是水乳交融般的关系。但是，按照正统基督教的政论思想，墨洛温国王是上帝在人间实现"正义"的工具，而不再是原始宗教神明的后裔；墨洛温诸王的权力完全取决于基督教的神圣恩典，而不再是可以通过王室血脉代代相传的特权。因此，当掌握实权的加洛林家族觊觎王位的野心昭然若揭时，它自然会选择并联合罗马教宗，假借使徒宗座在信仰领域的权威力量，取代墨洛温王族的统治地位，实现蓄谋已久的鼎革之变。此后，加洛林君主们延续了墨洛温王朝时期的基督教王权理论，并试图将政治权力与教会权力集于一身。诚然，加洛林君主们让基督教王权在更为广泛的规模上行事，他们也的确比墨洛温诸王更善于将"主教团合议"的立法成果转变为政治权力。但是，当法兰克国土上不再拥有查理曼（Charlemagne，768—814年在位）这样的强势君主，当虔诚者路易（Louis le Pieux，814—840年在位）恳请罗马教宗在兰斯为其加冕，当路易诸子因国土纷争而向主教们寻求帮助时，法兰克基督教王权合法性在法理上需要教会扶持的问题再次暴露无遗。也许正是因为法兰克基督教王权理论中的这一缺陷，后世较为成熟的法兰西王权理论才刻意强调王族血统与生俱来的神圣性与权威性，即使没有教会加冕礼赋予的神圣因素，王权也能够取得胜利，而这正是卡佩王族没有重蹈墨洛温王族和加洛林王族覆辙的重要原因之一。

第 三 章

法兰克王国宗教政策的演进
——以高卢犹太人法律地位变化为例

6世纪初,随着法兰克国王克洛维在兰斯主教雷米吉乌斯的主持下正式领洗,与异端分子、异教徒和犹太人进行长期斗争的基督教会,终于在法兰克高卢的信仰领域独占鳌头。[①] 然而,正统基督教的这一胜利并不意味着非基督教文化在法兰克王国就此消失。事实上,在此后很长一段时间里,高卢社会依旧充斥着各色各样的异教因素,其中最令教会领袖忌惮的无疑是犹太族群的宗教文化与社会习俗。在前者看来,由于许多法兰克重要城镇都拥有开放式的犹太社区,要完全消除犹太人对基督徒的影响几乎是不太可能的,如果不能将犹太教彻底禁绝,至少也要在明确基督徒身份认同的情况下把这些具有罗马人法律地位的异类分子压制下去。正因如此,以正统自居的高卢主教团与墨洛温诸王紧密联合,在数次教务会议上大张旗鼓地颁布多项旨在明确基督教与犹太教信仰界限以及限制犹太人社会政治活动的教会规条。在此过程中,教会在法兰克王国境内

---

① 法兰克教会将除正统基督教信徒之外的信教民众分为三个群体,即异教徒、异端分子和犹太人。12世纪中叶,教会对伊斯兰教有了一定了解后,这种三分法才得到修正。参见 Yitzhak Hen, *Culture and Religion in Merovingian Gaul, A.D. 481 – 751*, pp. 159 – 162; Jean Gaudemet et Brigitte Basdevant, éd., *Les canons des conciles mérovingiens (VIe – VIIe siècles)*, pp. 58 – 59; 彭小瑜《教会法研究——历史与理论》,第249页。

宣传的反犹主义最终走向由公共权力主导的强制改宗，而犹太人主体也由此沦为丧失罗马人法律身份的社会边缘群体。

本章拟在前人研究的基础上，从法兰克王国犹太法令的来源入手，以文本分析的方式，将存在线性逻辑且最能体现古代晚期高卢犹太人境遇变化的《狄奥多西法典》（Code théodosien）、《西哥特人的罗马法》、法兰克教会规条以及君主条令等规范性文献纳入考察视野，对其中出现的涉及犹太人的法律法规进行细致梳理，并连结叙事性文本所展现的相关实际效果，逐步厘清排犹法令、反犹活动、身份认同之间的内在关联，进而揭示教务会议利用"他者"培育及增强本派信徒身份认同的宗教策略。对于这一问题的解答，不仅有助于我们厘清中古早期高卢犹太法令的演变脉络，而且能够让我们从宗教政策层面把握教务会议对法兰克共同体基督教化的推动作用。

一 罗马法典中"执迷不悟"的另类公民

公元1—2世纪，由于在反抗罗马人的战争中惨遭失败，数以万计的犹太人被迫踏上漫长的流亡之路。他们大多通过地中海航道，沿着由南到北、自东向西的方向在罗马帝国的庞大疆域内扩散开来，并在各地建立起许多大大小小的犹太社区。在此过程中，尽管一些罗马有识之士觉察到犹太民族的大流散可能会给罗马社会带来某些负面影响，但只要犹太人不存在危害国家利益的行径，尚能秉承包容精神的罗马政府还是可以为他们提供一块生存空间，而不强求文化上的大一统。的确，在犹太战争结束后的很长一段时间里，犹太教是除罗马官方宗教之外唯一在法律上被认可的崇拜形式。212年，得益于《卡拉卡拉敕令》（Édit de Caracalla），罗马境内处于自由人地位的犹太人均可获得公民权。总体而言，罗马帝国初期，除了不能对非犹太人施行割礼等少数禁令之外，犹太人的生存境遇似乎同其他被征服的族群并没有本质上的区别。而且，与原生罗马人类似，犹太人也持有"双重公民身份"（double nationalité），即，对外属于生活在皇帝治下的罗马公民，而对内则通常按族群标准被细化为

"来自犹太族群的公民"（les citoyens juifs）。①

正是基于以上传统，即便是在 4 世纪基督教官方化的过程中，君士坦丁一世、狄奥多西一世（Théodose Ier，379—395 年在位）和阿卡迪乌斯（Arcadius，395—408 年在位）等皇帝在面对犹太人群体时还是遵循着以往的处理原则，在法律上承认他们可以继续保持本民族的宗教习俗甚至司法传统。例如，维持犹太教信仰的合法地位。393 年《狄奥多西一世敕令》提到，任何法律不得禁止犹太人的宗派。397 年，阿卡迪乌斯与洪诺留（Honorius，393—423 年在位）联名下令，犹太会堂是得到罗马法承认的犹太教活动中心，"有必要以武力手段击退袭扰犹太会堂的人，维护其惯常之安宁"；犹太信徒应当遵守本派宗教仪式。再如，在仅涉及犹太人的民事案件中给予犹太族长（patriarche）裁断权。罗马当局承认犹太族长在犹太社团中享有绝对权威，任何犹太平信徒均不得在信仰领域违背犹太族长的意志。398 年，"阿卡迪乌斯与洪诺留联名敕令"明确规定，在双方当事人均为犹太人的情况下，倘若该案件仅涉及民事纠纷，且双方当事人一致同意在犹太信众或犹太族长面前提请仲裁，公法不应禁止当事人选择这些人的判决。又如，赋予犹太人一些特权。321 年，君士坦丁一世应允科隆市政议会的请求，允许犹太人出任市政成员，并履行相应义务。330 年，君士坦丁一世接连发布两则皇帝敕令，免除犹太人的族长、祭祀、教父以及其他犹太会堂工作人员

---

① 关于罗马帝国早期的犹太人政策，参见 Leonard Victor Rutgers, "Roman Policy towards the Jews: Expulsions from the City of Rome during the Frist Century C. E.", *Classical Antiquity*, Vol. 13, No. 1, 1994, pp. 56 – 74. 另外，早在罗马皇帝安东尼·庇护（Antonin le Pieux，138—161 年在位）执政时期，城市、行省、族群等因素已经成为罗马公民团体细化成员身份的重要标准，并在 5 世纪扩展到蛮族群体。例如，一位罗马公民将其出身于阿勒曼尼族群的亡妻称为"来自阿勒曼尼族群的公民"（citoyen des Alamans）。关于罗马公民的细化标准，参见 Ralph W. Mathisen, "The Citizenship and Legal Status of Jews in Roman Law during Late Antiquity（ca. 300 – 540 CE）", in John Tolan et al., eds., *Jews in Early Christian Law: Byzantium and the Latin West, 6th – 11th Centuries*, Turnhout: Brepols, 2014, pp. 35 – 53.

的公共服务。409—412 年，洪诺留与狄奥多西二世（Théodose II，408—450 年在位）联名发布的皇帝敕令明确规定，鉴于"古老的习俗与惯例"、"以往的特权"和"前代皇帝们的敕令"，在犹太教的安息日以及其他神圣的节日期间，犹太信徒拥有不出席法庭和不参与公共服务的权利。[1]

当然，同样不可否认的是，基督教合法化之后，由于教会对罗马政治生态的影响与日俱增，帝国政府出台的犹太人律条时常跨过族群分类而立足于宗教视角，借由一些侮辱性话语，毫无掩饰地给犹太人贴上"邪恶"、"有害"甚至"致命"等负面标签。例如，《君士坦丁敕令》（329 年 10 月 18 日）告诫犹太人，倘若有人胆敢袭击那些逃离"致命教派"（secte funeste）并选择敬拜上帝的人，那么袭击者及其同伙将被处以火刑。如果有人改信这一"不祥教派"（secte néfaste），那么他也将受到相应的处罚。再如，339 年，笃信基督教（阿里乌派）的君士坦提乌斯二世下令，倘若犹太人让基督徒妇女与其邪恶（行为）联系在一起或对非犹太人奴隶施行割礼，那么他将被处以死刑。又如，418 年，洪诺留与狄奥多西二世一同下令，把坚持"犹太教迷信"（superstition judaïque）的人排除在罗马职官系统之外。[2] 这类歧视性的语句虽说数量不多，但定位明确，意在将犹太人塑造成有别于基督徒的"另类公民"，以此弱化犹太教在罗马境内的影响力。

6 世纪初，在蛮族入侵的浪潮中，西罗马帝国治下的高卢大地被西哥特、勃艮第和法兰克三大集团瓜分殆尽。此后的漫长岁月里，这三个新兴的政治实体积极拉拢信奉基督教的高卢罗马贵族，希望通过他们的社会影响力进一步强化自身统治权力的合法性与合理性。正是在这种政治形势下，一批精明强干且谙熟世故的法学家，借助罗马文化的强势地位及其导向效应，有条不紊地把罗马帝国的犹太

---

[1] Clyde Pharr, ed. and trans., *The Theodosian Code and Novels, and the Sirmondian Constitutions*, Princeton: Princeton University Press, 1952, pp. 468, 39, 467, 45, 469.

[2] Clyde Pharr, ed. and trans., *The Theodosian Code and Novels, and the Sirmondian Constitutions*, pp. 467, 470 - 471.

人律条引入蛮族王国，并将之固化为"新世界"的"律法传统"，其中最具代表性的例证当数西哥特国王阿拉里克二世在506/507年颁布的《西哥特人的罗马法》。

按照这位国王下发给伯爵提摩西（Timotheus）的"书面指令"（*Commonitorium*）所示，该法典的核心要义在于"为人民的利益服务"，纠正某些法律的不公正之处，让罗马法中晦涩难懂的法条能够言简意赅地呈现于国人面前。为了实现这一目标，阿拉里二世制定了一套井然有序的编修程式：由伯爵戈亚里库斯（Goiaricus）牵头，组建一个由教俗权贵共同构成的立法委员会，协同商议法典编修的各项事宜，把需要留存下来的主要法律条文全部辑录于册，并附上通俗易懂的"评注"（interprétation）。法典草案一旦形成，立即提请各地主教审核批准，最终经各省代表一致同意后由国王亲自颁布实行。①

从文本内容上看，《西哥特人的罗马法》是根据《狄奥多西法典》编订而成的。② 然而，在具体操作过程中，立法委员会似乎是选择性地"遗忘"了大量原存于《狄奥多西法典》中的法律条目，

---

① Gustav Friedrich Haenel, *Lex Romana Visigothorum*, Leipzig: B. G. Teubner, 1849, pp. 2 – 4. 关于《西哥特人的罗马法》中的"评论"，参见 John F. Matthews, "Interpreting the *interpretationes* of the *Breviarium*", in Ralph W. Mathisen, ed., *Law, Society, and Authority in Late Antiquity*, Oxford: Oxford University Press, 2001, pp. 11 – 32; Charles Lécrivain, "Remarques sur l'*interpretatio* de la Les Romana Visigothorum", *Annales du Midi*, Tome 1, No. 2, 1889, pp. 145 – 182.

② 至少从16世纪开始，该法典一直被视为一部以《狄奥多西法典》为蓝本的"摘编"。以德国法律史专家古斯塔夫·弗雷德里希·哈内尔（Gustav Friedrich Hänel）在1837年编订完成的第一部印刷版《狄奥多西法典》为例，辑录的406个条目中仅有162个被纳入《西哥特人的罗马法》。事实上，哈内尔的作品并未集齐全部条目，被西哥特王国立法委员会"遗忘"的条目总数因而也就远不止244个。只是到了20世纪中叶以后，学者们才认识到，它绝不是一本简单的法律缩编，而是一部现代意义上的法典。关于这部法典的综合性研究，可参阅 Michel Rouche et Bruno Dumézil, dir., *Le Bréviaire d'Alaric: Aux origines du Code civil*, Paris: Presses de l'Université Paris-Sorbonne, 2008; Jean Gaudemet, *La formation du droit canonique médiéval*, London: Variorum Reprints, 1980, pp. 3 – 57.

其中，涉及犹太人的律条也存在这一问题，其转抄的 13 条法规难以与《狄奥多西法典》第 16 卷辑录的 34 个条目相提并论。① 不过，在对这 13 条法规的内容进行细致剖析后可以发现，这些表面上看起来原封未动的法律条文，实则经过西哥特王国立法委员会精心挑选和修订，其中既有对陈规旧例的削株掘根，又有对首尾乖互的居中调和，还有对长篇累牍的删芜就简。正因如此，只有将委员会专家组成员择选的犹太人律条和《狄奥多西法典》中的相关内容进行比对分析，我们才能窥知西哥特王国对待犹太人的基本态度。囿于篇幅，在这里无法全方位展示，只能撮其主要，从以下三个方面作一概述。

在司法层面上，维持犹太人的罗马人身份，保障其基本权益。犹太人律法第 1 条大体上原文抄录 398 年 2 月 3 日发布的《阿卡狄乌斯敕令》，一方面明确提到所有犹太人皆为生活在罗马法治下的罗马人；另一方面，在仅涉及犹太人的民事案件中，准许双方当事人向犹太族长申请仲裁，裁决结果由各省总督负责执行。犹太人律法第 2 条因袭《洪诺留敕令》（412 年 7 月 26 日）的核心内容，即，犹太人在安息日或其他应当举行敬拜仪式的日子里，无需出席法庭和履行公共服务。②

在日常生活中，限制犹太人的传教活动，严惩改信犹太教的基督徒。例如，禁止犹太人奴隶主购买基督徒奴隶并对其实施割礼。依据犹太人律法第 3、9、10 条之规定，如果一个犹太人对买来的基

---

① 《西哥特人的罗马法》共包含犹太人律法 13 条，其中，10 条取自《狄奥多西法典》，2 条选自《狄奥多西二世新律》（Les Novelles post-théodosiennes），1 条出自《保罗判决书》（Pauli Sententiae）。以色列学者阿姆农·林德（Ammon Linder）按照这些法条在《西哥特人的罗马法》中的出现顺序，将之汇总在一起。本章在解读这些法条时，出于文字简化的目的，参照林德的史料汇编，以"犹太人律法第 1 条"、"犹太人律法第 2 条"（以此类推）指代上述犹太人律法的相关条目。参见 Ammon Linder, *The Jews in the Legal Sources of the Early Middle Ages*, Detroi: Wayne State University Press, 1997, pp. 218 – 223.

② Ammon Linder, *The Jews in the Legal Sources of the Early Middle Ages*, pp. 218 – 220.

督徒奴隶或信仰其他宗派的奴隶施行割礼,这名受到割礼的奴隶可立即获得自由,而实施割礼的犹太人奴隶主则要面临"流放"或"死刑"等"与之罪行相匹配的惩处"。① 再如,禁止犹太人与基督徒通婚。取源于《狄奥多西一世敕令》(388 年 3 月 14 日)的犹太人律法第 4 条和第 5 条规定,犹太人不应该娶女性基督徒为妻,基督徒也不应该娶女性犹太人为妻,犯下此类罪行的人将以通奸罪论处。② 在对犹太人施加宗教限令的同时,《西哥特人的罗马法》还会严惩改信犹太教的"背教者"(基督徒)。前文有言,自 329 年开始,罗马政府认定"非犹太人公民改信犹太教的举动"属违法行为。380 年 2 月 28 日,狄奥多西一世颁布的皇帝敕令中写道,不接受基督徒之名的人,不仅会受到神圣正义的惩罚,而且要面临君主裁决。在此之后,罗马皇帝对这一改宗行为的惩戒形式愈加详细。《狄奥多西法典》第 16 卷第 7 条目中含有 7 项关于惩处背教者的法规,如禁止基督徒前往亵渎者的庙宇、从事犹太教的仪式以及沾染摩尼教,等等。倘若有人为之,法庭会根据违法者的不同行为,做出逐出社区、丧失立遗嘱权、没收个人财产以及剥夺贵族头衔等多种判决。③《西哥特人的法典》对上述内容进行极大简化,主要从《格拉提安

---

① Ammon Linder, *The Jews in the Legal Sources of the Early Middle Ages*, pp. 220 – 221, 225 – 226. 犹太人奴隶主对其奴隶施行割礼这一"犯罪"行为存在多种量刑,其原因很可能在于,立法委员会成员对如何处理犹太人的基督徒奴隶问题存在不同看法,但方向一致,因此就把所有处理方式都保留下来。参见 Capucine Nemo-Pekelman, "How did the Authors of the *Breviarium Alaricanum* Work? The Example of the Laws on Jews", *Historical Research*, Vol. 86, No. 233, 2013, pp. 408 – 415.

② 关于罗马法对通奸罪的处罚,参见 Jill Harries, "The Senatus Consultum Silanianum: Court Decisions and Judicial Severity in the Early Roman Empire", in Paul J. du Plessis, ed., *New Frontiers: Law and Society in the Roman World*, Edinburgh: Edinburgh University Press, 2013, p. 54. 关于基督徒不能与犹太人通婚的原因,参见 Hagith S. Sivan, "Why not Marry a Jew? Jewish-Christian Marital Frontiers in Late Antiquity", in Ralph W. Mathisen, ed., *Law, Society, and Authority in Late Antiquity*, pp. 208 – 219.

③ Clyde Pharr, ed. and trans., *The Theodosian Code and Novels, and the Sirmondian Constitutions*, pp. 467, 440, 465 – 467.

敕令》（383 年 5 月 2 日）、《君士坦提乌斯二世敕令》（约 352 年 7 月 3 日）和《保罗判决书》第 5 卷第 24 章中选取以下 3 条细则：第一，对于蔑视基督教尊严与名誉并使自身受到犹太教玷污的人，应当按其行为定罪处罚。第二，没收改信犹太教的基督徒之个人财产，并上缴国库。第三，如果罗马公民按照犹太教的习俗对自身或他们的奴隶施行割礼，他们将被永久流放至一座海岛，并罚没个人财产；犯下此类罪行的医生，将被处以死刑。[1]

在政治生活中，犹太人必须承担公共服务，但无权谋取一官半职。就领土范围而言，主要由伊比利亚、阿奎塔尼和塞普提曼尼（Septimanie）等地构成的西哥特王国远不及以地中海为"内湖"的罗马帝国。因此，在法典编纂过程中，立法者删除皇帝敕令中涉及北非犹太教异端、埃及犹太人船商等不适用于西哥特领土的法律法规自然合情合理。但是，具有普遍意义的"豁免制度"也没有被摘录，这一选择很可能别有深意。罗马帝国时期，犹太会堂管理者、族长、祭祀等犹太上层人物可以免于履行公共服务；每个犹太人社区亦可有两到三位犹太人拥有这类豁免权。西哥特王国立法委员会摒弃这一传统制度，似乎意味着，不论犹太神职人员，还是犹太平民，都必须在规定时间承担城市公共服务，而没有权利依据此前的罗马法申请豁免。另外，取自《狄奥多西二世新律》的犹太人律法第 11 条及其评注强调，禁止任何犹太人担任公职，以免他们骚扰基督徒或使用这部法律审判子民。[2]

从以上所述可以看出，在犹太人融入罗马帝国法律结构以后，一直到西罗马帝国覆亡之前，罗马法学家们在犹太人的公民身份上有了一些添枝接叶的拓展，创制出以"教派"为标准的"二级身份"类别，而不再像基督教官方化之前单纯从族群视角对罗马公民

---

[1] Ammon Linder, *The Jews in the Legal Sources of the Early Middle Ages*, pp. 223-225, 233.

[2] Ammon Linder, *The Jews in the Legal Sources of the Early Middle Ages*, pp. 227-232.

团体分门别类。在这一历史时期中，犹太教虽然在宗教层面被罗马法视为"邪恶教派"，但犹太人在法理上的罗马公民身份并未发生根本变化。438 年编撰而成的《狄奥多西法典》，较为清晰地展现出罗马政府对犹太人的这一原则性定论。然而，随着蛮族欧洲的出现，自罗马帝国初期以来的"平衡局面"发生变化。西哥特王国立法委员会对《狄奥多西法典》中的犹太人律条进行拆分处理，择选的限制性法令远多于保护性措施，导致 3 世纪潜伏于西欧大陆的反犹太主义闻风而动并逐渐大行其道。及至墨洛温王朝统治高卢时期，基于法兰克君主与高卢主教团的关联与媾和，一边倒的犹太人律法呼之欲出，其波及范围也由高卢西南一隅拓展至法兰克高卢全境，只是其主要承载者不再是凝聚君王意志的世俗法令，而是传递所谓"上帝话语"的教会规条。

二 教务会议文书中正统信徒的反面参照

从信仰根源来说，公元 1 世纪中后期的基督教只是犹太教的一个分支，耶稣的第一代门徒继续保持正统犹太人的生活习惯，并大体上遵行摩西戒律。当时，他们甚至将犹太会堂作为培养信徒的基地。在这种情况下，至少在教外人士看来，基督徒与犹太教徒之间的界限是极其模糊的。进入 2 世纪后，随着基督教在整个地中海世界的扩散，外邦基督徒的数量与日俱增。为了摆脱犹太人附庸的地位，羽翼渐丰的外邦基督徒开始采用诅咒犹太人的方式，宣称自己是上帝的唯一选民。此后，伴随着基督教官方化的整个过程，基督教文化中的反犹情绪逐渐从悄无声息的暗流演变成汹涌澎湃的波涛，基督教的先贤教父们不断以犀利的言辞批判犹太人给基督教带来的威胁。殉道者皮奥尼乌斯（Pionius，？—250 年）在被押赴广场时"大义凛然"地声讨犹太人的种种罪行，并为基督徒受到的不公正待遇打抱不平。普瓦捷主教希拉里则反复从神学角度谴责犹太人的信仰问题。希波主教奥古斯丁（Augustin d'Hippone，395—430 年在任）也曾提醒本派信众，"异端分子、犹太人和异教徒已经结成了反对我们基督教团体的同盟"。① 这种以神学抨击或设立敌人来强化己方成员归属感与认同感的手段，在教会内部从未断绝。

作为"正统信仰"的捍卫者，高卢主教团自然而然地承担起维护教会团结的使命。461—491年瓦讷教会法第12条规定："神职人员不能与犹太人同席就餐。"② 506年，经西哥特国王阿拉里克二世允准，高卢南部的主教们在阿格德召开教务会议，其决议文书中包含两项与犹太人相关的法令：一是规定犹太人接受基督教的洗礼之前必须进行为期8个月的教义学习；二是禁止基督教的神职人员和普通信徒同犹太人共餐。③ 517年，在勃艮第国王西吉斯蒙德的支持下，维埃纳主教阿维图斯（Avit de Vienne，490—518年在任）在埃帕奥讷主持教务会议，参会主教一致决定，神职人员和平信徒都不能参与犹太人的筵席，倘若有人为之，他便无法参加本派的圣餐礼。④ 这类教规的限制范围虽说较为有限，但足以说明当时的高卢教会已经对犹太人这一"危险因素"有所警惕。

自法兰克王国基本统一高卢之后，基督教成为墨洛温王朝官方宗教，但墨洛温王室与犹太人并非毫无联系。因此，一向以"正统"自居的高卢主教团，在犹太人问题上，显现出比以往更加强烈的忧患意识。⑤ 在它看来，作为教会的潜在敌人，犹太人拥有自己的先知

---

① Rodrigo Laham Cohen, *The Jews in Late Antiquity*, Leeds: Arc Humanities Press, 2018, p. 34; "The Martyrdom of Pionius", in Herbert Musurillo, ed. and trans., *The Acts of the Christian Martyrs*, Oxford: Oxford University Press, 1972, pp. 136 – 143; Peter Brown, *Religion and Society in the Age of Saint Augustine*, London: Faber and Faber Limited, 1972, p. 303.

② Charles Munier, *Concilia Galliae. A. 314 – A. 506*, p. 154. 此次会议很有可能是高卢历史上第一个采用立法手段处理犹太人问题的教务会议。

③ Charles Munier, *Concilia Galliae. A. 314 – A. 506*, p. 210.

④ Jean Gaudemet et Brigitte Basdevant, éd., *Les canons des conciles mérovingiens* (VIe – VIIe siècles), pp. 108 – 109.

⑤ 就盘踞于高卢北部的法兰克政权而言，汇集滨海法兰克人习惯法的《撒利克法典》几乎没有出现任何与犹太人直接相关的法律准则。在墨洛温王族入主高卢之前，法兰克上层对于境内犹太人似乎奉行着源自希尔德里克一世时期的友善惯例。

和律法，因而比异教徒或异端分子更为顽强地坚持谬误。犹太人对犹太教传统礼仪的宣传以及对基督教敬拜仪式的嗤之以鼻，更容易让基督徒在信仰领域举棋不定。与犹太人发生亲密接触，或是改信犹太宗教，其结局只能是走向堕落的深渊。[1] 于是，高卢主教团开始借助教务会议的立法权威，有意识地将罗马法中的犹太人限令纳入教会法范畴，并根据法兰克王国的实际情况，增补了一些新的内容。关于这一问题，我们可以从以下几个方面进行具体分析。

其一，控制基督徒与犹太人的社会交往。在墨洛温高卢教务会议法令中，制约基督徒与犹太人的社会交往的条文大多出现于6世纪，其中一部分内容还在7世纪得到重申。例如，禁止基督徒与犹太人通婚。533年奥尔良教会法第19条规定："任何男性基督徒都不能迎娶犹太女性为妻，任何女性基督徒都不能嫁给男性犹太人，因为我们已经判定这些人之间的婚礼是不合法的。"538年奥尔良教会法第14条写道："禁止所有基督徒以婚姻关系同犹太人联系在一起。"又如，禁止基督徒与犹太人共餐。538年奥尔良教会法第14条规定，基督徒不能与犹太人同席共餐。626—627年克里希教会法第13条规定："基督徒应当完全拒绝犹太人的聚餐活动。"再如，禁止犹太人在特定时段出行。581—583年马孔教务会议规定："根据为我们留下美好回忆的主人希尔德贝尔特的敕令，从吾主耶稣最后的晚餐日至复活节后的周一，禁止犹太人像侮辱我们那样在街道与集市上通行。"[2] 从实际情况来看，这一做法的主要目的应当在于强化犹太人犹大背叛耶稣的历史记忆。可见，与《西哥特人的罗马法》和前代教会法相比，法兰克教会规条对两派信徒交往范围的控制更为严格。

---

[1] Avril Keely, "Arians and Jews in the *Histories* of Gregory of Tours", *Journal of Medieval History*, Vol. 23, No. 2, pp. 109 – 113.

[2] Jean Gaudemet et Brigitte Basdevant, éd., *Les canons des conciles mérovingiens* (*VI*ᵉ *– VII*ᵉ *siècles*), pp. 202 – 203, 214 – 215, 244 – 245, 536 – 537, 436 – 437.

其二，区分基督教主日与犹太教安息日。538年奥尔良教务会议所颁教会法第31条有言："有人说服人们在主日既不能乘坐牛马出行，也不能烹饪任何食物，更不能做有关房屋或个人的清洁工作。事实上，所有这些规定均属于犹太教传统而非基督教习俗。本次教务会议规定，上述一切犹太安息日的禁忌事项都可在主日照常进行。"这一天，基督徒只是不能在田地里从事耕种、打理葡萄园、除草、收割、垦荒等体力劳动。585年，国王贡特拉姆主持召开马孔教务会议，首先强调的就是遵守周日为主日。561—605年奥克塞尔教务会议也曾出台类似法规。① 这类教规的数量虽说有限，但定位明确，意在避免基督徒盲目跟从犹太人的宗教习俗。

其三，限制犹太人对基督徒奴隶的占有。538年奥尔良教务会议上，主教团成员一致同意，对于为犹太人奴隶主服务的基督徒奴隶，如果他们的主人让他们做教规所禁止的事情，主教不应将前来教堂寻求庇护的基督徒奴隶交给他们的主人。倘若犹太人奴隶主出尔反尔，要处罚已被他本人宽恕的基督徒奴隶，那么，当后者再次前往教堂寻求庇护时，主教不应将其交给他的主人。当然，为了让这些奴隶彻底摆脱犹太人奴隶主，主教需要支付适当的赔偿金。541年奥尔良教务会又将赎买基督徒奴隶的主体扩展至所有拥有购买力的本派成员。及至581—583年马孔教务会议，法兰克主教团把赔偿金固定为每个基督徒奴隶12索尔第（solidus），而当时市面上一个"好奴隶"的价格接近25索尔第。626—627年克里希教务会议所颁第13条教规有言，如果犹太人奴隶主胆敢诱导基督徒奴隶皈依犹太教，或者以残酷的刑罚凌辱他们，这些奴隶便归国库所有。② 至此，拯救犹太人奴隶主手中的基督徒奴隶，不仅成为法兰克教会宣扬的善行

---

① Jean Gaudemet et Brigitte Basdevant, éd., *Les canons des conciles mérovingiens* (*VIe – VIIe siècles*), pp. 254 – 255, 457 – 459, 492 – 493.

② Jean Gaudemet et Brigitte Basdevant, éd., *Les canons des conciles mérovingiens* (*VIe – VIIe siècles*), pp. 242 – 245, 282 – 283, 436 – 439, 536 – 537.

义举，还是包括王室成员在内的每一位基督徒应当履行的社会责任。

当然，对于法兰克境内的基督徒而言，单凭"禁止"、"不能"、"不应"等空乏说教，并不能在培育基督徒方面取得立竿见影的效果。于是，法兰克教会决定，对违反上述规条的神职人员和平信徒处以"绝罚"。这一处罚取材于《马太福音》第18章和《哥林多前书》第5章：把那些不肯听从教会或违背教会劝导的恶人从基督徒群体中赶出去。① 墨洛温王朝时期，绝罚大致可分为两种，即"不许领取圣餐"和"革出教门"。533年奥尔良教务会议、535年克莱蒙教务会议和538年奥尔良教务会议皆有规定，倘若一名基督徒与犹太人结婚，教会将剥夺他领取圣餐的权利。538年奥尔良教会法第16条写道，与犹太人同席的基督徒在一年内不得领取圣餐。② 通常情况下，受到"绝罚"处分的人是无法与其他基督徒正常交往的，这就意味着他们既不能从其家人或家族那里得到相应的人身保护，也难以获得教会的庇护。如此一来，在充斥着暴力、私斗与复仇的法兰克社会，受罚者便处于一种举目无亲、无依无靠甚至四面楚歌的窘迫境地。例如，柳达斯特（Leudast）伯爵在被革除教门后，国王命令国内所有人都不得将其收容在自己的家里。③ 于泽主教费雷奥卢斯（Ferreolus d'Uzès，553—581年在任）曾因为与犹太人同餐共饮而被希尔德贝尔特一世判处流放。有了上述规定和案例，即使有些基督徒对犹太人并无厌恶之情，他们也会清楚地意识到自己应当在哪些方面与犹太人保持距离，因为他们一旦违背法兰克教会定立的生存法则，就会遭到法兰克高卢基督教社会的无情抛弃。

从以上所作的描述和分析中不难看出，按照高卢主教团的判断，虽然说犹太人在高卢的势力尚不足以威胁正统基督教的统治地位，

---

① 《马太福音》第18章第17节，《哥林多前书》第5章第13节，详见中国基督教两会：《圣经》（中英对照），第35、296页。

② Jean Gaudemet et Brigitte Basdevant, éd., *Les canons des conciles mérovingiens (VIe – VIIe siècles)*, pp. 202 – 203, 214 – 215, 244 – 245.

③ [法兰克]格雷戈里：《法兰克人史》，第283页。

但是他们的存在却会对基督教的传教工作产生不小的负面影响。因此,从教务会议立法层面把犹太人作为基督徒的"反面参照"是颇为必要的。在参会者看来,限制基督徒与犹太人交往的强制性规条,既可以促进正统基督教仪式的推广工作,又有助于加快基督徒身份认同的构建步伐。正如马丁·凯内昂所言,墨洛温王朝时期,犹太人是主教们进行社会斗争的工具,因为他们不仅能够让主教拥有凌驾于任何世俗信徒之上的权力,而且还能服务于法兰克教会旨在统一高卢社会的战略决策。①

三 法兰克上层统治集团对犹太人的强制改宗

进入 6 世纪下半叶之后,随着法兰克王国基督教化建设在教务会议决议的指引下层层推进,原先为罗马法典普遍认可的犹太人保护政策被强制性地清除出高卢民众的社会宗教生活,此前为基督徒所习惯的一些源自犹太教的仪式也逐渐被规范化的"高卢敬拜仪式"所取代。在这一改造过程中,基督徒与犹太人在信仰层面的摩擦与斗争逐渐蔓延至经济、政治以及日常生活等诸多领域,民间的反犹呼声由此愈演愈烈,迫害犹太人的事件屡有发生。图尔的前任伯爵代理人英尤里奥苏斯(Injuriosus)在杀害前来收取债券的两名犹太人之后,竟以发誓来证明自己的无辜;犹太人普里斯库斯(Priscus)因不愿接受基督教洗礼而被迫入狱;奥尔良等地的犹太会堂持续遭受来自基督徒的袭扰。② 不过,需要说明的是,尽管高卢主教团将犹太人塑造成基督徒的"反面参照"甚至是"隐秘的敌人",但并没有将后者完全排除在基督教社会之外,而这一判断主要源于"奥古斯丁信条"(la doctrine augustinienne)在西地中海世界的传播与实践。

罗马帝国晚期,面对异教徒因 410 年罗马城陷落一事而对基督

---

① Martin Quenehen, "Les Juifs de l'évêque. De l'usage des Juifs dans l'œuvre de Grégoire de Tours", pp. 106, 109.

② [法兰克]格雷戈里:《法兰克人史》,第 311、372—373、402—403 页。

教的肆意攻击，希波主教奥古斯丁在为基督教的前景辩护时，曾以"旧约预言"为立论依据，对当下社会基督徒与犹太人的关系给予解释。在他看来，发生在犹太人身上的诸多事件恰恰就是"预言"的"应验"，他们之所以没有在罗马的征服和压迫中完全灭绝，其主要原因在于他们要为基督教的历史和真理作证。因此，犹太人在基督教社会中只能处于受关照的从属地位。① 此后，罗马教宗格雷戈里一世（Grégoire Ier，590—604年在位）结合风靡于6世纪下半叶的"末世论"，进一步提出"双墙合一论"。他宣称，教会是由两道围墙组构而成的，一道由犹太人建立，另一道则由基督徒造就；当犹太人在末世皈依基督教之后，两道围墙便将合二为一。以上所述神学理论在诞生以后广为流传，最终成为高卢教会精英解释基督教社会为何存在犹太人的理论依据。从这一角度出发，即便是法兰克时代不折不扣的反犹主义者，也几乎无法把犹太人完全革除在基督教社会之外。也正是基于这一神学理论，法兰克当局对犹太人采取强制改宗行动，试图将他们纳入法兰克基督教社会，其范围逐步从地方教区延展至法兰克全境。

墨洛温王朝时期，在冠以国王之名的政务文书中，与犹太人相关的条目并不多见，但它们往往能够反映上层统治集团对于犹太人的态度变化。507—534年间，克洛维及其继承者兼并西哥特高卢和勃艮第高卢。为了稳定两地的社会秩序，他们没有废除原有的管理模式，而只是要求新领地的全体高卢罗马人遵守《西哥特人的罗马法》。② 从法律事实来看，法兰克当局并未对犹太人作特殊处理，他们继续被默认为罗马人。然而，好景不长，随着法兰克共同体基督

---

① 关于奥古斯丁对基督徒与犹太人之关系的解释，参见［古罗马］奥古斯丁《上帝之城》，王晓朝译，人民出版社2006年版，第878—879页。关于中世纪思想家对"奥古斯丁信条"的接纳与吸收，参见 Jeremy Cohen, *Living Letters of the Law: Ideas of the Jew in Medieval Christianity*, Berkeley: University of California Press, 1999, pp. 19 - 145.

② Maurizio Lupoi, *The Origins of the European Legal Order*, trans. by Adrian Belton, pp. 388 - 405.

教化的渐趋深入，接二连三的教派冲突使得饱受战火侵蚀的高卢城镇变得更加动荡不安，严重有悖于法兰克君主带领人民实现救赎的官方宣言。在这种情况下，墨洛温王室采取"单边强制措施"，公开声援甚至亲自主持犹太人的改宗仪式。

对于"亵渎"基督教之人，素有"基督教君王"之称的希尔德贝尔特一世在颁布的训令中言明："既然人民没有遵守本该遵守的教会法，就有必要通过朕的王权纠正他们的错误。"① 约555—558年，极有可能是在这位国王的授意下，曾因与犹太人同餐共饮而被判处流放的于泽主教费雷奥卢斯，在官复原职之后立即宣布，全城犹太人均要在圣西奥多里图斯大教堂（la cathédrale Saint-Théodoret）接受洗礼。若有不从者，将被强制驱逐出城。②

约572年，西吉贝尔特一世（Sigebert Ier，561—575年在位）参与到一场基督徒与犹太人的较量当中，而事件的焦点竟是克莱蒙的主教人选问题。根据格雷戈里在《法兰克人史》中的记载，考提努斯（Cautin de Clermont，约554—572年在任）在担任克莱蒙主教期间对犹太人一味顺从，同他们的关系搞得很熟，还时常从后者手中购买贵重物品。在这位主教去世后，身属高卢罗马元老家族后裔的尤夫拉西乌斯（Eufrasius）神父从犹太人那里得到大量的值钱之物，希冀通过贿赂国王的方法博取主教之职。而作为尤夫拉西乌斯的竞争者，时任克莱蒙副主教的阿维图斯（Avit de Clermont，约572—594年在任）则得到教士和居民的拥护。最后，西吉贝尔特一世顺应民意，下令在梅斯为阿维图斯举行受任仪式。③ "尤夫拉西乌斯事件"一方面说明法兰克主教的选任程序中存在腐败现象，但另一方

---

① "Childeberti I. Regis Praeceptum", No. 2, in Alfred Boretius, ed., *Capitularia Regnum Francorum*, Tomus I, pp. 2 - 3.

② Michel Rouche, *Le choc des cultures*：*Romanité*, *Germanité*, *Chrétienté durant le Haut Moyen Âge*, Villeneuve-d'Ascq：Presses Universitaires du Septentrion, 2003, pp. 228 - 229.

③ [法兰克] 格雷戈里：《法兰克人史》，第158—159、183—185页。

面，该事件也表明，国王反对犹太人介入教会事务。

576 年，在西吉贝尔特去世后不久，克莱蒙的犹太人与基督徒的矛盾进一步升级。一个犹太人在复活节向另一个即将接受基督教洗礼的犹太人倾倒臭油，为了报复犹太人扰乱教会活动的行为，参与耶稣升天节庆典的基督徒把犹太人的会堂夷为平地。次日，阿维图斯给犹太人带去音信，要求他们改信基督教。他说道："替我们受苦受难的真正牧人曾经谈过你们，他说他另外还有羊，这些羊不属于他的羊圈，他必须把它们领来，以便合成一群属于一个牧人。"按照图尔主教格雷戈里的说法，此次强制改宗过后，领洗的 500 多名犹太人得以留在克莱蒙，其余拒绝受洗的人被迫回到马赛继续生活。① 在随后的几年时间里，法兰克高卢境内接连出现数次强制犹太人改宗的事件。582 年，希尔佩里克一世要求一批犹太人接受洗礼，他还亲自从洗礼盆中把许多犹太人接受过来，成为他们的教父。② 然而，部分改宗的犹太人只是名义上的基督徒，他们事后依旧遵行犹太习俗。正是在这样的社会情境下，犹太人问题在时隔四十年后再度引起教务会议的深切关注。

581—583 年，在国王贡特拉姆的授意下，21 名主教在马孔召开教务会议，该会议共颁布 20 条教规，其中有 6 条与犹太人直接相关。③ 及至 7 世纪上半叶，即克洛塔尔二世父子执政期间，高卢主教团又奉王命，在巴黎、克里希以及兰斯等地召开教务会议，通过了数条限制犹太人活动的法令。从表面上看，尽管这些法令涉及的绝大多数问题与几十年前主教们关注过的重点似乎并没有什么差别，但在公职任命问题上，新条文的具体内容出现了显而易见的变更痕迹。一般来说，犹太人与基督徒的诉讼案件先由地方法庭审理，如

---

① ［法兰克］格雷戈里：《法兰克人史》，第 224—225 页。
② ［法兰克］格雷戈里：《法兰克人史》，第 311—312 页。
③ Jean Gaudemet et Brigitte Basdevant, éd., *Les canons des conciles mérovingiens (VIe – VIIe siècles)*, p. 426.

果没有得到有效处理,则可以上报至国王法庭。由于担心犹太人法官压制基督徒,高卢主教团公开涉足王国政务,禁止犹太人担任法官。① 535 年克莱蒙教会法第 9 条规定:"任何犹太人都不能被任命为基督徒的法官。"② 自 6 世纪末开始,该项条款得到数次修改,影响范围逐渐从地方法官延展至所有王国公职。581—583 年马孔教务会议有言:"犹太人既不能担任基督徒的法官,也没有权利成为收税官。这些职位会将基督徒置于犹太人的控制下,这是上帝所禁止的。"③ 614 年巴黎教会法第 17 条和 626—627 年克里希教会法第 13 条皆规定,犹太人不能觊觎世俗公职。614 年巴黎教务会议还特意强调,如果犹太人想要承担公职,唯一的办法就是接受基督教的洗礼,因为犹太教信徒绝不能拥有凌驾于基督徒之上的政治权力。④

根据《弗莱德加编年史》(第 4 卷)的记载,在达戈贝尔一世(Dagobert Ier,623—639 年在位)统治时期,东罗马帝国皇帝希拉克略(Héraclius,610—641 年在位)通过占星术,发觉帝国境内将会遭到犹太人的蹂躏和破坏。于是,他派人去见达戈贝尔,要求他对其王国内所有犹太人实施洗礼。632—633 年,达戈贝尔迅速完成了这一工作。⑤ 出现于 9 世纪初(800—835 年)的《法兰克国王达戈贝尔一世行纪》(*Gesta Dagoberti I. regis Francorum*)又为该事件增补了一些细节:"在主教和智者的建议下,达戈贝尔特宣明所有拒绝接受神圣的再生洗礼的犹太人将会被立即驱逐出他的王国。国王以最

---

① Bernard S. Bachrach, *Early Medieval Jewish Policy in Western Europe*, p. 49.

② Jean Gaudemet et Brigitte Basdevant, éd., *Les canons des conciles mérovingiens* (VIe - VIIe siècles), pp. 214 – 215.

③ Jean Gaudemet et Brigitte Basdevant, éd., *Les canons des conciles mérovingiens* (VIe - VIIe siècles), pp. 434 – 435.

④ Jean Gaudemet et Brigitte Basdevant, éd., *Les canons des conciles mérovingiens* (VIe - VIIe siècles), pp. 518 – 519, 536 – 537. 关于墨洛温王朝时期"公共职务"的解释,参见 Walter Pakter, *Medieval Canon Law and the Jews*, pp. 226 – 227;Bruno Dumézil, *Servir l'État barbare dans la Gaule franque, IVe – IXe siècle*, pp. 143 – 159.

⑤ [法兰克] 弗莱德加:《弗莱德加编年史》(第 4 卷及续编),第 144—145 页。

大的热情完成了这项工作。"① 另外，完成于 641—671 年的《叙尔皮斯传》(*Vita Sulpicii*) 写道，没有接受洗礼恩赐的异端分子、异教徒以及犹太人均不得住在布尔日；主教叙尔皮斯经常给犹太人布道，并祈祷他们能够改信基督教。最终，所有犹太人都聚集在教堂领洗，这些人直至今日都保持着基督徒的传统。②

由以上所述可以看出，从希尔德贝尔特一世至达戈贝尔一世，法兰克上层统治集团逐步把强制犹太人改宗的法令从地方教区推向法兰克全境。在此过程中，不论在世俗世界还是在宗教领域，改信基督教的犹太人至少在表面上已经成为法兰克共同体的一员，而继续坚持本民族信仰的犹太人主体则被迫离境。此后，犹太人在法兰克境内销声匿迹长达一个多世纪之久。当他们的身影再次浮现于法兰克社会图景之时，其境遇亦随着加洛林革新 (la rénovation carolingienne) 的到来而发生巨大变化。就这一层面来看，尽管法兰克当局对于犹太人的族群融合问题比较关注，但其态度及处理方式却带有明显的独尊性与扩张性。并且，可以毫不夸张地说，从 5 世纪西罗马帝国衰亡到 8 世纪中叶法兰克国家改朝换代的这数百年间，基督教文化逐步占据法兰克社会生活的各个领域，每当基督教的狭隘观念发挥作用，处于基督徒对立面的犹太人都会成为民众宣泄愤怒的对象，即使是子虚乌有的迷信占卜，也能轻而易举地让他们在宗教偏见中沦为离乱之世的罪魁祸首。这种时隐时现的"替罪羊式迫害"，一方面揭示了犹太人主体在法兰克社会边缘徘徊不前的实际情境，另一方面则从族群宗教层面映衬出法兰克早期国家的基督教文化底色。

四　本章小结

墨洛温王朝时期，法兰克教俗精英一般通过法律术语和法律原

---

① "Gesta Dagoberti I. regis Francorum", in Bruno Krusch, ed., *Fredegarii et aliorum chronica*, p. 409.

② "Vita Sulpicii", No. XI, in Bruno Krusch, ed., *Passiones vitaeque sanctorum aevi Merovingici*, MGH., SRM, Tomus IV, Hannover: Hahn, 1902, pp. 374 – 375.

则传递犹太人政策,因此,他们在教务会议上为犹太人精心编制的限制性规条,既是时人处理基督徒与犹太人关系的法律依据和习俗惯例,也为后人考察法兰克高卢犹太人历史境遇提供了主要史料依据。在对罗马法典、墨洛温高卢教会法以及法兰克君主条令等规范性文书中的犹太人法令进行重新梳理和解析后,可以发现,高卢主教团所颁排犹律法既不是对罗马法中相关规定的简单摘录,也不是对前代教会法的机械重复,而是在旧例掩饰与传统点缀下形成的适应现实情境的全新社会规范。尽管这些规条的文字表达看似普普通通甚至乏善可陈,但其背后却蕴含着一套完整而连续的基督教至上论。从心理学角度来说,这类重复性宣传很容易在基督徒与犹太人之间划出一条界线分明的鸿沟,并对社会舆论产生巨大影响。正是有了犹太人这一"反面参照",法兰克基督徒对其群体身份才有了更为深入的了解,其优越地位才有了可资比较的对象。与此同时,高卢主教团并没有完全禁绝两派信徒之间的社会交往,希望通过改变犹太人信仰的方式来实现高卢社会的大一统局面。也就是在这一战略决策的推进过程中,法兰克王国政府开始循次而进地介入犹太人事务,并在官方层面对后者的身份与处境造成实质影响。更为重要的是,上述犹太人律法是在法兰克早期国家的形成与发展中产生的,它们的传递与应用势必随着法兰克社会基督教化的提升而被不断强化。

当然,对于法兰克教俗精英的上述活动还是需要保持一种批判态度。本章探讨的主要对象虽然是古人制定的犹太人律条,但史学观点的受众却是今人与后人。从这个意义上来讲,我们绝不能因为教务会议的审时度势而顺理成章地认定其部分立法活动具有合理性,也不能因为某些法律条文有助于推动法兰克早期国家建设而就不假思索地全面肯定其历史功绩。事实上,无论教务会议在培育基督徒身份认同方面取得多么显著的成效,也不论它颁行的犹太人律条对法兰克王权的发展有多大的贡献,在协助法兰克君主处理犹太人问题时,它所扮演的角色终究是不光彩的。这种通过诋毁甚至迫害"他者"来誉扬抬高"我者"的做法,值得我们警惕与反思。

第 四 章

法兰克王国地方秩序的重整

—— 主教管区日常统治的理论与实践

在中古早期法兰克王国统治问题上，学术界以往的研究或专注于"克洛维改宗"、"丕平称王"、"查理加冕"等重要人物与重大事件，或致力于"诸子均分"、"父子共治"、"疆土分治"等继承原则与统治结构，很少重视法兰克王国统治的日常状态。实际上，与古代中国类似，法兰克境内反复出现的各类日常管理措施才是社会治理的根基所在，包括国王巡游、敕令颁行、职官任命、状令授予、敬拜仪式以及定期举办的民众大会和教务会议，等等。① 因此，只有对关乎高卢各阶层的日常活动加以研究，才能在准确把握法兰克高卢统治机制的

---

① 在古典希腊时期，"liturgie"是一种富裕公民必须承担的公共服务。随着时间的推移，该词的含义得到了扩展，在希腊化时期，它已被用来指任何形式的公共事务。此后，在有关宗教服务的语境下，希伯来圣经的希腊译本通常用"liturgie"来翻译希伯来语的"崇拜"(עבודה/avoda) 一词。及至《新约》创作时期，该词在书中逐渐被用于指代各种宗教仪式，特别是圣餐礼。在教会发展的最初几个世纪里，基督教敬拜仪式就已成为基督教父笔下记述的重点内容。罗马的希波律图在《使徒传统》一书中从历史的角度梳理了多种基督教仪式的形成过程；亚历山大里亚的克莱门特、德尔图良和希波主教奥古斯丁等人则从神学角度出发，运用寓意法来解释敬拜仪式中的诸多行为及其内涵。自 4 世纪末开始，随着米兰主教安布罗斯（Ambrose de Milan, 374—397 年在任）所作《论圣事》（*De sacramentis*）和《论秘仪》（*De mysteriis*）的问世，有关基督教敬拜仪式的综合性著作不断涌现，其中最具代表性的当数塞维利亚主教伊西多尔（Isidore of Seville, 601—636 年在任）的《论教会职责》（*De ecclesiasticis officiis*）。该书由两部分组成，第一部分专门描述种类繁多的基督教敬拜仪式，第二部分明确（转下页）

基础上，更为全面地认识后罗马时代法兰克共同体的具体形态。

本章选取神职人员主持的敬拜仪式作为考察法兰克王国日常统治的突破口，这一选择主要基于三个层面的考量：一是历史现象。墨洛温王朝时期，由于法兰克王国政府在地方行政管理方面的缺位，教会主动承担起照管地方民众的重任，而敬拜仪式无疑成为神职人员干预民众日常生活的主要手段之一。二是史料基础。近世以降，欧洲学者收集、整理和翻译的墨洛温高卢教务会议文献包含大量法律条文可资利用，这些内容往往能够与法兰克时代核心历史文献反映的相关信息相互佐证，从而在很大程度上避免了古史研究领域比较突出的单文孤证问题。三是研究理路。20 世纪 60 年代以来，在"马比荣研究范式"所获学术成就的基础上，西方学者愈发重视敬拜仪式对法兰克民众日常生活的显性影响。[①] 而笔者则希望在汲取前

（接上页）规定各教阶的教士在仪式中应当承担的不同职责。此后不久，墨洛温高卢出现了一份专门阐释当地弥撒礼仪及其神学内涵的作品，即《古代高卢圣餐礼仪阐释》（*Expositio antiquae liturgiae gallicanae*）。该作品在开篇处特意强调，教会庄严仪式的执行程序乃是教会律法的重要组成部分。到了加洛林时期，尽管有关高卢敬拜仪式的专著较为丰富，但是，除了阿玛拉里乌斯（Amalarius, 775—850）的作品颇具独创性外，其他绝大部分作品几乎皆是前人评述的叠加，这种重复性的叙事模式一直延续到中世纪中后期。关于"liturgie"一词的发展演变，参见 Marie-Françoise Baslez, dir., *Économies et sociétés Grèce ancienne（478 - 488）*, Atlande：Philippe Lemarchand et Michèle Miroir, 2007, pp. 341 - 342；Michel Mendez, *La messe de l'ancien rite des Gaules*, p. 12. 关于基督教父撰写的礼仪作品，参见 J. N. Hillgarth, ed., *Christianity and Paganism, 350 - 750：The Conversion of Western Europe*, Philadelphia：University of Pennsylvania Press, 1986, pp. 186 - 192；Yitzhak Hen, *The Royal Patronage of Liturgy in Frankish Gaul to the Death of Charles the Bald*, London：Boydell, 2001, pp. 4 - 5.

① 法国著名史学家皮埃尔·里什认为，由于法兰克社会存在众多异教习俗与活动，正统基督教会通过鼓励民众参加洗礼、弥撒和布道等宗教仪式提高信众的基督教化程度。以色列学者伊扎克·昂（Yitzhak Hen）在对墨洛温高卢基督教节日庆典、弥撒仪式进行梳理与分析后，更是斩钉截铁地说道：不论是世俗资料，还是教会文本，它们都能证明基督教信仰实践对日常生活的巨大渗透。在敬拜仪式的核心作用下，接受教会的支配似乎已经成为法兰克人民唯一的文化选择。参见 Pierre Riché, *Éducation et Culture dans l'Occident barbare（VIe - VIIIe siècle）*, p. 46；Yitzhak Hen, "The Uses of Bible and the Perception of Kingship in Merovingian Gaul", p. 282；Yitzhak Hen, *Culture and Religion in Merovingian Gaul（A. D. 481—751）*, Leiden：Brill, 1995, pp. 252 - 253.

人研究成果的同时，结合中国学术界有关中华帝国日常统治的研究理路，论证神职人员与敬拜仪式在法兰克王国日常统治中的支撑作用，展示社会治理活动中尚未获得充分关注的若干现象，进而揭示中古早期法兰克政教二元之间惯性化的"合作机制"。①

为了实现上述目标，本章首先说明教务会议对神职人员的具体要求；然后从神职人员主持的教会节庆与敬拜仪式入手，分析教区教会以重塑民众内在秩序为核心的"驭民之术"；最后阐明墨洛温王室对教会治世模式的吸纳与运用。

一 教务会议所见神职人员的行为规范

当发源于近东的基督教伴随使徒的足迹向外传播之际，关于教会领袖训教民众的理论传统便在"圣灵恩赐论"的护持下日趋成形。不过，为了避免妄称得圣灵指引者对民众教导工作造成损害，教会亟须一些方法以便识别恩赐的真伪。在这方面，使徒保罗对教职人选的要求显然具有开创性意义。《提多书》有言，"监督既是神的管家，必须无可指责"，"只作一个妇人的丈夫"，"不任性，不暴躁，不因酒滋事，不打人，不贪无义之财"。②《提摩太前书》还提到，作监督的人不仅要"乐意接待远人"，还应"善于教导"；执事也应如此，"必须端庄，不一口两舌，不好喝酒，不贪不义之财"。③此后，随着教会组织的不断发展，使徒保罗的后继者们逐渐将《新约》中的这类指示发展成以人的品格与才能为试金石的教会律法。《十二

---

① "日常统治"是侯旭东先生在对汉帝国统治机制的研究中提出的研究思路，这一兼具研究对象与研究方法的学术概念的优势在于，借助文化人类学的思考方式与问题意识，揭示以往因视角限制而无法看到的现象或联系。参见侯旭东《传舍使用与汉帝国的日常统治》，《中国史研究》2008年第1期；孙正军《何为制度——中国古代政治制度研究的三种理路》，《中国社会科学评价》2019年第4期。

② 《提多书》第1章第6—7节。详见中国基督教两会《圣经》（中英对照），中国基督教两会出版部发行组2013年版，第378页。

③ 《提摩太前书》第3章第2—8节。详见中国基督教两会《圣经》（中英对照），第368页。

使徒遗训》有言，监督和执事为人民行使先知和教师的职责，他们应当是不辜负主、性格温顺、不贪财又真实可靠的人。① 《使徒律令》则规定，一个拥有布道经验且年龄适当的人，即使在不懂拉丁文的情况下也可胜任监督（主教）之职。② 罗马的希波律图（Hippolyte de Rome，170—235）在《使徒传统》中还要求神职人员以纯洁之心照管人民。③

自3世纪开始，在基督徒的实际生活中，神职人员与平信徒已有显著区别，前者逐渐成为一个独立且紧密联系的灵性阶层。不论是在宗教心理需求方面，还是在日常宗教活动中，抑或是在思想文化领域，神职人员都是平信徒最为可靠的依赖对象。及至中古早期，在法兰克高卢境内，由于罗马式古典公共教育衰落和大量目不识丁的慕教者涌入，这种多层次的依赖程度更是有增无减。面对普通民众，神职人员既需要深入浅出地阐述基督教颇为复杂的教义教理，也需要不厌其烦地宣讲基督徒应当遵守的行为规范，更需要在与犹太教和其他异教的竞争过程中展现自身的"优越性"，这就要求他们首先具备能够满足前者信仰需求的文化素养与人格魅力。因此，在秉承基督教经典和古代教父规章（les canons/statuts des anciens pères）原有精神的基础上，一向懂得审时度势的高卢主教团在教务会议上对圣职人选的标准与职责做出因地制宜的调整，以期加强基层队伍建设，从而保障教会日常管理工作的顺利开展。关于这一问题，我们可以从以下四个方面进行具体分析。

其一，识文断字，通晓仪制。早在6世纪上半叶，高卢教会领袖就已注意到神职人员文化素养问题的严峻性，并制定出较为明确的应对方案。529年，阿尔勒主教凯撒里乌斯在韦松召开教务会议，

---

① Willy Rordorf et André Tuilier, éd. et trad., *La Doctrine des Douze Apôtres* (*Didachè*), Paris: Cerf, 1998, pp. 193 – 195.

② Marcel Metzger, éd. et trad., *Les Constitutions Apostoliques*, Paris: Cerf, 2012, p. 49.

③ "La Tradition Apostolique", in Marcel Metzger, éd. et trad., *Les Constitutions Apostoliques*, pp. 340 – 355.

参会主教一致认为，按照教会传统，所有神父都应在自己的居所向前来学习的青少年教士传授《诗篇》和教会规条，以便培养高阶神职人员的继承者。① 533 年，奉提乌德里克一世（Thierry Ier，511—534 年在位）、希尔德贝尔特一世（Childebert Ier，511—558 年在位）和克洛塔尔一世（Clotaire Ier，511—561 年在位）三位法兰克国王之命，包括 5 名都主教、21 名主教和 5 名主教代表在内的 31 位高阶神职人员在奥尔良召开教务会议，此次会议颁布的第 16 条教规明确表示，无论在什么情况下，任何不识拉丁文（illitteratus）或不晓洗礼的人都不能担任神父或执事。② 另外，对于想要步入教士阶层的俗人，教会还要对之进行为期一年的培训与考察。例如，524 年阿尔勒教务会议规定，世俗人士在受任神父或执事职位之前，必须在一整年的考察期中改变生活方式，言下之意就是要求他们放弃原本的世俗生活，严格遵守教会内部的规章制度。又如，549 年奥尔良教会法第 9 条有言，俗人在被任命为主教之前，需要在一年的时间里在教会纪律与精神法则方面接受博学且可靠之人的更为彻底的指导。③

其二，忠贞不渝，戒除色欲。对于中古早期的基督教神职人员而言，"独身"并非强制性要求，但这种理想的人身状态却是获得普通信众尊敬的重要标志之一。④ 4—12 世纪时，在正统基督教会的倡导下，有关教士独身的具体细则慢慢纳入教会法范畴，并逐渐成为

---

① Jean Gaudemet et Brigitte Basdevant, éd., *Les canons des conciles mérovingiens (VIe - VIIe siècles)*, pp. 188 - 189.

② Jean Gaudemet et Brigitte Basdevant, éd., *Les canons des conciles mérovingiens (VIe - VIIe siècles)*, pp. 202 - 203. 中古早期，"illitteratus" 一般指没有拉丁文读写能力的人。与通常会受到教育或培训的教会人士相比，大部分普通民众在知识文化领域显得暗淡无光。因此，"俗人等于文盲"的说法在当时家喻户晓。参见 Pierre Riché, éd., *Instruction et vie religieuse dans le Haut Moyen Âge*, p. 231.

③ Jean Gaudemet et Brigitte Basdevant, éd., *Les canons des conciles mérovingiens (VIe - VIIe siècles)*, pp. 140 - 141, 306 - 307.

④ Roger Gryson, *Les origines du célibat ecclésiastique du premier au septième siècle*, Gembloux: J. Duculot, 1970, pp. 194 - 196.

高阶神职人员理应遵守的信条。然而，在墨洛温时代，由于这类纪律与高卢教士阶层的现实生活存在难以调和的矛盾，法兰克主教团只得退而求其次，要求已婚的高阶神职人员对婚姻保持忠贞的同时，在性生活方面实现自我禁欲，而这种戒除肉体关系的行为在宗教生活中同样被人们视为一种荣誉。例如，538年奥尔良教会法第2条规定，在擢升副助祭（sous-diaconat）及其以上的圣职后，任何教士都不能结婚，倘若在此之前他已经处于已婚状态，必须与妻子终止婚姻关系。又如，541年奥尔良教会法第17条规定，为了防止潜在的肉体关系玷污宗教的荣耀，已婚的执事和神父既不能与其妻子同床共枕，也不能与她同居一室，否则将被罢黜教职。为了更好地贯彻此类教规，上述教务会议还确立了"主教负责制"，即，在了解对方婚姻状况的情况下，如果主教让已婚的高阶教士继续担任圣职，那么他将遭受停职3个月的处罚；倘若主教将有过两次婚史或迎娶寡妇的人提升到神父和执事，那么他将被停职一年；而被非法擢升的人当然也会落个罢黜教职的下场。①

其三，不行贿赂，不受贿赂。基督教诞生后的最初三个世纪里，由于罗马当局对其采取排斥和打压的宗教政策，信仰坚定且担当教会领袖之人在大多数情况都会走上"殉道者"之路。在这种较为恶劣的传教环境下，为数不多且尚处于地下状态的高卢主教区几乎不太可能出现买卖圣职的丑闻。自君士坦丁一世承认基督教在帝国境内的合法地位后，基督教在高卢地区的发展日益步入正轨。及至墨洛温王朝时期，高卢教会早已拥有一套较为完备的行政建制。负责管理和协调地方教务的主教区逐渐成为保障社会正常运转的重要枢

---

① 此外，还有两条教规涉及神职人员的婚姻与性生活。538年奥尔良教会法第8条规定：如果一名神职人员承认或被确信有通奸行为，他将被免职，并终生被关在修道院。581—583年马孔教会法第11条写道：当已婚人士获取主教、神父等高阶职位后，他们与配偶的夫妻关系将转变为兄妹关系。参见Jean Gaudemet et Brigitte Basdevant, éd., *Les canons des conciles mérovingiens* (*VIe – VIIe siècles*), pp. 232 – 233, 238 – 239, 274 – 275, 434 – 435.

纽。然而，教区繁荣的背后也隐藏着圣职买卖的腐败勾当，这必然会损害神职人员在普通民众心目中的纯洁形象。① 因此，高卢主教团在教务会议上一再谴责并禁止这种用金钱玷污"神恩"的罪恶行径。例如，533 年奥尔良教会法第 4 条明确规定，如果一个人用金钱交易的方式获取圣职，那么他将如同主的弃儿一样被罢黜，因为圣徒的律法规定，上帝的恩赐绝不能用钱财获取。再如，535 年克莱蒙教务会议决议第 2 条写道，一个人不应依靠愿望和金钱获取主教职位，而是应当凭借功德与才能赢得上帝的恩赐。又如，549 年奥尔良教务会议禁止用礼物或金钱换取主教职位。② 然而在现实生活中，这种腐败现象始终没能彻底禁绝。

其四，恪尽职守，勤于正务。法兰克教会认为，主教是使徒的继承人。为了完成传播上帝福音的使命，他们需要在日常生活中为其治下的"羊群"提供精神食粮。然而，就实际情况来看，随着乡村教堂建设的兴盛和高卢敬拜仪式的发展，各教区的主教很难独立完成"牧灵职责"。在这种情况下，教务会议要求其他神职人员必须履行协助主教组织宗教活动的义务。例如，535 年克莱蒙教会法第 15 条规定，在基督教的重要节庆期间，神父和执事如果没有特殊的使命，必须协助主教完成敬拜仪式。又如，581—583 年马孔教会法第 10 条规定，基督教节日期间，神父、执事以及其他神职人员必须留在主教身边协助组织庆祝活动。再如，673—675 年圣让—德洛讷

---

① 451 年加采东大公会议上，主教们强烈谴责用金钱玷污"神恩"的行为。在他们看来，不论是行贿的教士或俗人，还是受贿的主教，他们都应遭受相应的处罚。5 世纪末，马赛的热纳德（Gennade de Marseille）在《论教会教义》（*De Ecclesiasticis Dogmatibus*）一书中指出，这种试图用金钱玷污"神恩"的行径与异端邪说毫无差别。参见 G. Alberigo, *Les conciles œcuméniques*, Tome II, Paris: Cerf, 1994, pp. 200 – 203; Jules Louche, éd., *Œuvres de Gennade de Marseille*, Marseille: Boy Fils & J. Mingardon, 1876, p. 112; Marc Aoun, "Aspects de la simonie en Egypte (VIIe – XIIe siècles)", *Revue des sciences religieuses*, Tome 76, Fasc. 2, 2002, pp. 186 – 187.

② Jean Gaudemet et Brigitte Basdevant, éd., *Les canons des conciles mérovingiens (VIe – VIIe siècles)*, pp. 198 – 199, 212 – 213, 308 – 309.

教会法第 8 条规定，除了国王的调动命令之外，所有主教必须在复活节、圣诞节和圣灵降临期间出席其所在城市的庆典活动。① 对于不肯履职的教士，主教有权对之做出相应的处罚。

从以上所述可以看出，克洛维诸子统治时期，在秉承"教会传统"的基础上，高卢主教团对圣职人选的素质与职责都有过较为深入的思考，并制定出"德才兼备、以德为先"的认定标准，其出发点和落脚点在很大程度上都是为了让教士们能够更好地承担起施教于民的使命。在主教团看来，高卢各地方教会绝不是那种与世隔绝的隐修会，它是与法兰克世俗社会紧密联系在一起的，与普通民众的生活更是密不可分，其社会影响力的大小在很大程度上取决于本派信众对它的认可度。因此，主教、神父和执事需要"为实现上帝的嘱托全力以赴"；倘若他们物欲熏心，其榜样作用就会变为无稽之谈。正如 662—675 年波尔多教务会议所言："作为教会领袖，主教们有责任像圣徒那样成为教会的榜样，他们的言行举止和顺服精神均是信徒的典范，而正是在这些榜样的作用下，人民的救赎事业与王国的长治久安才会得到上帝的佑护。"②

二 教务会议所见教会节期与公共崇拜的制度安排

如果说神职人员从个人品质层面向民众展示了"优秀教徒"的范例，由其制定与操作的教会节期与公共崇拜则从文化传输层面强化了民众对正统基督教核心信条的认知。早期基督教在与其他宗教的长期斗争中，常常根据当时的历史条件与社会环境，对各地区和各民族的宗教文化进行巧妙的加工和改造，最终形成一套为己所用的信仰体系。然而，不论是基督在世为人的平生奇迹，还是以道成肉身为中心的恩

---

① Jean Gaudemet et Brigitte Basdevant, éd., *Les canons des conciles mérovingiens* (*VIe – VIIe siècles*), pp. 218 – 219, 432 – 433, 578 – 579.

② Jean Gaudemet et Brigitte Basdevant, éd., *Les canons des conciles mérovingiens* (*VIe – VIIe siècles*), pp. 570 – 571.

救福音，抑或是凝聚顺服精神的上帝律法，其微妙玄通的神学理论与纷繁复杂的文法结构显然难以与法兰克普通大众产生共鸣。因此，为了提高两者的相容性，高卢主教团试图在官方信仰与民间信仰尚未融洽的社会格局中，通过与之相关的教务会议法令，把法兰克民众带入高卢教会年历（Année/Calendrier liturgique）设定的生活节奏，并以高卢敬拜仪式引导后者信基督教真理、过基督教生活、守基督教律法。①诚如罗马教宗格雷戈里所言，牧者向羊群传播福音时，既不能损害信仰统一，也不能让听众背负太多教义，而是要根据信徒的不同类型"对症下药"，继而让他们明晓上帝的要求。② 关于法令的具体内容及其用意，我们可以从以下几个方面进行具体分析。

其一，按时组织基督教节日庆典，让民众了解耶稣的人性与神性。就基督教而言，如何看历史人物耶稣和信仰对象基督之间的关系是每一个时代都必须考虑的核心问题。对此，高卢教会向来是"二性一位"论的坚定拥护者。为了强调耶稣的人性与人类的拯救休戚相关，教务会议非常重视节日的教化功能，其法令涉及的绝大多数节日都是为了纪念基督作为世人生活时的重大事件，亦即将临节、圣诞节、复活节、耶稣升天节、圣灵降临节。这些节日不仅间隔较短，而且规模较大。更为重要的是，主教团还在教务会议上一再强调，不论是神职人员，还是世俗权贵，抑或是普通的自由人或奴隶，都要在上述"盛大节日"期间前往教堂参加歌颂基督的庆祝活动。③

---

① Jean Gaudemet, *Église et Cité: Histoire du droit canonique*, Paris: Cerf, 1994, pp. 257 – 259.
② Grégoire le Grand, *Règle pastorale（Liber Regulae Pastoralis）*, Tome I et Tome II, éd. et trad. par Bruno Judic, Floribert Rommel, Charles Morel, Paris: Cerf, 1992; Pierre Riché, éd., *Instruction et vie religieuse dans le Haut Moyen Âge*, p. 246; Jean Heuclin, *Hommes de Dieu et fonctionnaires du roi en Gaule du Nord du Ve au IXe siècle*, p. 201.
③ Jean Gaudemet et Brigitte Basdevant, éd., *Les canons des conciles mérovingiens（VIe – VIIe siècles）*, pp. 86 – 87, 118 – 119, 266 – 269, 406 – 407, 432 – 433, 458 – 461, 488 –489. 墨洛温王朝时期，法兰克教会使用的是阿奎塔尼人维克托里乌斯（Victorius d'Aquitaine）制定的复活节周期表，其时间范围是每年的3月18日至4月15日，与当代复活节日期区间3月22日至4月25日有些许出入。

除此之外，各教区还会在教务会议规定的全国性节日中间穿插诸多地方性的圣徒纪念日，比如图尔教区的辛福里安节（8月22日）、利托里乌斯节（9月13日）以及希拉里节（1月13日）等等，旨在利用与上帝及其代理人相关的时间概念，反复激发人民的宗教情感，弘扬各种美德，加强道德风尚的教化。①

墨洛温高卢教务会议对上述盛大节日的种种规定往往是同斋戒和祈祷等仪式一起说明的。"复活节之前要进行为期40天的四旬斋"；耶稣升天节之前，所有教会都要举行为期3天的连祷活动；圣马丁节（11月11日）到圣诞节期间的周一、周三和周五进行斋戒；所有人在主日均不得从事劳碌的工作（travail servile），等等。事实上，这些法规与教会对耶稣神性的宣传相辅相成。至少在5世纪时，高卢各大主教区就已开始运用某些带有"基督教奇迹"色彩的故事，向民众宣传遵守节日仪式方得上帝护佑的恩救思想。例如，据《法兰克人史》记载，在470年复活节的守夜时分，维埃纳的皇宫突然被一把大火所点燃。当全体会众都冲出教堂时，该城主教马梅尔（Mamert de Vienne，约450—475年在任）俯伏在圣坛前面祈求上帝垂怜，其流成了河的泪水扑灭了皇宫的火焰。事情过去以后，当基督升天节临近的时候，他严令居民斋戒，并且规定了祈祷的方式，进餐的程序和赈济穷人的办法，于是所有这些可怖的事情中止了。② 再如，图尔主教格雷戈里曾说，在利摩日城里，许多人由于不尊奉主日，在这天经营业务，因而毁于天火；他的好友韦南蒂乌斯·弗尔图纳图斯（Venance Fortunat，530—609年）在撰写巴黎主教日尔曼努斯（Germain de Paris，555—576年在任）的传记时也提到，一男一女因在主日工作而双手瘫痪，幸得日尔曼努斯的仁慈才让他们恢复健康。③ 可见，在

---

① ［法兰克］格雷戈里：《法兰克人史》，第570—571页。
② ［法兰克］格雷戈里：《法兰克人史》，第96—97页。
③ ［法兰克］格雷戈里：《法兰克人史》，第565页；"Vita Germani", in Bruno Krusch et W. Levison, eds., *Passiones vitaeque sanctorum aevi Merovingici*, Vol. V, MGH., SRM, Tomus VII, Hannover: Hahn, 1920, pp. 382–383.

高卢主教团看来，社会舆论与教会律法的相互配合，可以让广大信众更为容易地在日常礼拜与节日仪式中接受耶稣的神性。

其二，正确贯彻高卢弥撒规范，带领民众与耶稣基督合二为一。按照凯撒里乌斯的《布道集》、格雷戈里的《法兰克人史》以及《古代高卢圣餐礼仪阐述》（Expositio antiquae liturgiae gallicanae）的记载，作为高卢各类节庆活动的核心内容，高卢弥撒礼仪拥有进堂式、进台式、肃静、祝福、唱诗、布道、祈祷、圣餐、平安吻等 20 多个执行步骤。[1] 但是，教务会议在处理这些数量较多的步骤时显然是有所取舍的，其主要规范了三方面内容。一是吟唱"垂怜经"。529 年韦松教务会议决定，"鉴于使徒宗座、东部和意大利的行省在举行弥撒仪式时均吟唱垂怜经"，所有教会都应在晨祷、弥撒和晚祷时吟唱垂怜经。[2] 二是圣体的材料及布置。541 年奥尔良教会法第 4 条有言，只有葡萄酒和水混合后才能放入圣餐杯作为祭品，否则便是亵渎神明。561—605 年奥克塞尔教务会议也规定，除了葡萄酒和水混合后的饮品，不论是称为葡萄汁的蜜酒，还是其他类型饮品，皆不允许放在圣坛上，因为就基督之血的奉献来说，神父提供除混合酒之外的其他饮品，乃是一项重大错误和罪孽；567 年图尔教会法第 3 条规定，"主的身体（弥撒使用的面包）应按照十字架的图案摆放在圣坛之上"。[3] 三是礼成式。511 年奥尔良教规第 26 条有言："当我们以上帝之名聚集在一起举行弥撒仪式时，民众不能在弥撒仪式结束前离开（教堂），如果有主教在场，那么民众在离开教堂之前需要获得他的祝福。"[4] 这类规

---

[1] J. N. Hillgarth, ed., *Christianity and Paganism, 350 – 750: The Conversion of Western Europe*, pp. 186 – 192.

[2] Jean Gaudemet et Brigitte Basdevant, éd., *Les canons des conciles mérovingiens (VIe – VIIe siècles)*, pp. 190 – 191.

[3] Jean Gaudemet et Brigitte Basdevant, éd., *Les canons des conciles mérovingiens (VIe – VIIe siècles)*, pp. 268 – 269, 490 – 491, 352 – 353.

[4] Jean Gaudemet et Brigitte Basdevant, éd., *Les canons des conciles mérovingiens (VIe – VIIe siècles)*, pp. 86 – 87.

范性的语句虽然数量不多，但其定位十分明确，意在向民众表达耶稣基督为拯救世人而经历的种种痛苦与牺牲，并告诫他们，只有领取基督的血肉才能与之合二为一，从而获得快乐的永生，否则人们就没有真正的生命。

其三，积极开展布道活动，教导民众遵守教规。基督教认为，布道既是主教的一项重要使命，也是其教导民众走向救赎之路的主要方式之一。不论是主日弥撒，还是节日庆典，抑或四旬斋最后阶段的圣周，布道都是其中的关键环节。随着传教活动的不断延展，高卢乡村教区的数量日趋增多，在这种情况下，主教已然无法独立承担高密度的布道工作。于是，高卢主教团决定将此项权力下放给神父和执事。529年韦松教务会议所颁教规第2条有言："为了所有教会的发展和全体人民的利益，不论是在城市，还是在乡村教区，神父都可以进行布道。如果神父因身体不适而无法亲自布道，那么执事可以代替他宣读教父的说教。"①

更为重要的是，在布道的过程中，高阶神职人员不只是为听众讲解《圣经》篇章，教务会议颁布的教规同样是其反复宣读的重要内容。例如，541年奥尔良教会法第6条规定，乡村教区的教士需要从主教那里获取他们有必要宣读的教会规条，以便他们自己及其牧下百姓不会忽视那些为拯救他们而颁布的教会法令。又如，581—583年马孔教务会议第9条写道：从圣马丁节到圣诞节的这段时间，人们要在周一、周三和周五斋戒，并以四旬斋弥撒来庆祝节日。本次教务会议决定，这些日子要宣读教规，以免有些人假装无知而犯错。再如，585年马孔教务会议实录有言："我们将在合议中共同决定每一个需要处理的问题。为了让每一个人毫无借口地明悉他们应当遵守的规定，我们叮嘱所有兄弟把圣灵通过我们下达的、将要被确定的律法传达给所有的

---

① Jean Gaudemet et Brigitte Basdevant, éd., *Les canons des conciles mérovingiens* (*VIe – VIIe siècles*), pp. 190 – 191.

教会和信众。"① 此外，为了更有效地扩大教会公共教育的受众面，主教们还对布道所用的语言做出相应的调整。阿尔勒主教凯撒里乌斯在其《布道集》中写道："如果我们按照神圣教父的方式宣讲《圣经》，有文化的人确实可以获取这份精神食粮，但广大民众则会处于饥饿状态。因此，我谦卑地恳请懂得拉丁文的人能够容忍质朴的语言表达，而不是去抱怨它，这样上帝的整个羊群就能在朴实无华的语言中接受天赐的养料。"②

从以上所述可以看出，为了培育听从教会号令的"基督子民"并铲除残余的异端思想，墨洛温高卢教务会议从一开始就非常重视节庆仪制对人民的管理作用。不过，与基督教父层面的口诛笔伐不同，他们在处理法兰克人民信仰问题时，工作的重点并不在于神学色彩浓厚的教义解析，而在于贴近社会现实的仪式表达，从而通过以简御繁的方法把教化民众的努力渗透到日常生活的方方面面，并让基督教思想文化占据公共和私人的一切领域。在法兰克教会创造的"社会大学校"中，有关信徒宗教生活的内容不仅具备较为完善的规格和形式，而且可以灵活地根据不同的时间和环境做出适当的调整，倘若不按正确的规章从事，就会遭受教会的惩罚。在此过程中，伴随着教会精英与普通大众持续不断且渐趋深入的交流与互动，他们的关系也早已跨出宗教层面的监管范围。组织生产、御敌护民、社会救济和司法援助已经成为主教的"分内之事"。在墨洛温高卢这样一个离乱之世，教会分布广泛，代表神圣意旨，分享君主权力，管理民众生活。可以说，法兰克共同体在地方公共教育与行政管理方面的缺位，在很大程度上是由教会填补的。

---

① Jean Gaudemet et Brigitte Basdevant, éd., *Les canons des conciles mérovingiens* (VIe – VIIe siècles), pp. 270 – 271, 432 – 433, 456 – 457.

② Dag Norberg, "À quelle époque a-t-on cessé de parler latin en Gaule?" *Annales. Economie, sociétés, civilisations*, 21e Année, No. 2, 1966, p. 348.

三 墨洛温王室在敬拜仪式中的权力表演

在法兰克王国境内，就国王、主教、民众三者的关系而言，民众忠诚于管理其所属教区的主教，主教忠诚于有权干涉圣职选任的国王，由此在理论上看似会形成一个民众忠诚于国王的"代换链条"，但实际上这层关系并不一定存在。法兰克王国的最高统治者的确是墨洛温君王，但其获得的爱戴和忠诚似乎远不及能够切身关照百姓日常生活的地方主教。对于法兰克民众而言，国王是一个遥远的存在，王权又是一个模糊的概念，因而他们对主教权威的迎合未必等同于对国王统治权力的认同。因此，为了实现统治逻辑中的"代换链条"，墨洛温王室毫不犹豫地把主教视为忠诚传导的主要媒介，并在其主持的公共崇拜中彰显自身的统治力量。当王室面临内部斗争与外部竞争时，这种权力表演尤为明显。

6世纪初，克洛维的洗礼仪式就已带有某种权力表演的迹象。维埃纳主教阿维图斯在致克洛维的信函中写道："在基督出生的日子（道成肉身），您将灵魂献给基督，把生命赋予今人，让名声荫蔽后代；圣诞节前夕的到来最终让我确信您会接受基督教的洗礼，我已想象到众主教共同参与洗礼仪式的盛大场景。……或者，我也许应该宣扬您的怜悯之情，一个最近还处于囚禁状态的族群，一旦被您解放，其喜悦会传遍四海，其泪水会上达天听。"[①]

从信件的字里行间中不难看出，克洛维一方面遵循高卢教会的传统，把洗礼仪式安排在圣诞节，同时又在受洗之前致信高卢的主教们，希望后者能够见证法兰克国王皈依上帝的虔诚行为。而在勃艮第王国享有盛誉的阿维图斯似乎也受到了国王的邀请，只是由于他对克洛维的宗教政策尚存戒心而没有亲自前往参加。尽管如此，还是有不少高卢主教参加了这位"谦卑"的法兰克国王的洗礼仪式。

---

① Avitus of Vienne, *Avitus of Vienne, Letters and Selected Prose*, ed. and trans. by Danuta Shanzer and Ian Wood, Liverpool: Liverpool University Press, 2002, pp. 369 – 373.

按照格雷戈里的说法，在克洛维受洗之后，已有许多生活在高卢的人热诚地盼望法兰克人的统治，其中就包括当时尚处于西哥特王国管控的罗德兹主教昆提亚努斯（Quintien de Rodez）。① 也许正因如此，克洛维才有了攻打西哥特人的"正当理由"，即夺取阿里乌派占据的高卢土地，解放在那里身陷囹圄的天主教徒。由此来看，克洛维率领法兰克人集体皈依正统基督教的政治影响可见一斑。及至克洛维诸子诸孙统治时期，随着教务会议设定的敬拜仪式渐趋成为法兰克人民日常生活的核心要素，墨洛温王室在其中的权力表演形式也呈现出多样化特征。关于这一问题，我们可以从以下三个方面进行具体分析。

其一，国王对教会年历的司法干预。前文有言，在没有特殊情况下，法兰克高卢境内的神职人员、世俗贵族、普通大众都要在基督教的"盛大节日"以及主日来到教堂参加相应的公共崇拜活动，其监管权属于各大教区的主教。533 年奥尔良教务会议结束后不久，希尔德贝尔特一世在《训令》中规定："不论是在守夜之时，还是在复活节、圣诞节和其他节日期间，抑或是在主日，朕绝对不允许酗酒、歌舞（异教）等亵渎上帝的行为发生。任何胆敢在神职人员警告和该训令公布后犯下渎圣罪的人，是奴隶的要受 100 鞭刑，是自由的或出身高贵的则……（可能遭受经济处罚）。"② 在 538 年奥尔良教务会议上，参会的高卢主教曾对希尔德贝尔特一世的意志加以反抗，在他们看来，监督人民参加主日活动的职责只属于主教，与世俗人士无关。③

---

① ［法兰克］格雷戈里：《法兰克人史》，第 97 页。
② 该《训令》的传世文献并不完整，其缺失部分包括正文中用"……"代替的内容。不过，通过比对其他君主敕令的相关内容，这部分缺失的内容应该是对自由人的经济处罚。参见 "Childeberti I. Regis Praeceptum", No. 2, in Alfred Boretius, ed., *Capitularia Regnum Francorum*, Tomus I, pp. 2 – 3; Bruno Dumézil, "Le dimanche chômé à l'époque romano-barbare", in Philippe Desmette et Philippe Martin, dir., *Orare aut laborare? Fêtes de précepte et jours chômés du Moyen Âge au XIXe siècle*, Villeneuve d'Ascq: Presses Universitaires du Septentrion, 2017, pp. 37 – 38.
③ Jean Gaudemet et Brigitte Basdevant, éd., *Les canons des conciles mérovingiens (VIe – VIIe siècles)*, pp. 254 – 257.

直到半个世纪之后的第二次马孔教务会议（585 年），围绕监管权的争端才以"职权划分"的合作方式告一段落。参与此次会议的主教们一致认为，任何一个在主日提起诉讼的人都会输掉官司；如果自由农或奴隶在主日从事劳碌工作，那么他们将会受到鞭刑。① "诉讼失败"和"肉体刑罚"的惩处措施显然是基于王权的世俗力量。国王贡特拉姆在会后颁布的敕令中有言："根据（马孔教务会议的）这条法令和集体决断，每一个主日，也就我们庆祝神圣的复活神迹的日子，或所有其他节日，按照仪式，全体人民都要以虔诚的热情聚集在一起崇敬教会传递的神谕，除了准备饭食之外，任何人都不能从事体力劳动，特别是当发生争执的时候，尤其不准进行审判活动。"② 595—596 年，希尔德贝尔特二世也发布了类似的敕令："关于主日，我们决定，除了烹饪和饮食外，如果一个自由人试图从事劳碌的工作，撒利安法兰克人支付 15 索尔第的罚金，罗马人支付 7.5 索尔第的罚金；奴隶支付 3 索尔第或接受鞭刑。"③

从有关教会节日的国王敕令中不难看出，经过长期反复斗争与磋商，国王与主教团最终在该问题上明确了各自的职分：各教区主教负责通过敬拜仪式与自身言行匡正民众德行；君主则利用世俗权力惩办违逆教规的亵渎者。如此一来，墨洛温诸王便能在主日、复活节、圣诞节以及其他基督教节日中彰显君王的惩治权力，并在地方管理中以执法者的身份，让主教与民众在日常生活中感知王权的存在。

其二，王室在敬拜仪式中获取政治声望。公共崇拜中的司法参与只是为王室的政治教化奠立了一个根基，但若要使王权获得更深

---

① Jean Gaudemet et Brigitte Basdevant, éd., *Les canons des conciles mérovingiens* (*VIᵉ - VIIᵉ siècles*), pp. 458–459.

② "Guntchramni regis edictum", No. 5, in Alfred Boretius, ed., *Capitularia Regnum Francorum*, Toums. I, p. 12.

③ Theodore John Rivers, ed. and trans. *Laws of the Salian and Ripuarian Franks*, New York: AMS Press, 1986, p. 147.

层次的认同，还必须增加王室的亲和力，还必须从王室成员的行为方式中发掘吸引民众的个人魅力。正是在这一思想的驱动下，6 世纪中后期，墨洛温王室开始效仿主教，通过对教会纪律的揣摩与遵循，把敬拜仪式作为获取声望、收拾民心、稳固统治的重要手段之一。例如，墨洛温王后拉德贡德（Radegonde，520—587 年）在改宗上帝后，更换服装，在普瓦捷为自己造了一所修道院，并以祈祷、斋戒、行善、守夜等美德，赢得了光辉的声望，以致各族人民均将其视为一个伟大的人物。① 又如，在复活节那天，当国王西吉贝尔特站在教堂里面，教堂的副主祭捧着《福音书》向前行走的时候，一个信使来到国王面前，两者就像如出一口似的说道，"为你生下了一个儿子"。于是全体人民对这个由两方面传来的好消息呼应道，"光荣归于全能的上帝"。这个孩子，即希尔德贝尔特二世，在圣灵降临节那天领了洗，并且在神圣的圣诞节那天登上王位。② 再如，为了获取巴黎民众的支持，希尔佩里克一世在复活节期间命人捧着好几位圣徒的遗物与其一同进入该城，然后兴高采烈地举行复活节的庆祝活动。③

另外，在法兰克时代，诸如地震、火灾、洪水、干旱等自然灾害往往意味着上帝对所有人的惩罚，特别是对亵渎者与暴君的惩罚，这对墨洛温王室来讲是极为不利的。因此，在灾难来临之时，国王会扮演主教的角色祈求上帝垂怜，证明自身统治能力以及行为的无咎，其中比较典型的例证当数国王贡特拉姆在防控瘟疫时的表现。据《法兰克人史》记载，贡特拉姆非常仁慈，喜好斋戒和守夜。当他得知蹂躏马赛的疫病已经传播到里昂附近时，"他命令人人都集合在大教堂里，以最大的虔诚举行连祷，除了大麦做的面包和纯净的水以外，不能吃其他的东西作为营养，大家必须守夜，持之以恒"，

---

① ［法兰克］格雷戈里：《法兰克人史》，第 117 页。
② ［法兰克］格雷戈里：《法兰克人史》，第 406 页。
③ ［法兰克］格雷戈里：《法兰克人史》，第 319 页。

一连三天他施舍的财物大大超过往常的数量。"他对全体人民是如此地关切，以致他可以被看作不仅是他们的国王，而且是上帝的一名主教。"① 尽管王室成员在敬拜仪式中展现的虔诚行为带有明显的作秀成分，但是这些活动在当时产生的政治效果却是值得肯定的。

其三，法兰克臣民应为国王与王国祈福。监管节日庆典与组织敬拜仪式分别从不同方面满足了墨洛温王室笼络地方民心的需求，要想使王权真正成为一种人心所向的神圣力量，还必须进一步促成民众意识的重建，从而使国王的生命、王国的安危和民众的命运捆绑在一起。正因如此，高卢敬拜仪式中开始出现为国王祈福的环节。约584年，为调和奥斯特拉西亚王国和纽斯特里亚王国之间的矛盾，国王贡特拉姆率军进驻巴黎，"但是由于他不相信那些他业已来到他们中间的人民，他身边布满了武装卫士"。于是，在一次主日弥撒上，当副主祭要求众人保持肃静后，国王转身向会众发表演说：

在场的男男女女，我请求你们对我保持始终不渝的忠诚，不要像最近杀死我的两个弟弟那样地杀害我。愿能至少容我三年时间，好让我把已收为继子的侄子们抚养成人，以免万一——愿永生的上帝禁止这种事情——我死之后，你们由于我们王朝没有剩下强有力的人来保护你们而与这些孩子同归于尽。他说过这些话，所有的人一齐向上帝祷告，为国王祈福。②

颇具巧合的是，最早可能出现于6—7世纪的包含巴黎在内的塞纳河谷地区的《法兰克祈祷书》（*Missale Francorum*），收录了一份与上述演说相近的祈祷文，其内容大致是说，人们祈求上帝赐予国王胜利，让他有能力粉碎敌人，保护自己，捍卫王国，以便让法兰

---

① ［法兰克］格雷戈里：《法兰克人史》，第478—479页。
② ［法兰克］格雷戈里：《法兰克人史》，第358—359页。

克人过上和平的生活。①

进入7世纪后,在墨洛温王室不遗余力的努力下,"为国王和王国祈福"的仪式已在法兰克境内广泛流传,它不仅与王室对教会的捐赠相联系,同时也成为主教应当履行的新增义务。国王达戈贝尔一世任命德西德里乌斯(Didier de Cahors,约630—655年在任)为卡奥尔主教后,要求他为自己和所有教会成员祈福。由于对王国的和平与福祉满怀忧虑,努瓦永主教埃里吉乌斯(Egilius de Noyon,约641—660年在任)日日夜夜地为教堂的安宁和君王们之间的和睦祈祷。《马库尔夫范本文书集》(*Formulae Marculfi*)收录的有关主教任命的国王信函中也提到,愿参加祝圣仪式的主教毫无迟疑地执行国王的决定,以便他们能够与新任主教一同为王国的稳定祈福。②

及至王后巴提尔德(Bathilde,630—680年)辅政时期,这类祝福得到了进一步发展。③ 她曾让居住在圣彼得教堂、圣马丁教堂和日尔曼努斯教堂的修士们按照一种神圣的规则生活。为了让他们心甘情愿地接受这种生活,她还下令给予他们优待和豁免权,以便更好地鼓励他们为国王与和平祈求上帝的仁慈。原始内容可能源自与巴提尔德关系密切的谢勒隐修院或茹阿尔隐修院的《格拉休斯圣礼书》(*Sacramentarium Gelasianum*)也收录了为国王祈福的礼文:"哦,上帝,所有王国和最伟大的罗马帝国的保护者,让您的仆人们——我

---

① "Missale Francorum", in L. C. Mohlberg, L. Eizenhöfer et P. Siffrin, eds., *Rerum Ecclesiasticarum Documenta*, Series maior 2, Rome: Casa Editrice Herder, 1957, pp. 20 – 21; Yitzhak Hen, "《Flirtant》 avec la liturgie. Rois et liturgie en Gaule franque", p. 40.

② "Vita Desiderii Cadurcae urbis episcopi", in Bruno Krusch, ed., *Passiones vitaeque sanctorum aevi Merovingici*, MGH., SRM, Tomus IV, Hannover: Hahn, 1902, c. 13, p. 572; "Vita Eligii", in Bruno Krusch, ed., *Passiones vitaeque sanctorum aevi Merovingici*, MGH., SRM, Tomus IV, c. 8, p. 701; Theodore John Rivers, ed. and trans., *Laws of the Salian and Ripuarian Franks*, pp. 56, 67, 197; Alice Rio, ed. and trans., *The Formularies of Angers and Marculf: Two Merovingian Legal Handbooks*, Liverpool: Liverpool University Press, 2008, p. 139.

③ 巴提尔德,纽斯特里亚和勃艮第国王克洛维二世之妻。

们的国王们——巧妙地颂扬您的美德的胜利，以便让这些听从您的号令的君王在他们的职责中永葆强大。"①

墨洛温王室试图通过为国王与王国的祈福仪式传递出这样一个信号，混乱和战争终会过去，墨洛温国王会在人民的祈祷和上帝的护佑下战胜一切敌人，并最终为法兰克王国带来和平。换言之，这类祈祷仪式反映出墨洛温王室期望在整个法兰克境内建立起一种"君民协力卫和平"的政治共识。

从以上三个层面来看，克洛维率领法兰克人集体皈依正统基督教后，正统信仰附带的政治效应渐次在法兰克高卢境内蔓延开来。也正是从这时候起，墨洛温王室开始走上"虔诚"之路。在此过程中，克洛维的后继者似乎已经注意到，战乱频仍和领土易主对于政治秩序的破坏性极强，每次战乱结束或新主上台都要面临秩序重构的问题，而在教务会议决议中上升至法律层面的崇拜仪式恰好可以作为这种重构的起点。事实上，从某种层面上来说，墨洛温王室参与的公共崇拜乃是一种"外圣内王"的权力表演，其核心要义在于宗教仪式与世俗权力之间的关联与媾和，它既可以向高卢主教团展现当权者对正统信仰的青睐，又能够在法兰克人民的日常生活与精神世界中植入"君权神佑"的政治意识，从而在四海民众的共同祈福中构建统一的政治文化认同。② 按照英国学者保罗·佛拉克里的说

---

① "Sacramentarium Gelasianum", in L. C. Mohlberg, L. Eizenhöfer et P. Siffrin, eds., *Rerum Ecclesiasticarum Documenta*, Series maior 4, III, Rome: Casa Editrice Herder, 1960, pp. 217 – 218. 有关法兰克王室祈福礼文的分析，还可参见 Mary Garrison, "The Missa pro principe in the Bobbio Missal", in Yitzhak Hen and Rob Meens, eds., *The Bobbio Missal: Liturgy and Religious Culture in Merovingian Gaul*, Cambridge: Cambridge University Press, 2004, pp. 187 – 203; Michael McCormick, *Eternal Victory: Triumphal Rulership in Late Antiquity, Byzantium and the Early Medieval West*, Cambridge: Cambridge University Press, 1986, pp. 335 – 347.

② 李隆国认为："《法兰克王家年代记》采纳严格的基督教纪年年代，并以复活节和圣诞节两大宗教节日作为每年叙事的起始文句，从而创造了一种神圣的文体形式。在此框架之内，作者通过记载加洛林君王所做的符合基督教政治道德的事件，（转下页）

法，这种拥有共同习惯、想法、习俗和信仰的文化现象才是早期中古国家规模的决定因素。①

四 本章小结

在对墨洛温高卢教务会议法令进行分类梳理后，不难发现，法兰克教俗精英不但对墨洛温王朝地方社区面临的各种问题与困境有过思考，而且还将"人事"、"制度"与"日常生活"整合进一个颇具内在逻辑的行动方案中。在法兰克王国地方行政体系尚未成熟的情况下，德才兼备且严于律己的神职人员主动承担起教化一方百姓的重任；制度化的教会节庆可以有效统一信徒的生活步调；包含救济活动的敬拜仪式能够在一定程度上满足底层会众的基本生活需求。因此，当面临由极端环境造成的生存压力时，几乎只能触及宗教教育的普通民众当然不会违抗利用社会公共财富垂顾他们的教会，因为在后者组织的公共活动中，他们可以获取生活所需，感受生命存在。于是，一种以教区主教为运转核心、以教会律法为行为准则、以敬拜仪式为救赎条件的地方日常管理机制应运而生。在此过程中，基于高卢主教团与法兰克君王的团结协作，这种机制夹杂着各式各样的王权表演，体现了法兰克早期国家政教二元共治的日常基调，进而在一定程度上保证了法兰克人民对墨洛温王室的感知与认同。

然而，需要特别注意的是，尽管墨洛温时代的礼拜仪式已经具备地方管理制度的属性，但其支配性和持续性需要法兰克人民的参与和顺服，如果缺少这个由占人口绝大多数的普通民众构成的亚文

（接上页）刻画了理想化的加洛林基督教君王形象。因此，一种外圣内王式的基督教编年史于是形成。"笔者认为，墨洛温王室组织参加的公共崇拜同样体现了李氏所论"外圣内王"的核心含义。参见李隆国《外圣内王与中古早期编年史的叙述复兴》，《史学史研究》2019年第3期。

① Paul Fouracre, "Space, Culture and Kingdoms in Early Medieval Europe", in Peter Linehan and Janet I. Nelson, eds., The Medieval World, London: Routledge, 2001, p. 369.

化系统，整个管理体系就会成为一个彻头彻尾的空壳。因此，这一体系得以运转的另一关键因素在于，普通民众为何会甘愿听从教会的安排。对于这一问题，似乎可以借鉴卡尔·马克思在《不列颠在印度的统治》一文中揭示的"驭民之术"："我们不应该忘记那些不开化的人的利己主义，他们把全部注意力集中在一块小得可怜的土地上，静静地看着一个个帝国的崩溃、各种难以形容的残暴行为和大城市居民的被屠杀，就像观看自然现象那样无动于衷；至于他们自己，只要哪个侵略者肯于垂顾他们一下，他们就成为这个侵略者的驯顺的猎获物。"① 实际上，尽管高卢教会并非不列颠那样的侵略者，但两者控制民众的手段却有些许类似之处。基督教是一个非常讲究入世的宗教，教会不仅在精神层面强调信徒个人的灵魂救赎，而且在物质层面关注会众的现实生活。频繁的节庆仪式中往往夹杂着各类社会救济活动。由教会财产支出的衣物、食品、住所甚至是地产也确实能够满足底层民众的基本生活需求。倘若放弃参加教会组织的公共生活，就等于选择成为孤立无援的社会边缘人。

---

① 《马克思恩格斯选集》第一卷，人民出版社 2012 年版，第 854、853 页。"居民对各个王国的崩溃和分裂毫不关心；只要他们的村社完整无损，他们并不在乎村社转归哪一个政权管辖，或者改由哪一个君主统治，反正他们内部的经济生活始终没有改变。"

第 五 章

法兰克王国救济事业的创立
——中古早期高卢传统奴隶制的式微

就整个人类历史而言，不论是社会形态，还是经济制度，抑或是生产方式，一旦出现新旧更迭的现象，其过程一定会成为一个兼具历史性与学术性的话题。在高卢社会由罗马时期转入法兰克时代（481—987年）之后，奴隶制并未随西罗马帝国的崩溃而立即消亡。实际上，在墨洛温王朝（481—751年）统治初期，罗马高卢解体后遗留下来的众多奴隶依旧在田地里辛勤劳作，法兰克高卢与其他环地中海政治体之间的奴隶贸易仍然没有断绝，自由人委身为奴的案例仍旧屡见不鲜。罗马教宗格雷戈里书信集、蛮族法典以及圣徒传记等历史文献皆可为奴隶制在法兰克境内的长期存在提供充分的史料支撑。[1]

然而，需要注意的是，在罗马元素与日耳曼元素相互碰撞和融合的过程中，由于社会财富不断流失、城镇化程度逐渐降低、商品贸易趋向平静，罗马时期的高卢奴隶制集约化生产模式开始让位于充斥着日耳曼式人身奴役特征的个体小生产模式。更为重要的是，随着法兰克共同体基督教化的不断深入，教会旨在调整奴隶制生产关系的某些法令和举措也在客观上加速了中古早期高卢奴隶制的瓦

---

[1] Hartmut Hoffmann, "Kirche und Sklaverei im frühen Mittelalter", *Deutsches Archiv für Erforschung des Mittelalters*, Bd. 42, 1986, S. 1 – 24; Kyle Happer, *Slavery in the Late Roman World (AD 275 – 425)*, Cambridge: Cambridge University Press, 2011, pp. 449 – 504.

解。在此过程中，对以奴隶为代表的弱势群体的拯救与扶持，逐渐成为法兰克王国社会救济事业的开端。正因如此，本章试图通过阐明学术界有关中古早期高卢奴隶制的研究及其局限，利用6—9世纪法兰克教会法及其他相关材料，从法兰克教务会议的角度去考察基督教元素与高卢奴隶制之间的关系，以期论证法兰克教会在高卢奴隶制衰败过程中扮演的重要角色。对于上述问题的解答，不仅有助于我们厘清古代中世纪西欧奴隶制的发展趋向，而且还有助于我们探究法兰克王国救助事业的创立方式。

一 中世纪早期高卢奴隶制研究及其局限

19世纪以来，学术界一直尝试在长时段的视野下对错综复杂的古代中世纪西欧奴隶制兴衰问题做出"合乎情理"的解释。1896年，德国著名学者马克斯·韦伯（Max Weber）提出"征服论"的经典命题：虽然罗马征服缔造了奴隶制的繁荣，但是，征服的终结却是古代文明的转折点。帝国军事扩张的停滞加速了奴隶供给的萎缩，从而导致劳动力价格的上涨；在此背景下，罗马奴隶开始拥有组建家庭和占有土地的权利，而这些奴隶制内部的显著变化最终却成为其走向没落的关键因素。[1] 大致在同一时期，意大利学者埃托雷·西科迪（Ettore Ciccotti）在其所著的《古代世界奴隶制的没落》一书中，以马克思主义经济学中的亚细亚生产方式为理论基础，在批评保罗·阿拉尔（Paul Allard）等人的"宗教伦理决定论"[2] 的同时，明确表示，高昂的奴隶价格和低效的奴隶劳动等经济因素的变

---

[1] Max Weber, "Die sozialen Gründe des Untergangs der antiken Kultur", in Marianne Weber, ed., *Gesammelte Aufsätze zur Sozial-und Wirtschaftsgeschichte*, Tübingen: J. C. B. Mohr, 1924, S. 289 – 311; Max Weber, *The Agrarian Sociology of Ancient Civilizations*, trans. by R. I. Frank, London: Verso, 2013, pp. 387 – 441.

[2] "宗教伦理决定论"认为，基督教、斯多噶主义以及其他各种宗教伦理制度均引致了古代奴隶制度的灭亡。参见 Paul Allard, *Les esclaves chrétiens, depuis les premiers temps de l'église jusqu'à la fin de la domination romaine en Occident*, Paris: Victor Lecoffre, 1914.

革才是奴隶制危机和阶级斗争的根本原因。①

进入20世纪后，开启奴隶制衰落问题研究新局面的当数法国著名历史学家马克·布洛赫（Marc Bloch）。在他看来，就奴隶制衰落过程而言，宗教和军事这两种因素所起的作用较为有限，其真正的主导者当属社会经济因素。奴隶制存在监督管理困难的固有缺陷，它仅适用于粗放生产，只有在繁荣的商品经济和良好的市场机遇中，才是有利可图的。随着9世纪晚期商品经济的进一步衰落，主人将奴隶释放，授予其小块土地或茅屋，奴隶制随之衰落。② 他的论述"提供了大量信息，形成新的假说，而且还开辟出许多研究方向"。③ 此后，夏尔·威灵顿（Charles Verlinden）在该问题上的研究虽说没有突破性进展，但其著作是根据大量的历史资料编撰而成，具有很高的史学参考价值。④

及至20世纪70年代，随着新经济史研究理论与方法的发展，学者们开始着重考察中古早期高卢奴隶制的来龙去脉。以乔治·杜比和皮埃尔·波纳西（Pierre Bonnassie）为代表的"封建革命"论者认为，罗马帝国灭亡后，奴隶制并未在法兰克国家境内消失，而是一直持续到公元1000年左右；奴隶制衰落的原因主要在于农业生产的发展和人口的增长。⑤ 与此同时，西方马克思主义学派也开始对其此前的研究成果进行补充与完善。夏尔·帕兰（Charles Parain）指出，由于

---

① Ettore Ciccotti, *Il tramonto della schiavitù nel mondo antico*, Torino: F. Bocca, 1899, p. 305.

② Marc Bloch, "Comment et pourquoi finit l'esclavage antique", *Annales. Économies, sociétés, civilisations*, 2ᵉ Année, No. 1, 1947, pp. 30 – 44.

③ Pierre Bonnassie, *From Slavery to Feudalism in South-Western Europe*, Cambridge: Cambridge University Press, 1991, p. 1.

④ Charles Verlinden, *L'esclavage dans l'Europe médiévale*, Vol. 1, *Péninsule ibérique, France*, Bruges: De Tempel, 1955.

⑤ Gorges Duby, *La société aux XIᵉ et XIIᵉ siècle dans la région maconnaise*, Paris: Armand Colin, p. 147; Pierre Bonnassie, "Survie et extinction du régime esclavagiste dans l'Occident du haut moyen âge (IVᵉ – XIᵉ s.)", *Cahiers de Civilisation Médiévale*, 28ᵉ Année, No. 112, 1985, pp. 307 – 343.

生产技术（特别是农业技术）的改进节省了大量人力劳动，奴隶制在农业生产过程中就显得越来越没有必要，长此以往，奴隶生产方式便同罗马帝国一道寿终正寝。[1] 皮埃尔·多凯斯（Pierre Dockès）则在近代美国南方奴隶制经济研究的影响下，激烈地批判了帕兰的上述观点。他认为，帕兰忽视了在技术革命之后的社会革命中奴隶争取自由的斗争；而且，奴隶制的衰亡并不是其生产力不足的结果，而是3—5世纪罗马帝国内部巴高达（Bagaudae）起义的产物。[2]

纵观西方学术界有关奴隶制衰落问题的研究，其焦点不外乎时间与缘由。就前者而言，各派学者的观点大相径庭；至于后者，各家之言却是大同小异，几乎均未跨出社会生产力主导社会或经济制度变化的社会经济史解读范畴。而且，值得注意的是，自布洛赫之后，随着奴隶制研究的日渐发展，西方学者们普遍开始拒绝承认宗教因素对奴隶制衰败的影响。例如，在杜比看来，基督教并没有谴责奴隶制的存在，它在后者的消亡过程中并未起到多大的作用；罗伯特·福西耶（Robert Fossier）更是多次表示，教会在奴隶制的缓慢瓦解中没有扮演任何角色；让—皮埃尔·德夫罗伊（Jean-Pierre Devroey）认为，基督教会只是对奴隶许诺了彼岸之平等，然后便以罪孽与原罪来劝导奴隶服从世俗世界对他们的压迫。[3]

毋庸讳言，社会生产力的发展是奴隶制瓦解的根源所在，但是，

---

[1] Charles Parain, "Le développement des forces productives en Gaule du Nord et les débuts de la féodalité", *Recherches internationales à la lumière de marxisme*, No. 37, 1963, pp. 26 – 27; Charles Parain, "Le développement des forces productives dans l'ouest du Bas-Empire", *La Pensée*, No. 196, 1977, pp. 28 – 42.

[2] Pierre Dockès, *La libération médiévale*, Paris: Flammarion, 1979, pp. 189 – 196; Pierre Dockès et J.-M. Servet, *Sauvages et ensauvagés: Révoltes bagaudes et ensauvagement*, Lyon: Presses Universitaires de Lyon, 1980, pp. 147 – 263.

[3] Georges Duby, *Guerriers et paysans (VIIe – XIIe siècle): premier essor de l'économie européenne*, Paris: Gallimard, 1973, p. 42; Robert Fossier, *La société médiévale*, Paris: Armand Colin, 2006, p. 70; Jean-Pierre Devrovey, *Puissants et misérables: Système social et monde paysan dans l'Europe des Francs (VIe – IXe siècles)*, Bruxelles: Académie royale de Belgique, 2006, pp. 307 – 308.

倘若对基督教会在其中扮演的角色及其作用视若无睹，那么对中古早期高卢奴隶制走向和归宿的理解就难免会出现认知性偏差，甚至是史实性错误。在法兰克教会营造的强大基督教文化氛围中，高卢社会生活的每一个部分几乎都被或多或少地打上了宗教烙印，而身处其中的奴隶制也自然而然地会与教会及其宣扬的正统教义产生难以割舍的联系。正因如此，自20世纪80年代起，一些西方学者开始重新审视基督教元素对中古早期高卢奴隶制衰败的影响。奥黛特·蓬塔尔认为，随着墨洛温高卢教务会议的不断推进，教会一直在尝试着改善奴隶的生存条件，只是这项工作需要循序渐进，因为在此过程中，教会还需要兼顾奴隶主的利益。① 雷吉纳·勒让提到，法兰克高卢的基督教化引发了大规模的奴隶解放，并改善了基督徒奴隶的生存状况，他们不再被人们视为牲畜。② 爱丽丝·里奥（Alice Rio）则认为，中世纪教会之所以对奴隶制进行调整，其根本原因在于它担心奴隶制与基督徒的拯救或生活难以相融；它在处理奴隶问题时似乎始终没有拿出什么与众不同的议程，这让人们很难将其视为中世纪早期社会变革的推动者。③

综上所述，就近些年来的研究取向而言，学者们对法兰克教会改善奴隶生存境遇的探讨已经呈现出较为明显的精细化与深入化特征，相比之下，对教会这一举动的宏观审视则略显不足。具体来说，蓬塔尔和里奥等人既没有全面阐述提高奴隶待遇与奴隶制衰落之间的具体联系，也没有充分关注法兰克教会在法兰克早期国家构建"新奴役秩序"时所起的引导性作用。既然高卢奴隶制与法兰克教会存在千丝万缕的联系，那么法兰克教务会议所颁教会法自然成为本章解读两者关系的主要依据。不过，由于高卢奴隶制的瓦解绝非一

---

① Odette Pontal, *Histoire des conciles mérovingiens*, pp. 280–281.
② Régine Le Jan, *La société du Haut Moyen Âge (VIe – IXe siècle)*, Paris: Armand Colin, 2006, p. 134.
③ Alice Rio, *Slavery After Rome (500–1100)*, Oxford: Oxford University Press, 2017, pp. 216–217.

蹴而就，单纯的教会法显然无法完全满足长时段考究的需要，只有将它和当时的范本文书集、君主敕令、编年史、世俗法典以及圣徒传记等多种史料贯穿起来进行比对性分析，才有可能更为准确地把握中古早期高卢奴隶制的历史沉浮，继而在西欧历史变革的关键时期近距离观察法兰克早期国家对弱势群体的救助模式。

二 基督教社会伦理与"奴隶人性"的形象表述

古典时代，罗马奴隶制的繁荣不仅与其社会经济的发展密不可分，而且与古典地中海世界秉持的伦理道德和社会信仰休戚相关。古希腊哲学家、思想家亚里士多德（Aristotle，公元前384—公元前322年）极力宣扬的"宇宙等级"论，把奴隶制的出现说成是一种自然规律的产物，并将奴隶视为维持城邦正常运转的必不可少的"有生命的工具"。[1] 在该古希腊典范式信仰的导向效应下，罗马世俗法典通常把奴隶定义为主人的财产，完全剥夺了其灵魂、精神及人格，并以传统与法律为依托，营建出一种奴隶"属物非人"的社会伦理。[2]

尽管奴隶制早在古希腊时期就饱受诟病，但直至早期基督教"信众平等思想"和斯多噶学派"自然平等观"出现时，它才真正在社会伦理方面受到严峻挑战。在《加拉太书》（Épître aux Galates）中，使徒保罗有言："并不分犹太人、希腊人、自主的、为奴的，或男或女，因为你们在基督耶稣里，都成为一了。"[3] 斯多噶主义的代表人物塞内卡（Sénèque，约公元前4—公元65年）也强调，从生物学意义上讲，所有人，不论出身，不讲种族，不涉财富及社会地位，

---

[1] Keith Bradley and Paul Cartledge, eds., *The Cambridge World History of Slavery*, Vol. I, *The Ancient Mediterranean World*, Cambridge: Cambridge University Press, 2011, pp. 41–42.

[2] Keith Bradley and Paul Cartledge, eds., *The Cambridge World History of Slavery*, Vol. I, pp. 415–419.

[3] 《加拉太书》第3章第28节，详见中国基督教两会《圣经》（中英对照），第333页。

均受同一种自然法的支配，皆具有自然赋予的理性。因此，从伦理意义上来说，人们应将奴隶视为精神平等的伙伴和朋友。① 尽管这种新型伦理观念尚不足以动摇"奴隶属物"的律法根基，但却有效地促使罗马当局颁布些许保护奴隶生命安全的法令，从而为中世纪教会所倡导的"奴隶人性"论奠定感情基调。

对于一向以正统自居的法兰克教会而言，它对使徒的言行与思想自然是耳濡目染，融会贯通，对有助于教会发展的古希腊哲学也会取其精华，化为己用。而且，随着克洛维改宗后法兰克王国基督教化的渐趋深入，上至君王贵胄下至平民百姓，几乎无一例外地在教会营造的信仰氛围中接受着基督教伦理道德的洗礼。正是基于这样的契合性，早期基督教及斯多噶学派有关奴隶的社会伦理观才能在高卢基督教社会的土壤中茁壮成长。在此过程中，借由教务会议的立法活动，法兰克教会又将上述两种思想融为一体，并把这一晦涩难懂的抽象概念转化为简单明了的形象表述，以此在迥然有别的社会群体中建立起共同的宗教平等观念。关于这一问题，我们可以从以下三个方面进行具体分析。

其一，天主教节日庆典。法兰克人建政之初，鉴于高卢绝大多数族群的文化水平普遍不高，法兰克教会通常将正统基督教的神学思想、道德规范和生存法则融入本派的宗教庆典与节日仪式中，用以配合相对较为烦琐的书面解释。在"奴隶人性"问题上，法兰克教会同样采取了这种表达形式，其意在强调，在法兰克王国，奴隶同样是高卢基督教人民的重要组成部分，他们既可以同自由民众一起享有天主教节日赋予的一些社会权利，也必须履行相应的宗教义务。例如，基督升天节行斋戒。511 年奥尔良教务会议所颁教会法第 27 条有言："在主升天节的前三天，为了让民众更为完整地聚在一

---

① Sénèque, "Qu'il faut traiter humainement ses esclaves", in J. Baillard, éd. et trad., *Œuvres complètes de Sénèque le philosophe*, Tome II, Paris: Librairie de L. Hachette et Cie, 1861, pp. 102 – 105.

起，不论男奴还是女奴，都应被免除所有工作。在这三天中，所有人都要行斋戒并用四旬斋（Carême）的食物。"又如，复活节向上帝奉献。585 年马孔教务会议在复活节问题上特意强调："我们所有人都应按照盛大节日的形式来庆祝复活节，凭借一颗热忱之心，千方百计地尊崇它：在此至圣的 6 天时间里，所有人皆不得从事劳碌的工作，而是应当聚集一处，吟诵复活节的赞美诗，一丝不苟地奉行日常供献，并在夜晚、早晨和中午赞颂我们的造物主。"[1] 依据以上条文，从事体力劳动的奴隶可以进入乡村教堂和贫穷的自由人一同向上帝祷告，他们之间的交流也由此变得日益频繁。9 世纪时，随着高卢乡村基督教化的进一步发展，这种现象已经变得极为普遍，并进一步促进了奴隶和穷苦自由人之间的联系与融合。

其二，天主教信徒互助。作为具有普世性质的宗教组织，法兰克教会在利用信仰力量将不同社会等级的成员连在一起的同时，也十分注重信徒之间的友爱互助，以此培养他们共同的归属感与认同感。既然奴隶同自由人一样拥有基督教会赋予的权利和义务，那么两者在信仰纽带中生成互助关系也就自然在情理之中。例如，538 年奥尔良教会法第 14 条规定，倘若犹太人奴隶主出尔反尔，处罚其之前已经宽恕的基督徒奴隶，那么当后者再次前往教堂寻求庇护时，主教不应将其交给他的犹太主人。又如，541 年奥尔良教务会议规定，任何一名具有购买能力的基督徒都可以通过支付赔偿金的方式从犹太人奴隶主手中解救基督徒奴隶。再如，626—627 年克里希教务会议规定，遭受犹太人奴隶主虐待的基督徒奴隶归国库所有。[2] 此外，647—653 年沙隆教会法第 9 条也规定，禁止任何人把基督徒奴隶卖到克洛维二世（Clovis II，639—657 年在位）治下王国的边境或边

---

[1] Jean Gaudemet et Brigitte Basdevant, éd., *Les canons des conciles mérovingiens (VIe – VIIe siècles)*, pp. 86 – 87, 458 – 461.

[2] Jean Gaudemet et Brigitte Basdevant, éd., *Les canons des conciles mérovingiens (VIe – VIIe siècles)*, pp. 242 – 245, 282 – 283, 536 – 537.

界之外，因为这样很可能令他们陷入囚禁的枷锁，甚至沦为犹太人的奴仆。① 可见，法兰克教规中对基督徒奴隶的这份关爱与帮助，既是法兰克高卢每一位基督徒义不容辞的社会责任，也意味着这些奴隶是法兰克高卢基督教社会当中不可或缺且不容异教徒随意侵犯的一分子。

其三，天主教神职任命。如果说信众之间的互动与互助可以证明奴隶的人性，那么，准允奴隶承担天主教圣职则更能体现上帝"并不偏待人"的使徒训诫。② 罗马帝国时期，奴隶出身不会成为任何人担任神职人员的障碍，只是按照《使徒教谕》和《使徒律令》的规定，获得教会圣职的奴隶需要提前获得主人给予的自由。罗马教宗利奥一世、格拉修斯以及4—6世纪的数次教务会议皆秉承了此项教规。不过，这种规定在法兰克时代并非不可动摇，因为它不止一次地被拥有特殊社会权威的主教所打破。例如，511年奥尔良教会法第8条有言，如果主教在奴隶主不在场或不知情的情况下任命其奴隶为执事或神父，且他知道这名奴隶尚处于奴隶身份，那么只要主教给予其主人双倍补偿，这名奴隶便可继续担任教会的神职人员。再如，549年10月28日的奥尔良教务会议上，与会者在第6条教规中宣称，虽然奴隶主有权让已获得教职的奴隶返回家中继续为他服务，但其必须像对待教士那样对待这名已接受神圣仪式的奴隶。③ 此后，虽然一些教规中还会提到"先释放，再授任"的原则，但在现实操作中，它却时常被忽视。因此，加洛林时期的神职人员中也就总会存在一些尚未获得主人解放的奴隶。④

---

① Jean Gaudemet et Brigitte Basdevant, éd., *Les canons des conciles mérovingiens* (*VIe – VIIe siècles*), pp. 554 – 555.
② 《以弗所书》第6章第9节，参见中国基督教两会《圣经》（中英对照），第345页。
③ Jean Gaudemet et Brigitte Basdevant, éd., *Les canons des conciles mérovingiens* (*VIe – VIIe siècles*), pp. 76 – 79, 304 – 305.
④ Julia Barrow, *The Clergy in the Medieval World: Secular Clerics, Their Families and Careers in North-Western Europe* (*c. 800 – c. 1200*), Cambridge: Cambridge University Press, p. 337.

从以上所述可以看出，不论是天主教节日庆典仪式，还是有关限制奴隶贸易的规定，抑或是天主教神职人员的构成，它们均能将颇为复杂的"奴隶人性"概念转化为较为完整且通俗易懂的形象表述，并最终让后者在教会法的支撑下成为法兰克民众的普遍共识。正如813年沙隆教务会议参会者所言，虽然从贵族到奴隶存在诸多不同地位的人，但是，所有人都团结在一个共同的家庭中，因为他们都在祈祷中向同一个上帝呼喊"父亲"。① 然而，需要注意的是，在法兰克高卢教务会议所颁教规中，涉及奴隶问题的表述显然没有仅局限于宗教层面的"人性"与"平等"。在接连不断的社会危机中，法兰克主教团还在一系列教务会议中对奴隶的生存境遇做出多种多样的改善。

三 基督教圣域庇护与"奴隶境遇"的外在改善

早在罗马共和时代，一种世俗意义上的庇护体系就已在社会生活中广泛存在。这一体系通常由"保护者"（patron）与"被保护者"（client）构成：前者应当给予后者政治庇护、经济支持或社会救济；后者则需对前者保持忠诚，并提供力所能及的服务。罗马帝国初期，由于这种庇护体系与日益拓展的元首权力之间存在难以调和的正面冲突，在罗马君主法令的严格控制下，该体系一度淡出人们的视野。② 可是，随着帝国全面危机阶段的到来，身逢乱世的民众不得不为了生存而再次寻求强有力的庇护者。然而，在当时持续不断的政治动荡中，依靠自顾不暇的世俗统治阶层谋求生存的愿望愈发难以实现，于是，越来越多的弱势群体将期盼的目光转向势力日渐强大

---

① Albert Wermighoff, ed., *Concilia Aevi Karolini*, Vol. I, pp. 283 – 284.
② 关于这一问题，参见林中泽《试论古代中世纪西方圣徒崇拜的社会功能》，《世界历史》2012年第6期；Jean Gaudemet, *L'Église dans l'empire romain (IVe – Ve siècle)*, Paris: Sirey, 1958, p. 319; Jean-Marie Mayeur et al., éd., *Histoire du christianisme des origines à nos jours*, Tome II, *Naissance d'une Chrétienté (250 – 430)*, Paris: Desclée, 1995, p. 694.

且宣扬仁爱平等的基督教会，其中就包括身处社会边缘且历尽灾祸的奴隶。正是在这样一个历史交叉点上，高卢教会针对奴隶的庇护举措应运而生。及至中古早期，法兰克高卢教务会议又在庇护的基础上接连颁布了多项旨在改善奴隶生存境遇的教规。

事实上，法兰克教会通过立法活动拓展自身对奴隶的庇护范围的行为并不难以理解：一方面，罗马帝国晚期以来的高卢社会危机并未因法兰克族群的建邦立业而宣告结束，特别在进入6世纪后，由于灾难性的气候变迁、难以治愈的流行疾病和漫无休止的兵连祸结，高卢的耕地面积、农作物产量及人口数量继续呈现下降趋势，在此恶性循环中，土地荒废和劳动力短缺的现象愈发严重，这便在理论上有了提高奴隶劳动者待遇的可能性。[①] 另一方面，在经历动荡时代的磨砺与考验后，法兰克教会凭借其深厚的文化底蕴、敏锐的政治嗅觉和娴熟的治国技艺，不仅较为完美地融入法兰克早期国家权力架构中，而且逐渐承担起越来越多的社会责任。因此，在这种情形下召开的诸多法兰克高卢教务会议也就不可能仅在精神层面削弱罗马传统奴隶制的意识形态。在对分散在法兰克教会法中的有关奴隶的条文进行细致的分类梳理后，不难看出，参会者在处理奴隶问题时一直本着刚柔相济的原则，既能以教会绝罚保障奴隶的人身

[①] 通过对地中海世界的考古研究与文献解读，史学家们几乎一致认为，公元2世纪之后，罗马高卢境内的人口数量便已开始呈现下降的趋势。及至法兰克时期，特别是在6世纪，因不规则的降雨量而带来的农作物大量减产使劳动人口急剧萎缩。除了饥荒，内战也是困扰6世纪高卢的"幽灵"，军事行动时常伴随着屠杀和农作物等生活资源的大规模破坏。另外，肺结核病毒也是高卢人口减少的一大原因。按照图尔主教格雷戈里的记述，兰斯曾爆发肺结核疫情，后来它又向高卢西部和北部扩散。若埃尔·博隆迪奥（Joël Blondiaux）在研究4—13世纪的15个高卢墓地遗址时发现，有很多遗体都存在结核病态反应性关节炎，而且，随着墓室主人所处时代的向后推移，这种症状所占的比例逐渐升高。实际上，直到8世纪末，高卢地区的人口总数才出现复苏的迹象。关于从古典晚期到中世纪早期高卢人口数量的变化趋势的推论，可参见 Georges Depeyrot, *Richesse et société chez les Mérovingiens et Carolingiens*, Paris: Éditions Errance, 1994, p. 8; Jean-Pierre Devroey, *Économie rurale et société dans l'Europe franque (VIe–IXe siècles)*, Tome I, *Fondements matériels, échanges et lien social*, Paris: Édition Belin, 2003, pp. 44–47.

安全，又能在尊重奴隶主利益的基础上赋予奴隶一定的家庭生活权利。关于这一问题，我们可以从以下三个方面进行具体分析。

其一，限制奴隶主对奴隶的肆意虐杀。罗马帝国晚期，奴隶逃往教堂寻求庇护是一种司空见惯且有法可依的社会现象。432年，罗马皇帝狄奥多西二世和瓦伦提尼安三世（Valentinien III，425—455年在位）共同发布法令，承认教会有权在教堂中为手无寸铁的奴隶提供庇护；441年在高卢奥朗日召开的教务会议也明确表示，出于对基督教神圣领域的敬畏，教会必须保护躲进教堂的避难者。[1] 墨洛温王朝时期，为了更为有效地保障避难奴隶的人身安全，法兰克高卢教务会议巧妙地将其和教会"绝罚"捆绑在一起。例如，违背宽恕誓言的奴隶主无权参与圣餐礼。511年奥尔良教会法第3条规定："对于因某些错误在教堂中避难的奴隶，如果他从主人那里得到有关宽恕这一错误的誓言，他一定要回去为主人服务。但是，当他的错误在主人的誓言中得到赦免后，他被证实还是因为这一被赦免的错误而受到责罚，他的主人将会因蔑视教会和违反诺言而被教会团体视为'外人'，而且不能和天主教徒共同参加圣餐礼。"[2] 又如，私自对奴隶实施处决的奴隶主将被革出教门。517年埃帕奥讷教会法第34条规定："倘若一个奴隶主在没有法官证明的情况下杀死了他的奴隶，那么他将被革出教门两年。"[3]

对于奴隶而言，教务会议的上述决定所产生的后续意义是非同寻常的，它给奴隶在世俗法典中获得相应的人身保护提供了潜在意

---

[1] Karl Joseph von Hefele, *Histoire des conciles d'après les documents originaux*, éd. et trad. par Dom Henri Leclercq, Tome II, Partie I, Paris: Librairie Letouzey et Ané, 1908, p. 438; Jean Gaudemet, *L'Église dans l'empire romain* (IVe – Ve siècle), p. 286.

[2] Jean Gaudemet et Brigitte Basdevant, éd., *Les canons des conciles mérovingiens* (VIe – VIIe siècles), pp. 74 – 75. 在549年召开的奥尔良教务会议上，主教们再次以禁止参加圣餐礼的惩处措施要求奴隶主遵守赦免奴隶的誓言。参见 Jean Gaudemet et Brigitte Basdevant, éd., *Les canons des conciles mérovingiens* (VIe – VIIe siècles), pp. 316 – 319.

[3] Jean Gaudemet et Brigitte Basdevant, éd., *Les canons des conciles mérovingiens* (VIe – VIIe siècles), pp. 118 – 119.

义上的可能性。614 年巴黎教务会议结束后，克洛塔尔二世在其所颁国王敕令的第 14 条中明确规定，犯罪的奴隶需要接受公共法庭的审判。① 804—813 年间，查理曼在发给在外巡查的钦差的一份敕令中提到："如果处于同一个奴隶主治下的奴隶之间发生偷盗，那么他们的主人可自行为其主持公道；但是，如果一个外人控告一个奴隶主的奴隶犯有偷盗罪，那么皇室钦差有权（在此案件中）伸张正义。"② 可见，在教务会议立法活动的影响下，法兰克君主条令中确实出现了与上述教规类似的条文，只不过这些规定的依仗对象由教会"绝罚"变为了国家公共权力。

其二，承认奴隶婚姻生活的合法权益。基督教的婚姻教义主要建立在《创世纪》、《福音书》和《保罗书信》等《圣经》文本的基础上。因此，教会法所规定的婚姻权通常被视为一种不可侵犯且不容置疑的神圣权利。如果说罗马世俗婚姻法与教会婚姻法在古典晚期的高卢大地上并驾齐驱，那么法兰克教会通过教务会议颁布的婚姻法则已在诸多方面呈现出超越世俗法规界限的趋势，其中，引发僧俗两界持续性斗争的便是奴隶的婚姻问题。在此期间，法兰克教会一直在为奴隶之间的合法结合而努力。③ 墨洛温王朝时期，尽管教会法把奴隶婚姻合法性的最终决定权交给了奴隶主，但是，在现实生活中，法兰克神职人员还是会依靠教会权威说服奴隶主同意其奴隶保持婚姻关系。④ 法兰克权贵劳辛（Rauching）的一对恋爱的奴

---

① "Chlotharii II. Edictum", No. 9, in Alfred Boretius, ed., *Capitularia Regnum Francorum*, Tomus I, p. 22.

② "Capitula Missorum", No. 83, in Alfred Boretius, ed., *Capitularia Regnum Francorum*, Tomus I, p. 181.

③ Jean Gaudemet, *Le mariage en Occident: les mœurs et le droit*, Paris: Cerf, 1987, pp. 113 – 114.

④ 541 年奥尔良教务会议规定，神职人员不应为那些以婚姻为借口向教会寻求庇护的奴隶辩护，他们应当试着让这对奴隶情侣主动分开，然后再说服他们的主人宽恕他们。在那之后，主人可以自行决定是否同意他们结婚。Jean Gaudemet et Brigitte Basdevant, éd., *Les canons des conciles mérovingiens (VIe – VIIe siècles)*, pp. 278 – 281.

隶就曾向当地的教堂寻求庇护，当时接纳他们的神父对其主人劳辛说道："教堂应当享有什么样的崇敬，你是知道的。要是你不答应让他们保持婚姻关系，还有，要是你不同意他们免于惩罚，就不能容许你把他们领回去。"① 进入加洛林时代后，法兰克高卢教务会议开始出台明确承认奴隶婚姻的教规。例如，756 年韦尔贝里（Verberie）教务会议规定，男性奴隶可以娶其主人手下与其地位相同的女性奴隶为妻。② 又如，813 年沙隆教务会议上，根据《马太福音》中"神配合的，人不可分"的使徒训诫，与会的主教们确立了"不能以出售一个奴隶的形式让一对奴隶夫妇分开"的法规。③ 另外，从法兰克时期的其他历史文本中也可看出，男性奴隶与女性自由人之间的结合早已广泛存在；而且，经过男性奴隶主和女性自由人家属协商后，前者通常会为这对夫妻提供一份带有"以上帝之名，为我的罪可得赦免"字样的文书，而皇室钦差可根据这一文书，保证这对夫妻所生子女进入自由人的行列。④ 可见，奴隶的婚姻权到了加洛林时期已经得到了教会法与世俗法的双重认同。

其三，给予奴隶拥有财产的个人权利。皮埃尔·波纳西认为，

---

① ［法兰克］格雷戈里：《法兰克人史》，第 214 页。

② Karl Joseph von Hefele, *Histoire des conciles d'après les documents originaux*, éd. et trad. par Dom Henri Leclercq, Tome III, Partie II, Paris：Librairie Letouzey et Ané, 1910, pp. 918 – 919. 韦尔贝里位于高卢北部地区，今为法国瓦兹省（Oise）的一个市镇。

③ 《马太福音》第 19 章第 6 节，中国基督教两会：《圣经》（中英对照），第 36 页. Karl Joseph von Hefele, *Histoire des conciles d'après les documents originaux*, Tome III, Partie II, p. 1144.

④ 按照《撒利克法典》和《里普阿尔法典》的规定，"身份混合婚姻"将让女性和其所生的孩子失去自由。但是，法兰克范本文书集中却为我们提供了另一番景象：主人不仅可以承认他的仆人与一名自由女性的婚姻，而且还能放弃对这名女性或这对夫妇未来子女的任何要求。参见 Theodore John Rivers, ed. and trans., *Laws of the Salian and Ripuarian Franks*, pp. 56, 67, 197; Alice Rio, ed. and trans., *The Formularies of Angers and Marculf：Two Merovingian Legal Handbooks*, pp. 212 – 213; Alice Rio, *Legal Practice and the Written Word in the Early Middle Ages, Frankish Formulae（c. 500 – 1000）*, Cambridge：Cambridge University Press, 2009, pp. 216 – 223; "Responsa misso cuidam data", No. 58, in Alfred Boretius, ed., *Capitularia Regnum Francorum*, Tomus I, pp. 145 – 146.

6—8 世纪的西欧奴隶与其古代"同行"之间几乎并不存在什么差异,"他们是一种去社会化的存在(un être désocialisé),其生产与繁殖完全处在其他人的控制之下"。① 的确,倘若中世纪早期西欧奴隶制如波纳西所言依旧处于罗马传统奴隶制的模式下,那么不配拥有私有财产的奴隶自然也就不具备支配个人财产的权利。然而,高卢当时的社会景象显然与波纳西的理论存在不小的差异。

551 年奥兹教务会议有言,本着仁慈与正义之精神,教会的奴隶应当比私人的奴隶承担更轻松的工作,因此,通过感恩上帝,他们今后可以享用自己的一部分劳动成果。② 按照此条教规的说法,蓬塔尔认为,奴隶可以将其所获财产传给他们的子孙后代。③ 尽管这一观点没有得到其他墨洛温高卢教会法的有力支撑,但是,该时期出现的多部范本文书集却可为此观点提供足够的证明,其中最为典型的当数《马库尔夫范本文书集》第 2 卷第 36 例范文:

> 我 A,以上帝之名,致我们忠诚的 B。鉴于你从未停止把自己奉献给我们的这份忠诚与服务,我们决定从今天起将位于我们庄园 D 内的一块名为 C 的份地及其中的每一样附属物品都赐予你。……你和你的后代在有生之年有对这块份地做任何决定的自由权力。④

另外,大约出现于 9 世纪的两份范本文书均显示,大主教能够把"份地"(mansus)或"城市地产"授予其教会治下的奴隶,而

---

① Pierre Bonnassie, "Survie et extinction du régime esclavagiste dans l'Occident du haut moyen âge (IVe – XIe s.)", p. 320.
② Jean Gaudemet et Brigitte Basdevant, éd., *Les canons des conciles mérovingiens* (VIe – VIIe siècles), pp. 334 – 335.
③ Odette Pontal, *Histoire des conciles mérovingiens*, p. 280.
④ Alice Rio, ed. and trans., *The Formularies of Angers and Marculf: Two Merovingian Legal Handbooks*, p. 217.

受益奴隶又可将这两种类型的财产传给他的继承人；此后，即使受益奴隶及其继承人没有尽职尽责地为教会服务，教会也无权收回这部分财产。①

从以上文献的具体内容不难看出，虽说法兰克高卢教务会议没有单独就奴隶制问题制定明确的教规，但是，散落在不同时间点的与奴隶生活状况相关的规定却对传统奴隶制的运行模式进行着悄无声息且循序渐进的改造。在法兰克主教团的缜密设计下，高卢奴隶群体，特别是教会治下的奴隶，既有机会在犯错时获得教会权威的庇护，又可以在一定范围内享受婚姻生活，还能在一定程度上自由支配属于自己的份地与劳动果实。而且，由于教务会议立法成果在法兰克民众内部的认可度与日俱增，其旨在改善奴隶境遇的教规也逐渐演变为法兰克君臣处理奴隶及其衍生问题的操作指南。然而，奴隶生存状况的提高并不能从本质上缓解奴隶主与奴隶之间根深蒂固的阶级矛盾，为此，法兰克主教团以在教规中融入基督教"灵魂得救"思想的方式，鼓励奴隶主的释奴行为。随着这种奴隶解放形式的不断发展，高卢统治阶级与被统治阶级逐渐形成了新的"奴役关系"。

四 基督教灵魂得救与"奴役关系"的内在调整

对于基督教会而言，既然奴隶是拥有灵魂的人，那么把他们从奴役的枷锁中解放出来也不失为一种有效的拯救方式，因此，它很早便与"奴隶解放"结下了不解之缘，其释放奴隶的行为也逐渐引起了罗马当局的重视与认可。君士坦丁一世成为西部帝国皇帝后，在颁布的"奴隶解放"法令中规定，教堂内经主教见证的"奴隶解放"仪式与其他传统的释奴方式具有相同的法律效力，被释放者应

---

① "Ad Formulas Senonenses Recentiores", in Karl Zeumer, ed., *Formulae Merowingici et Karolini Aevi. Accedunt ordines iudiciorum dei*, MGH., Legum Sectio V, Hannover: Hahn, 1886, pp. 723 – 724.

该享有罗马的自由。① 441 年，高卢主教团在奥朗日教务会议上再次强调奴隶在教堂内获得自由的合法性，并以教规的形式将其固定下来。② 此后，该条教规在高卢教会内部代代相传。

及至墨洛温王朝时期，法兰克主教团在传抄此项规定的同时，又在合法性的基础上为其增添了一层"灵魂得救"的神圣外衣。但是，"奴隶解放"与"灵魂得救"之间的紧密联系只不过是法兰克教务会议力图为世人呈现的一种表象而已。从本质上讲，这种在教会引导下进行的"奴隶解放"正以一种平和的方式在奴隶主、奴隶与教会这三者之间培育一种新的共识。教会对高卢奴隶制内部关系的这一调整既符合其构建基督教和谐社会的崇高理想，又在一定程度上解构了传统奴隶制的基本架构。关于这一问题，我们可以从以下三个方面进行具体分析。

首先，正如马克·布洛赫所言："毫无疑问，基督教将解放奴隶视为一种虔诚的行为；中古前期的释奴运动显然与人们对救赎的渴望休戚相关。"③ 众所周知，希腊罗马的异教徒对于人类命运通常采取悲观主义的看法。而自基督教创立以后，《新约》中展现出来的乐观主义人生态度开始取代古典时代的悲观主义。到了法兰克时代，法兰克高卢教务会议倡导的"善功"（œuvres de piété）又让人们更加相信：尽管奴隶因其"罪"而受到奴役，但他们有机会在本派信徒的帮助下摆脱奴役的枷锁；而那些释放他们的人也会因此实现灵魂的救赎。与此同时，法兰克圣徒们也在用自身的实际行动感染着期盼得到"上帝恩典"的高卢基督子民。于是，对奴隶的释放逐渐

---

① Claudia Rapp, *Holy Bishops in Late Antiquity: The Nature of Christian Leadership in an Age of Transition*, Berkeley: University of California Press, 2005, pp. 239 – 242.

② Karl Joseph von Hefele, *Histoire des conciles d'après les documents originaux*, Tome II, Partie I, p. 439.

③ Marc Bloch, "The Rise of Dependent Cultivation and Seigniorial Institutions", in M. M. Postan, ed., *The Cambridge Economic History of Europe*, Vol. I, Cambridge: Cambridge University Press, 1966, p. 248.

成为高卢社会生活中必不可少的重要组成部分。

例如，549年奥尔良教务会议第7条明确指出，教堂内释奴早已成为一种饱含虔诚的王国惯例。[①] 据此，法兰克范本文书集中也出现了涉及"善功"的释奴言辞，其中最为典型的当数《昂热范本文书集》（*Formulae Andecavenses*）中的第20例范文所示：

> 我，A，以上帝之名，致我最关爱的B。你要明白，出于对上帝的敬畏，为了我灵魂的救赎和获得永恒的回报。我命令，你从今以后成为自由人，如同由自由的父母所生；你还要明白，你对我的任何直接或间接继承人都不承担任何负担和义务，而是在圣C教堂的庇护下，完完全全地自由生活。[②]

希波主教奥古斯丁曾在布道中提到，在教堂内进行的释奴仪式上，主人牵着奴隶的手进入教堂，先是宣读他的书面声明，然后再许下口头承诺。因此，结合549年奥尔良教务会议提到的"王国惯例"来看，这段6世纪末出现的文字应当属于教堂释奴仪式上宣读的文书内容。而正是在该内容的巧妙铺陈下，这种释奴仪式的神圣色彩尽显无疑：奴隶主与身为其精神伙伴的奴隶携手共入基督教的神圣领域（教堂），以赋予后者自由的形式顺利达成基督教弘扬的善行义举，并在上帝代理人的见证下实现灵魂得救。

再如，647—653年间，国王克洛维二世在沙隆召开教务会议，与会的法兰克主教们进一步确认奴隶解放行为的虔诚性："基督教徒将灵魂从囚禁的枷锁中解放出来完全是出于一种仁慈和虔诚的意愿。"[③]

---

① Jean Gaudemet et Brigitte Basdevant, éd., *Les canons des conciles mérovingiens* (*VIe – VIIe siècles*), pp. 304 – 305.

② Alice Rio, ed. and trans., *The Formularies of Angers and Marculf: Two Merovingian Legal Handbooks*, p. 65.

③ Jean Gaudemet et Brigitte Basdevant, éd., *Les canons des conciles mérovingiens* (*VIe – VIIe siècles*), pp. 554 – 555.

此后，克洛维二世的王后巴提尔德在该规条的指引下开始投身于法兰克高卢奴隶解放事业：她禁止基督徒成为俘虏，并在纽斯特里亚王国内的每一个地区发布任何人都不应当在王国内部转运基督徒俘虏的训诫；她还亲自下令赎回许多战俘，然后将他们释放，让他们成为自由人；对于和她同属一个种族的奴隶，她会将其托付给自己建立的修道院，要求他们为自己祈祷。[1]

可见，在通过释奴来获得拯救的事业上，不论是普通大众，还是像巴提尔德这种在僧俗两界均颇具权势与威望的大人物，他们都毫不掩饰其积累善功和渴望救赎的个人诉求。而正是在这类虔诚行为的影响下，一方面，奴隶的数量在一定的时空范围内有所减少：基督教的受洗仪式、教会的神职授予仪式、基督徒所立遗嘱往往都伴随着部分奴隶的解放，其释放人数有时甚至多达100；[2] 另一方面，奴隶的来源范围逐渐缩小：虔诚者路易时期，由于法兰克对外战争由攻势转为守势，异教战俘的数量急剧下降，加之法兰克境内奉行解放基督徒战俘的政策，通过军事战争获得奴隶的渠道严重受阻。

其次，法兰克教会在一定程度上缓解了奴隶主与奴隶之间剑拔弩张的对立关系，从而维持高卢基督教社会的和谐与稳定。从意识形态上讲，在基督教会发展的最初几个世纪里，不论是基督使徒，还是早期教父，他们几乎皆从奴隶的角度出发，要求他们诚心诚意地服侍奴隶主。[3] 不过，在中世纪早期的法兰克高卢，由于教会在社

---

[1] "Vita Sanctae Balthildis", in Bruno Krusch, ed., *Fredegarii et aliorum chronica*, MGH., SRM, Tomus II, Hannover: Hahn, 1888, pp. 493 – 494; Jean Heuclin, *Hommes de Dieu et fonctionnaires du roi en Gaule du Nord du Ve au IXe siècle*, p. 159; Laurent Feller, *Église et société en Occident du début du VIIe siècle au milieu XIe siècle*, Paris: Armand Colin, 2009, p. 93.

[2] 被奉为圣徒的兰斯主教雷米吉乌斯在其遗嘱中释放了大约100名奴隶。参见 Michel Rouche, *Clovis*, Paris: Pluriel, 2013, pp. 499 – 504.

[3] 《以弗所书》第6章第5—9节，详见中国基督教两会《圣经》（中英对照），第345页。

会管理体系中的话语权日渐提高,这种以劝导奴隶服从为主的调解方式发生本质变化,教会的领导者们开始把说教的重心放在奴隶主身上,指引他们主动通过一种相对平和的手段调整自身与其奴隶之间的关系;而且,教会通常会以教规的形式告诫奴隶主,这种新的关系一旦生成便不容更改。例如,549 年奥尔良教规第 7 条规定:"把在教堂中摆脱奴役枷锁视为无效乃是一种亵渎行径。"又如,626—627 年克里希教会法第 19 条规定,如果某人想要或已经让一个被释放的人再次沦为奴隶,且经主教的训斥后,他依旧拒绝改正自己的错误,那么他将被开除教籍。① 虽然这类禁令的数量不多,但其定位是明确的,意在强调由教会介入而建立的新型社会联系是神圣不可侵犯的。

教会稳定社会秩序的另一种重要形式,是禁止任何人以强制手段奴役自由人。567—570 年里昂教会法第 3 条有言,对于试图或已经通过不正当手段让部分自由人沦为奴隶的人而言,倘若他们没有按照我们国王的训诫来改正自己的错误,他们将被剥夺参与教会圣餐礼的权利,直到他们让被其奴役的自由人重新回到曾经的安宁生活为止。② 9 世纪上半期,由一名担任虔诚者路易书吏的修士撰写的《皇室文书集》(*Formulae Imperiales*)中也出现了与上述禁令相关的文书案例:

> ……朕希望,无论现在还是将来,忠于朕的人都能明白,现有名为 A 城(或庄园)的土地上的几人,在朕面前控诉说,他们的自由被 B 伯爵剥夺,而朕觉得此事属实,有必要派出朕的忠诚使者,C 和 D,前往调查并向朕汇报。朕命令他们恢复

---

① Jean Gaudemet et Brigitte Basdevant, éd., *Les canons des conciles mérovingiens* (*VIᵉ – VIIᵉ siècles*), pp. 304 – 305, 538 – 541.

② Jean Gaudemet et Brigitte Basdevant, éd., *Les canons des conciles mérovingiens* (*VIᵉ – VIIᵉ siècles*), pp. 404 – 405.

上述人等的自由，并解除他们的奴役之轭。朕特此发布这一命令给他们，令上述人等及其邻居或后代，若同样陷入不法奴役的压迫中，则经朕的命令，从今以后保持自由身份，忠于朕的任何人此后均不得危害他们的自由，且要归还他们的财物和自由，使他们脱离不法侵害和不公对待。特此命令。①

可见，在法兰克教会法与受其影响的皇室文书的共同作用下，奴隶主和奴隶之间因"奴隶解放"而建立起来的新的社会联系获得了有效保障，自由人与奴隶之间因奴隶主强权压迫而生成的单向转换关系也得到了有效限制。随着时间的推移、奴隶解放人数增加以及强制为奴人数的减少，奴隶主与奴隶之间由来已久的阶级对立暂时被淹没在浓厚且平和的基督教氛围之下，在此过程中，教会、原奴隶主与原奴隶均取得了属于自己的新的特定位置和职分，一种全新的关系纽带应运而生。

最后，法兰克教会在一定程度上改变了法兰克高卢社会财富的分配方式，并推动了封建生产方式的进一步发展。从墨洛温王朝开始，一方面，由于法兰克诸王长期奉行"土地政治"，包括部分王室领地在内的高卢大部分土地及其附属资源日益落入地方世俗权贵与法兰克教会手中，法兰克王国内部形成了遍布各地的私人地产与教会地产；另一方面，随着基督教"善功"理论的传播与实践，世俗人士经常在其临终之前将大量的私人财富及获释奴隶捐赠给教会。于是，大量土地与劳动力常常向着法兰克教会这样一个公共机构汇集。由于教士独身制度与基督教守贫教义的双重制约，教会的神职人员只能是教会财富的管理者，而不能是这种财富的所有者，这就意味着教会财产在很大程度上是一切信徒的共有财富。在这里，很

---

① "Formulae Imperiales", in Karl Zeumer, ed., *Formulae Merowingici et Karolini Aevi. Accedunt ordines iudiciorum dei*, p. 291. 关于此段文字的中文翻译，参见李云飞《法兰克王国范本文书中奴隶、农奴解读》，《经济社会史评论》2016 年第 4 期。

多奴隶在得到释放的同时，都可以从这部分公共资源中获取一份足以养家糊口的份地。从这一意义上讲，教会倡导的"奴隶解放"实际上扩大了社会公共资源的受益面。

然而，需要特别注意的是，"奴隶解放"作为一根经济杠杆，其带来的社会财富的整合与分配只是法兰克早期国家新型"奴役关系"形成的前期准备。事实上，尽管获得自由的奴隶有机会从教会那里获得一块份地的所有权，但他们必须向教会履行相应的义务。例如，541年奥尔良教会法第9条规定，主教释放的教会奴隶拥有自由，但他们还是要为教会服务。又如，556—573年巴黎教会法第9条明确表示，如果获得主人释放的奴隶处于教会的保护下，那么他们需要向教会缴纳租金。再如，567年图尔教务会议结束后，与会主教在写给高卢基督教民众的一份信中要求他们向教会缴纳什一税，而耕种教会土地的释奴及奴隶自然属于纳税者中的一分子。到了585年马孔教务会议，参会的主教们正式把"基督徒有义务缴纳什一税"的规定写入教会法，并且明确表示，如果有人反对这个有益于穷人与战俘、有助于实现自我拯救的规定，那么他将被永远开除教籍。[①] 上述教规的实施得到了圣马丁修道院保存的大约出现于700年左右的土地契据的印证。尽管圣马丁修道院将契据中的土地给予了释奴或奴隶，但他们都要向圣马丁修道院缴纳大量的土地收益。[②]

从以上三个递进式层面来看，法兰克教会指引的奴隶解放运动虽说并不具备变革目的，但它却以基督教灵魂得救的神学思想让奴隶主和奴隶进入了一种新的社会联合：奴隶主因追求善功而将私人地产与获得解放的奴隶一起献给教会；教会又以让渡部分生产资料、提供人身保护的方式继续奴役那些获得解放的奴隶；奴隶则因其足

[①] Jean Gaudemet et Brigitte Basdevant, éd., *Les canons des conciles mérovingiens* (*VIe – VIIe siècles*), pp. 270 – 271, 422 – 423, 394 – 397, 462 – 463.

[②] Pierre Gasnault, "Documents comptables du VIIe siècle, provenant de Saint-Martin de Tours", *Francia*, No. 2, 1974, pp. 1 – 18; Walter Goffart, *Rome's Fall and After*, London: The Hambledon Press, 1989, pp. 241 – 246.

以维持生计的需求（名义上的自由与实际上的收益）获得了满足而愿意继续处于受奴役的地位。因此，不论是释放奴隶，还是庇护奴隶，其目的均不是为了让奴隶获得独立的地位，而是将基于法律强制层面的从属关系转变为建立在信仰、感激和相互信任基础上的依附关系。这种依附关系看似削弱了主奴关联，实则增加了两者的互动关系，并在两者之间建立起更为牢固的社会联系。按照这样的社会经济运转逻辑，封建生产方式的根本特点，即人身依附关系和个体小生产，已在6世纪中后期的法兰克教会地产上初现端倪。

五 本章小结

在自由与奴役针锋相对的罗马世界，奴隶几乎完全处于其主人意志的管控与支配之下。他们既无法得到司法公正，也不配享有家庭婚姻、财产继承等自由人的基本权利，更不能单方面摆脱无条件接受压迫的凄惨命运。虽然查士丁尼一世在修订《罗马民法大全》时关注到奴隶的解放问题和释奴的公民权问题，但并没有更为深入地解决奴隶制问题，奴隶仍然属于受压迫的最底层。[1] 用美国著名历史社会学家奥兰多·帕特森（Orlando Patterson）的话来讲，这种毫无法律权利或根本得不到法律保护的窘境等同于一种"社会意义上的死亡"（social death）。[2] 而这也正是人们意识当中古典时代的动产奴隶的"经典模样"。

然而，上述情况在法兰克时代出现了实质性的变化。在对法兰克高卢教务会议所颁教会法进行重新梳理后可以看出，在奴隶和奴隶制问题上，法兰克教会虽然在奴隶贸易、奴隶劳作以及主仆关系等方面存在根深蒂固的保守性，但我们并不能由此否定其在加速传统奴隶制衰落方面的重要作用。总体看来，在法兰克教会的关怀与

---

[1] 关于拜占庭帝国在奴隶制问题上的态度变化，参见徐家玲《拜占庭文明》，人民出版社2006年版，第417页。

[2] Orlando Patterson, *Slavery and Social Death*, Cambridge: Harvard University Press, 1982, pp. 182–186.

庇护下，奴隶逐渐以"人"的身份融入高卢基督教大家庭，并在一定程度上享受到了"家庭成员"应有的财产、婚姻、继承等基本权利。与此同时，他们的人身安全也得到教会的保护，其人身解放更成为本派信徒获得灵魂拯救的途径。最重要的是，作为高卢社会财富的调节枢纽，法兰克教会让所有"家庭成员"共同分享公共资源，尽管这种分享的内部存在极大的份额差异，但是，它毕竟以一种相对稳妥的方式，在一定的时空范围内，让统治阶级与被统治阶级达成一种足以保证社会秩序的新关系。而这种新关系在教会地产上的具体表现形式，确实与人们普遍认识的西欧封建生产方式如出一辙。因此，可以说，法兰克教会在高卢奴隶制瓦解的过程中扮演着颇为重要的角色。当然，传统奴隶制的土崩瓦解并不意味着奴隶制在西方社会的消失，因为"奴隶社会"与"有奴隶的社会"存在本质上的差别。

虽然说法兰克教会与高卢奴隶制衰败的关系已大致明确，但对如何看待教务会议与法兰克社会变革之间的关系似乎还有进一步讨论的余地和价值。从理论上讲，人们在研究这一问题时，如果总是以现代人类的价值标准去衡量中世纪教务会议所立社会政策，那么教务会议的绝大多数做法恐怕都会被打上"腐朽落后"的标签。毋庸讳言，这种评判标准对教务会议来讲并不恰当。事实上，倘若去除教务会议身上的宗教迷雾与神圣光环，它在当时完全可以算作一个由代表不同城市的社会精英共同组成的联合会议。这种会议的部分成果不仅成为法兰克世俗政权采用和效仿的指引性纲领，而且在某种程度上确实加速法兰克早期国家的前进步伐。

终　章

法兰克共同体的形态演变

  在高卢社会由古典晚期转向中古早期的过程中，高卢主教团在511—696年于法兰克境内召开的数十次教务会议是兼具时代性与变革性的历史事件，它们在法兰克早期国家建设方面的贡献与意义远远超出单纯的宗教范畴。可以毫不夸张地说，自511年奥尔良教务会议开始，高卢的教会领袖们便已知晓他们正在面临一个与以往截然不同的政治现实。他们的立法活动既是对法兰克共同体的承认与适应，同时也是对王国统治模式与运转机制的适当调整，并由此满足君王的政治利益、维护教会的良好秩序、保证人民的救赎事业，最终实现王国的长治久安。可以说，在教务会议视域下，有了"共同决议"这一基线，法兰克早期国家建设之路势必是教俗精英相互包容、彼此妥协、共同选择的产物，而绝非任何一方独自左右的结果。

  客观而论，如何界定"法兰克早期国家"，当然不能完全只依靠"现代国家"的概念得出最终结论。但是，当人们走进墨洛温高卢教务会议文书，跟随一条条法令回到6、7世纪的法兰克社会，在彼时政治文化传统与现代知识结构体系发生碰撞与交融之际，"现代国家"具备的若干基本要素却可以在视角上为人们观察法兰克共同体的形态演变提供或多或少的助力。[①] 正因如此，站在时人立场，带着

---

  ① 作为当代西方马克思主义学派最为杰出的代表人物之一，英国学者克里斯·威克姆在考察后罗马时代的欧洲和地中海地区的政治经济变革时，通过区域（转下页）

新的眼光，有限度地拆除教俗之间的固化疆界，把教务会议视为法兰克教俗精英共建秩序的核心制度之一，从"国土空间"、"行政体系"、"央地关系"、"居民成分"等层面总结教务会议对法兰克共同体的形塑结果，应该可以恰如其分地展现法兰克早期国家图景中的一个面向。

首先，作为城市代表的联合机构，墨洛温高卢教务会议的创新之处并不在于承认法兰克君主对某一城市的合法占有权，而在于为法兰克共同体提供一个内部相对统一的、以城市为基本行政单元的国土空间。从公元3世纪开始，在与罗马人接触过程中，法兰克人的活动范围逐渐由莱茵河下游沿岸地区向罗马高卢内部拓展。358年初，时任罗马帝国凯撒的尤里安在击败法兰克部落联盟后，与其中的撒利安人达成"通厄伦合约"（Paix de Tongres），托克萨德里（Toxandrie）随即成为撒利安法兰克人在罗马境内的合法定居地。公元5世纪时，在克洛吉奥（Clodion）和希尔德里克一世等部落首脑的领导下，基本告别游牧生活的撒利安法兰克人几乎控制了整个第二比利时行省。[①] 在此之后，通过对法兰克部落群的聚合重组，羽

（接上页）比较的方法把古典晚期至中世纪早期整个地中海范围内的政治体划分为三种类型：一是强国家，即罗马帝国、属于罗马帝国范畴的拜占庭帝国、阿拉伯帝国，它们将税收制度和领取薪酬的军队作为支撑政治权力的一种独立资源；二是弱国家，即法兰克高卢、伦巴德意大利以及西哥特西班牙等在原罗马帝国境内建立起来的主要罗马—日耳曼王国，尽管它们的军队以其成员对土地的占有为基础，但是它们从罗马世界继承而来的强烈的公共权力意识却可以成为其政治合法性的焦点；三是尚处于前国家制度下的北部世界，例如英格兰、威尔士、爱尔兰、丹麦，即使英格兰和爱尔兰的国王可以通过发布法律指南的形式来说明社会如何实现自我管理，但在很长的一段时间里，王室的中心地位更具特别性与私人性。另外，威克姆在这里所讲的"强"和"弱"指的是某政体实体与"State"一词内含的切合程度。Chris Wickham, *Framing the Early Middle Ages: Europe and the Mediterranean, 400–800*, p. 56.

[①] 通厄伦，现为比利时林堡省（Province de Limbourg）的一个城市。托克萨德里，罗马高卢北部的一个地理区域，大致范围在现代荷兰南部和今比利时北部之间。Patrick Périn et Alain Dierkens, "Les Francs en Belgique IIe au Ve siècle: Histoire et Archéologie", dans Ian Riddler et al., dir., *Le témoignage de la culture matérielle: Mélanges offerts au Professeur Vera Evison*, Autun: Éditions Mergoil, 2016, pp. 265–266.

翼渐丰的墨洛温王族又在原有领土的基础上继续向南扩张，并在 6 世纪中叶将除塞普提曼尼和布列塔尼之外的几乎所有原罗马高卢的土地收入囊中。虽然法兰克人摧毁了西罗马的政治结构，但他们却没有完全抛弃罗马的城市文化，至少在墨洛温王朝中前期，法兰克人实际控制的领土仍然是由上百个城市及其管治的附近区域构成的，墨洛温诸王"分治疆土"的举措也是以城市数量及其财政收入为基本标准的，这一方面固然是因为，在古代晚期西欧世界，法兰克族群中的"罗马化"首领的确对罗马行政遗产有所继承；而另一方面则在于，以高卢主教团为代表的高卢—罗马贵族为了维护自身权力基础的完整性，要求法兰克首领允许他们继续管理城市，否则拒绝提供任何实质性协助。① 在亟须统治合法性的情况下，墨洛温诸王保留罗马城市社会的行为，与其说是"胜利者"的"自主选择"，不如说是"新来者"的"折中策略"。而教务会议，特别是由数十位主教共同出席的大型会议，恰如一场由各地城市联合举办的"效忠仪式"，不仅在理论层面实现了西罗马的"帝权转移"，而且还为法兰克共同体勾勒出一个领土疆界相对明确的地理空间。②

---

① Marcelo Candido Da Silva, "Les cités et l'organisation politique de l'espace en Gaule mérovingien au VI⁰ siècle", *Histoire urbaine*, Vol. 2, No. 4, 2001, pp. 83 – 104.

② 就政治观念而言，在很长一段时间里，对于 476 年奥多阿克（Odoacre，476—493 年在位）废黜罗慕路斯·奥古斯都（Romulus Augustus，475—476 年在位）一事，地中海世界的知识分子似乎很少论及西罗马帝国的覆亡，而是强调西部的"帝权转移"。例如，按照罗马东部史家马尔库斯（Malchos）的记载，奥古斯都退位之后，前往君士坦丁堡的元老使节希望东罗马皇帝芝诺（Zénon，474—475 年和 476—491 年在位）承认奥多阿克作为皇帝代理人来统治西部帝国。与此类似，493 年取代奥多阿克统治地位的东哥特国王狄奥多里克（Théodoric le Grand，493—526 年在位）甚至被一些罗马人视为"新图拉真"或"新瓦伦提尼安"。又如，6 世纪上半叶在奥尔良与克莱蒙召开的一系列教务会议表明，高卢主教团承认墨洛温诸王与罗马皇帝一样拥有召集教务会议的权力。也就是说，至少自克洛维统治末年起，法兰克教会就已将墨洛温君主视为罗马皇帝在高卢的合法继承人。对此，图尔主教格雷戈里也曾说道，从接受东罗马皇帝阿纳斯塔西乌斯一世的任命敕书开始，身穿紫袍、披上披肩、头戴王冠的法兰克国王克洛维就已成为高卢民众欢呼喝彩的执政官。另外，关于法兰克王国带有宗教色彩的效忠仪式，参见 Alice Rio, ed. and trans., *The Formularies of* （转下页）

从整体上看，除去西哥特王国控制的纳博讷教省（包含 8 个主教管区），法兰克早期国家的疆土大致由约 115 个主教管区（分属 14 个教省）共同组建而成。[①] 也正是由于这类行政单元的辐射范围，才让"禁止将奴隶卖到国王克洛维大人（克洛维二世——引者注）治下王国的边境或边界之外"的法规有"界"可循。[②] 更为重要的是，尽管法兰克共同体长期处于"疆土分治"状态，但在各级教务会议的斡旋下，其内部的统一因素从未断绝。在教士们看来，法兰克教会绝不是由十数个教省及其下辖上百个教区拼接起来的"空架子"，而是一个真正意义上的统一体。法兰克共同体内部存留的凝聚力在很大程度上要归功于不同区域的主教之间相互建立联系的意愿与行动。教省教务会议的开展足以将省内各城市的命运紧紧牵连在一起，联教省教务会议的举办有助于巩固法兰克"二级王国"的团结意识，全王国教务会议的召集更是法兰克"二级王国"在"单一教会"中保持统一的重要象征。因此，在墨洛温王族掌握实权之时，教务会议通过选举、培育和聚拢各城市中有能力的神职人员，在延续国家统一方面发挥重要作用。即便是在分裂势力甚嚣尘上的 6 世纪下半叶，不同地域之间的攻伐也没有打破教务会议为法兰克共同体塑造的政治空间。614 年，奉克洛塔尔二世之命，来自法兰克高卢 14 个教省的 12 名都主教和 60 余名主教齐聚巴黎，共同召开国家重新统一以来的第一次全王国教务会议，法兰克早期国家的统治区域与团结意识由此彰显无遗。

其次，作为高卢地方显要的聚合中心，墨洛温高卢教务会议的

（接上页）*Angers and Marculf: Two Merovingian Legal Handbooks*, pp. 175 – 176.

① 在法国学者路易·杜申纳和比利时学者罗伯特·戈丁（Robert Godding）统计数据的基础上，英国学者伊恩·伍德认为，在墨洛温王朝疆域范围内，共有约 130 个教区。Ian Wood, *The Transformation of the Roman West*, Leeds: Arc Humanities Press, 2018, p. 58; Robert Godding, *Prêtres en Gaule mérovingienne*, Bruxelles: Société des Bollandistes, 2001, p. 209.

② Jean Gaudemet et Brigitte Basdevant, éd., *Les canons des conciles mérovingiens (VIe – VIIe siècles)*, pp. 554 – 555.

政治贡献不仅在于认同法兰克君主对会议议程的干预，更在于它对法兰克共同体行政体系的设计与调整。在政教二元由并立走向融合的过程中，教会的庇护权和财产权得到王室的尊重，国王则可以直接插手主教选任与节日监管。在相互信任、彼此依赖的基础上，高卢主教团以圣经文本为信仰支撑，根据对高卢社会状况的分析与判断，对"正统君王"应当履行的职责进行解释与说明，并在教务会议的运转中贯彻国王与主教共治天下的王权理论。

"合作政治"一旦构建起来，就会随之付诸实践。在法兰克中央，除各地军政头目组成的"三月校场"外，教务会议也从一种久而有之的传统上升为国家行为。特别是由法兰克最高领袖召集的大型教务会议，它在处理国之要事的同时，也在法兰克政治生活中留下了浓墨重彩的一笔。正是在教务会议立法权威的映照下，当法兰克最高领袖向全国发布会议决议时，他不再是蛮族部落联盟的军政首领，也不再是协助罗马皇帝管理高卢的皇权代理人，而是一位在一个基督教化王国中堂堂正正发号施令的正统君王。另外，随着原高卢—罗马元老家族与法兰克新贵的进一步融合，世俗官位与教会神职之间的区别与界限变得愈加模糊，至少自7世纪上半叶开始，由法兰克君主不定期召开的"教俗混合会议"有权与君主本人共同商讨治国方略甚至干预国土分割。克洛塔尔三世（Clotaire III，657—673年在位）在位期间，由于国王本人尚处幼年，法兰克宫廷中甚至出现过一个类似于后世内阁的辅政机构，其成员包括宫相埃布罗安（Ébroïn）、巴黎主教克洛德贝尔特（Chrodobert）、鲁昂主教奥多因（Audoin）以及其他未留下姓名的权势人物。从这些方面来看，法兰克早期国家的权力中枢固然是王廷，但却需要地方权力一同维系。也就是说，如果法兰克君主想要在王廷以外的更大范围内行使权力，无论是政令传布，还是征收税金，抑或是司法审判，皆离不开各地主教及其背后家族或团体势力的支持与配合。在这种情况下，中央权力的辐射范围愈广，就愈加依赖与地方权力人物的联系。因此，克洛塔尔二世之所以在626—627年召开克里希教务会议，一方面当然是为了在"二元共治"的基础上强调"王国"与"教会"的一致性，另一方面则很有可能希望借此与身处地方行政单元的新一代高阶神职人员建立互动关系，以便日后依靠这些权力代理人更好地治理地方社会，"公私兼备"的层级化统治秩序由此展开。这种权力运作方式是中古早期国家的一大特色，展现的更多是不同权力阶层的合作关系而非支配关系。

在法兰克地方，二元性的行政管理方式奠定了国家治理的日常基调。由于法兰克高卢教会具有十分强烈的入世性特征，以高卢主教团为首的教会精英非常注重统一本派信徒的生活步调。在法兰克王国行政体系尚未完备的情况下，神职人员主动承担起确保一方律法施行、维持一方公共秩序、教化一方平民百姓的重任；法律化的高卢敬拜仪式也随之逐渐转化为一种以教区主教为核心的地方管理制度。在这里，国王既可以通过监管教会年历的方式扩张王权，又可以利用"为国王和王国祈福"的礼文来宣扬"君民协力卫和平"的政治文化。另一方面，主教已经担负起法兰克地方行政、司法、教育的职责；土地管理、生产运营、财富分配也已经成为主教日常工作的重要组成部分。从某种意义上来说，在法兰克高卢的现实生活中，身居城市中心的主教可以算是一位具有较高自主性的地方"父母官"。

尽管主教权势的提升确实可以在一定程度上提高地方统治的效率、降低宫廷资源的损耗，但也容易滋生"地方保护主义"。例如，614年巴黎教会法第6条写道，在相关主教不知情的情况下，任何法官均不得对其治下的神父、执事、教士、教会（培养）的青少年定罪；如果他这样做，就会被开除教籍，直到其认识并弥补自己的过失为止。[①] 不消说，在政治权力高度分散的法兰克早期国家，教区主

---

① Jean Gaudemet et Brigitte Basdevant, éd., *Les canons des conciles mérovingiens (VIe - VIIe siècles)*, pp. 510 – 513. 对于这条教规，《巴黎敕令》根据罪犯的身份及所犯罪行的轻重进行调整。首先，在民事案件中，对于执事以下的低阶神职人员，只要其犯罪事实清楚，法官便有权独自进行审判或定罪。其次，在刑事案件中，犯有死罪的神职人员需要在主教在场的情况下接受法官的审判，并受到教规的惩处。"Chlotharii II. Edictum", No. 9, in Alfred Boretius, ed., *Capitularia Regnum Francorum*, Tomus I, p. 21.

教对国王世俗代理人的颐指气使，亦是对王权的一种威胁。托克维尔曾在《旧制度与大革命》中说道，基督教之所以能够在大革命时期激起强烈的仇恨，"并非因为它是一种宗教教义，而是因为它是一种政治制度；并非是因为教士们自命要治理来世的事务，而是因为他们是尘世的地主、领主、什一税征收者、行政官吏；并非因为教会不能在行将建立的新社会占有位置，而是因为在正被粉碎的旧社会中，它占据最享有特权、最有势力的地位"。① 很显然，大革命前夕法兰西正统基督教的这些特征早在1200年前的法兰克时代就已充分显现。当然，面对来自地方层面的挑战，墨洛温诸王也并非毫无应对。实际上，国王的威信意味着没有一个人可以指望仅凭地方权力就能够完全脱离王廷的控制，无论这种地方权力多么完备。这里不妨征引《弗莱德加编年史》（第4卷）中有关达戈贝尔一世视察勃艮第的一段记述：

> 就在其当政的第7年，他前往勃艮第视察。他这一来，使得勃艮第的那些主教、官员以及其他一些人深为警觉，而这也就成为当地普遍出现惶恐不安的一个促发因素。不过，他的公正却让穷苦民众欢呼雀跃。来到朗格勒城（Langres）之后，他秉公裁决，不论贫富，一视同仁。他的这一做法极为公平公正，可以说，上帝肯定会为此而心情大悦。不论是行贿，还是溜须拍马，用在达戈贝尔身上一律不起任何作用。在他这里，统领一切的唯有正义，而这也正是上帝所真爱的一个准则。……他不遗余力地工作，他要把正义带给分布在全国各地的所有子民。他用心良苦，情真意切，直至发展到废寝忘食之地步，而这一切，为的就是不让任何一个人错过从他这里获得公正的机会。②

---

① ［法］托克维尔：《旧制度与大革命》，冯棠译，桂裕芳、张芝联校，商务印书馆1997年版，第46页。

② ［法兰克］弗莱德加：《弗莱德加编年史》（第4卷及续编），第139—140页。

再次，作为高卢文化精英的集合组织，墨洛温高卢教务会议对法兰克基本社会成员的影响，不仅在于引导"正宗法兰克人"皈依正统基督教，更在于为所有接受并尊重法兰克王廷作为"中心权力"的族群赋予同一文化属性。根据近现代历史学者的研究，至少从公元3世纪下半叶开始，罗马作家将生活在莱茵河下游东岸至北海一带的诸多日耳曼人统称为法兰克人。也就是说，这个称号最初指的并不是一个以血缘为基础的单一族群集团，而是由众多部落或部族共同构成的族群联盟，包括卡马维人（les Chamaves）、布鲁克特人（les Bructères）、安普西瓦里人（les Ampsivariens）、卡提人（les Chattes）、阿图阿里安人（les Hattuariens）、撒利安人（les Saliens）、西干布里人（les Sicambres）、里普阿尔人（les Ripuaires），等等。墨洛温王朝时期，随着高卢知识分子笔下的法兰克人从"他者"摇身变为"我者"，"法兰克人"一词的内涵也逐渐由散发蛮族气息的族群联盟，转向一个由多民族共同组成的政治共同体。至少从7世纪开始，在东罗马作家眼中，法兰克君主治下的"正宗法兰克人"、勃艮第人、阿奎塔尼人以及更多的原罗马高卢时期的居民后裔均属于"法兰克人"。然而，由于上述群体在族源传说、宗教文化、法律习惯和经济传统等方面的复杂性与异质性，"法兰克人"这一政治属性并不十分稳定，其号召力与归属感也远不及昔日响彻地中海世界的"罗马公民"。于是，法兰克教俗精英决定在保留原有族群成分的同时，从另一个层面赋予法兰克民众同一文化属性，即"基督子民"。在此过程中，既不属于"大日耳曼族群"、同时又信仰犹太教的犹太人主体，很快成为法兰克教会培育本派信徒认同感的牺牲品。

作为法兰克王国的官方宗教，正统基督教在处理"异己"问题上抛弃了福音书宣扬的宽容精神。在不宽容、不自信甚至是恐惧心理的催动下，以高卢主教团为代表的文化精英不再只满足于通过树立"反面参照"的形式来增强本派信徒的认同感，而是力图倚仗其参与政务的权利将犹太人排除在一切公共事务之外。在教务会议所颁限犹律法的作用下，教会内部的反犹思想逐渐走向由公共权力主导的强制改宗。毋庸讳言，墨洛温王朝时期，统治者培育、推进以及强化被统治者认同感的策略给犹太人主体带来的结果必然是负面的。希尔德贝尔特一世、希尔佩里克一世和达戈贝尔一世等法兰克君主在对待犹太族群时远没有罗马皇帝的气度，偶尔出现的友善案例根本无法掩盖犹太人习俗受限、事业受阻、会堂被毁的生活常态。到了加洛林时期，基于以"多民族共生共存"为重要特征的共同体观念，法兰克君主试图在帝国建设的总体规划下，将其治下包括犹太人在内的其他一切民族都团结在以"本土法兰克人"为核心的"大法兰克国家"之内。为此，里昂主教阿戈巴德（Agobard de Lyon，816—835年和838—840年在任）在其献给皇帝的《反〈贡多鲍德法典〉书》（*Liber adversus Legem Gundobadi*）中明确提出："不再分外邦人或犹太人、受割礼的或没受割礼的、蛮族人、斯基泰人、阿奎塔尼人、伦巴德人、勃艮第人或阿勒曼尼人、为奴的或自主的，所有人都在基督里成为一了。"[①] 以上种种，加上墨洛温高卢教会规条不断灌输的"同一目标、同一思想、同一步调"，我们似乎可以判定，在高卢主教团看来，法兰克早期国家内部隶属不同人群分层的居民大体上皆可成为真真正正的"基督子民"。但是，从长远来看，这种以强制清除非基督教文化来达成社会统一的方式，是极其残酷甚至是危险的，因为它违背了人类文明多样性的内在属性，容易形成"唯我独尊"的扭曲意识，最终阻碍国家的前进步伐。

最后，鉴于自身的"父母官"角色，主教总要带有体察民间疾苦的一面，更何况他还是宣扬"上帝面前人人平等"的宗教领袖。因此，由这些人组成的教务会议自然会在一定程度上关爱社会中的弱势群体。从理论上讲，在平等的社会中绝不应当出现法兰克教俗权贵这类身份，即便存在掌握公共权力的管理人员，他们也应当是

---

① 这句话仿照的是《加拉太书》第3章第28节："并不分犹太人、希腊人、自主的、为奴的、或男或女，因为你们在基督耶稣里，都成为一了。"详见中国基督教两会《圣经》（中英对照），第333页。

"人民公仆",而不是垄断绝大多数社会公共财富的强势群体。当然,这种理想中的社会在法兰克人的国度是不可能存在的。对于穷人、病患、寡妇、孤儿等极度缺乏甚至完全没有劳动能力的人群而言,只有获得刻意的保护,方能在法兰克早期国家谋得一丝生机。主教们对这类人群的生活状况有所关注,他们颁行的援助法令和采取的救助行为也的确有值得称道之处。墨洛温国王克洛塔尔一世曾经命令全国所有的教堂都要把收入的三分之一入缴王库。图尔主教英尤里奥苏斯(Injuriosus de Tours,529—546年在任)毅然拒绝执行这样的命令。在他看来,既然国王的职责是以仓廪里贮藏的粮食来赡养穷苦的人,那么他把这类财富据为己有的做法无疑是一种罪恶行为。到了加洛林时期,主教们倡导的社会关爱事业得到进一步发展。9世纪时,教会收容所在高卢境内已经普遍存在。然而,值得注意的是,上述言辞和行动看似体现出教务会议法令在教会财产问题上的核心原则,即教会财产是所有基督徒共同的财富,实则却是法兰克基督教社会无力摆脱内部对立的结果之一。囿于复杂细腻的时代因素,主教们利用公共财富救济弱势群体时,从未将这份功绩归于绝大多数财富的创造主体——包括奴隶在内的广大劳动人民。而且,在很多情况下,法兰克教俗权贵赈济灾民、释放奴隶、救助穷人的举措,不过是以基督教神学论说遮掩奴役关系存续的一种机制,其核心目的在于,既要维持人群分层、贵贱分明的等级秩序,又要为自己积累在那个时代足以获准进入"天堂"的"善功"。这一机制,构成法兰克早期国家的重要建置,离开它,无从深入理解法兰克共同体形态演变的过程与动力。

除上述内容外,还需特别强调的是,作为高卢主教团精心设计的产物,见于纸面的教会规条既来源于对历史经验的借鉴,也出自对当下问题的思考。它们并不是静止于会议文书中的空洞文字,而是行用于社会生活的具体管理制度,只是这种制度的运作时段并未覆盖整个墨洛温王朝。这一判断的主要依据之一便是卜尼法斯在742年写给罗马教宗扎迦利的书信:

作为祭司长，您也应当知道，法兰克人的公爵卡洛曼召我前往他那里，并要求我在其治下的那部分法兰克王国境内组织一次教务会议。他承诺要为教会纪律的改革和重建尽一些力量，这一纪律在很长一段时间里——至少六七十年——一直遭受破坏和践踏。因此，如果他真的想在圣灵的启示下完成这一目标，我就应当得到您的权威——使徒宗座的权威——的建议和指导。据老人们所说，法兰克人已经有八十年没有举行过教务会议了，他们既没有都主教，也没在任何地方建立或恢复教会的法规。在大多数情况下，城市中的主教座堂或是掌握在贪婪的俗人手中，或是被淫乱堕落的教士和政客用于进行世俗勾当。如果我奉您的谕令并在上述公爵（卡洛曼）的请求下承担起这项职责，那么我期望立即得到使徒宗座的命令与建议，并获取教会教规。……如果我在他们中间找出一些号称执事的人，他们从小就在放荡、通奸和各种污秽中度日，并以这样的名声步入执事行列。现在，当与四五个情妇同床共枕之时，他们仍旧读着福音书，而且对称自己为执事的行为不会感到羞耻或害怕。相反，他们在开始神父生涯时继续犯着同样的罪行，并且罪上加罪，他们宣称他们有权利凭祭司之职为人民代祷和主持弥撒，更糟糕的是，他们以这样的名声一步一步地被提名然后任命为主教。……尽管有些主教否认他们是淫乱者或通奸犯，但是，他们却是贪杯无能之辈。他们喜欢像士兵那样随军战斗，其双手沾满鲜血，不论是异教徒的，还是基督徒的。[①]

从卜尼法斯书信中的这部分内容可以看出，在这位来自盎格鲁—撒克逊的传教士致信罗马教宗扎迦利之前，墨洛温王国已有八十年没有召开过教务会议。尽管西方学术界普遍认为这一说法有些

---

① Boniface, *The Letters of Saint Boniface*, ed. and trans. by Ephraim Emerton, New York: Columbia University Press, 2000, pp. 56-61.

言过其实，但不可否认的是，自 696 年奥克塞尔教务会议结束至 742 年日耳曼教务会议前夕，有史可依的教务会议确实寥寥无几；而 742—751 年间，即墨洛温王朝最后 10 年光景，几乎所有教务会议的召集人均为加洛林先祖而非墨洛温国王。再者，至少从 670—680 年开始，法兰克高卢的神职人员就已成为一群纵情酒色、精于世故且粗鄙无能之辈。[1] 当然，这里的"无能"并不代表社会治理能力的缺失，而是指对传统仪礼的严重懈怠，对法律法规的肆意践踏，对公平正义的置若罔闻。而这些腐败现象滋生蔓延的症结之一恰恰在于教务会议自身流弊的连锁反应。

曾几何时，教务会议的初衷是妥善处理教会面临的各类问题，捍卫信徒的切身利益，其直接参与人员乃是在教士与人民鉴定后才被认可的合格主教。然而，在法兰克政教二元融合的过程中，教务会议在主教选举工作上对王权的一味退让给教会腐败埋下了一个难以治愈的祸根。随着时间的推移，大批没有经过教会系统训练的世俗权贵凭借国王的恩宠得以进入主教行列，而教士与人民的选举权利则近乎沦为一种为新任主教增添荣光的表面形式。由于授权主体的改变，主教摆脱了教士与人民的监督，越来越多的居心叵测之人利用行贿手段谋得本应依靠优秀的品格与本领方能获取的神圣职位，主教专制主义的负面效应由此日益明显。到了 7 世纪末期，高卢主教们的生活作风问题已经相当严重。他们像世俗人士那样豢养猎狗，恣情纵欲，征战四方，屠戮生灵；法兰克高卢的大部分公共财产成为他们跻身大地主行列的私人工具；为王国祈福的礼文则在他们手中变成向王室换取银钱、土地以及豁免权等物质利益的交易筹码。在这种情况下，教务会议衍生的任何弊病都可以用来宣说改革的必要性。不过，改革的引领者或者说是诉求人已经换成了逐渐掌握实际权力的加洛林先祖。

---

[1] Paul Fouracre and R. A. Gerberding, *Late Merovingian France*：*History and Hagiography*，*640 - 720*，Manchester and New York：Manchester University Press，1996，p. 48.

742年4月21日，卡洛曼在日耳曼教务会议上发表公开宣言，"余，卡洛曼，法兰克人的公爵和元首，在上帝之仆人和余之贵族的共同建议下，于吾主道成肉身的第742年的4月21日，出于对基督的敬畏，聚集本人领土范围内的主教及其治下神父召开一次教务会议"。① 两年后，丕平三世在苏瓦松教务会议上宣称：吾主道成肉身的第744年，亦即国王希尔德里克三世在位的第二年，作为法兰克人的公爵和元首，他以上帝之名召集王国境内的主教、伯爵以及其他重要人物在苏瓦松举行教务会议。② 在卜尼法斯的影响下，这两次教务会议改革的首要内容均是神职人员的行为规范以及生活作风问题，其制定的相关法令皆以条令的形式公之于众。事实证明，法兰克早期国家改朝换代前夜，加洛林首脑比墨洛温君王更为清楚地认识到人与制度之间的互动关系，或者说，他们已经切身体会到，在教务会议这样一个兼具历史传统与现世权威的平台上，以人为主体和出发点的"合作政治"足以影响新王朝的前进方向。

　　行文至此，对于"写作说明"中提出的问题，本书的态度已经极为明确：在古典文明行将就木而中古欧洲文明尚未成形的墨洛温时代，借由教务会议，法兰克教俗精英在政治理想与社会现实的反复拉扯中，共同在后罗马时代的地中海世界打造出一个颇具教会特性的"法兰克早期国家"。

---

① "Karlmanni Principis Capitulare", No. 10, in Alfred Boretius, ed., *Capitularia Regnum Francorum*, Tomus I, p. 24.

② "Pippini Principis Capitulare Suessionense", No. 12, in Alfred Boretius, ed., *Capitularia Regnum Francorum*, Tomus I, p. 29.

附录 1

新中国法兰克时代的史学研究

在冷战结束后的 30 年时间里，全球化与区域一体化进程似乎以一种不可逆转之势覆盖整个人类社会，一些人翘首期盼着自由贸易、人才流动、科学交流、经济互助以及文艺共赏等开放式社会活动共同营造的"和谐村落"。面对看似触手可及的"新秩序"，学术界开始对民族国家概念进行质疑和反思。一些学者在日常学术讨论中甚至提到，在如今这个时代，以国家或历史上的国家作为研究对象已是明日黄花。

然而，在多种意识形态并存的当今世界，特别是全球新冠疫情发作以来，随着贸易保护主义的不断抬头、局部冲突的逐步升级、经济形势的日益严峻，以美国为首的西方国家出台的一系列利己主义外交政策，让人们近距离感受到了国家之间的博弈与争斗。可以说，在当下世界生活中，国家依旧是解决人类主要问题的核心单元，因此，继续将国家或历史上的国家作为史学研究对象，探究它们从何而来，观察它们去往何处，分析它们有何特色，仍有必要。

回顾新中国世界史学科从白手起家到登堂入室的前进历程，不难发现，自 1952 年中国大学开设世界通史课程开始，欧洲宏大历史叙事中的法兰克王国便得到学术界的关注。[①] 在此后 70 年砥砺前行中，中国世界史学人对法兰克王国历史的探索大致可以分为三个阶

---

① 关于新中国世界史学科的发展历程，参见马克垚《70 年砥砺前行的中国世界史学科》，《历史研究》2019 年第 4 期。

段：从 1952 年到 1966 年的"萌芽阶段"，主要研究法兰克王国的封建制度；从改革开放到 20 世纪 90 年代的"起步阶段"，以法兰克王国封建制度为核心论点，对法兰克高卢政教关系、法兰克王国的形成与《撒利克法典》的关系、高卢社会性质以及日耳曼继承法等问题展开初步探讨；21 世纪以来的"发展阶段"，主要以法兰克核心史料的汉译与研究为原动力，在充分借鉴国外学术成果的基础上，对墨洛温和加洛林两个王朝的国土继承、统治结构、政治文化以及重大事件进行深入研究。总体而言，尽管中国的法兰克史研究在每个阶段都面临各种各样的困难与挑战，但在历代学人的共同努力下，该领域的研究成果日渐丰厚，并在某些方面取得重大突破。关于这一问题，笔者将结合建国 70 余年来有关法兰克时代的主要史学成绩加以简要说明。

中华人民共和国成立之初，知识分子着重学习马克思主义的立场、观点和方法，很快树立起重史料、讲证据的唯物史观。随着 1952 年大学课程改革的不断深入，各大学在课程设置上均以世界史取代西洋史。在此之后，有条件的高校陆续开展对欧洲古代中世纪史的研究工作，其中具有开创性意义的当数耿淡如（1897—1975年）编译的法兰克时代文字材料。1957—1958 年，他在《历史教学》上接连发表有关欧洲中世纪社会经济和阶级斗争的原始资料选辑，其中，前两辑通过汉译法兰克范本文书和君主条令的部分内容，探讨了法兰克王国的封建社会和查理曼统治时期的庄园制度。在他看来，国王赋予大地主"免除权"，使他们的领地免受王室的管辖，因此，司法、行政和征税权逐渐转移到地主手中，这种特权不仅使封建主完全脱离中央政权，而且授予封建主对农民实施超经济剥削的可能性。1961 年，耿淡如又将美国学者詹姆斯·韦斯特福尔·汤普逊（James Westfall Thompson）的《中世纪经济社会史》（*Economic and Social History of the Middle Ages*）译成中文，该书经由商务印书馆出版后反响强烈。除了跟随苏联学者一同批判汤氏著作中的唯心主义错误之外，中国学人对该书中引用的法兰克原始资料（《撒利克法典》）及史料汇编（《德意志史料集成》）也有了一个较为粗浅的印象。① 1962—1964 年，由周一良、吴于廑主编的四卷本《世界通史》成为各大学的通用教材，"标志着中世纪史进入我国规范的教学和研究领域"，同时也意味着法兰克史研究在中国即将迎来新的篇章。

"文化大革命"结束后，随着改革春风的到来，中国世界史学人重整旗鼓，本着实事求是的时代精神，对此前世界史的叙事模式、理论方法以及价值取向进行总结与反思。1979 年 8 月，沈炼之（1904—1992 年）、张芝联（1918—2008 年）、王养冲（1907—2008 年）、戚佑烈（1913—1997 年）和端木正（1920—2006 年）在哈尔滨组织成立"中国法国史研究会"（Chinese Society of French Historical Studies），国内法兰克国家历史的研究工作也迎来进一步发展。1979—1981 年，戚国淦自译的《查理大帝传》和他与寿纪瑜合译的《法兰克人史》相继由北京商务印书馆出版。② 1988 年，通过汤普森所著《历史著作史》的中译本，人们对《弗莱德加编年史》、《法兰克王家年代记》等其他法兰克时代的重要史学作品有了进一步的了解与认识。③ 正是在这些汉译名著的影响下，中国的法兰克史研究逐渐活跃起来，其中，法兰克王国的社会性质问题乃是当时学界争论的焦点。马克垚和胡玉堂认为，包括法兰克王国在内的"蛮族"王国都是"新型封建国家"。④ 蒋国维和蒋永康则把法兰克封建制的形

---

① 耿淡如、黄瑞章：《世界中世纪史原始资料选辑（一）——关于法兰克王国的封建社会》，《历史教学》1957 年第 8 期；耿淡如：《世界中世纪史原始资料选辑（二）——关于庄园经济：查理大帝关于管理庄园的诏令》，《历史教学》1957 年第 9 期；[美]汤普逊：《中世纪经济社会史》（上册），耿淡如译，商务印书馆 1961 年版。

② [法兰克] 艾因哈德：《查理大帝传》，戚国淦译，商务印书馆 1979 年版；[法兰克] 格雷戈里：《法兰克人史》，寿纪瑜、戚国淦译，商务印书馆 1981 年版。

③ [美] 汤普森：《历史著作史》，上卷，第一分册，谢德风译，李活校，商务印书馆 1988 年版，第 219—220、242—243 页。

④ 马克垚：《西欧从奴隶制向封建制的过渡》，《北京大学学报》1981 年第 3 期；胡玉堂：《西欧从奴隶社会向封建社会过渡中的几个问题》，《历史研究》1980 年第 1 期。

成划分为三个阶段,即法兰克王国的建立及其封建化的开始、法兰克王国封建化的发展、查理曼帝国与封建制度的形成,借助《撒利克法典》与查理曼执政时期颁布的部分君主条令,从社会经济角度和基督思想文化角度分析法兰克封建制,认为法兰克王国的封建化在 9 世纪时已经基本完成。① 冯泉则在参考乔治·杜比和福斯戴尔·德·古朗日(Fustel de Coulanges)的研究成果后强调,墨洛温王朝时期的法兰克王国仍是奴隶制国家。② 此后,法兰克时代的政教关系也得到一些关注。裴耀鼎认为,"法兰克王国与罗马教会之间的密切关系,逐渐发展为欧洲政治上决定性因素之一"。张玉芬认为,法兰克政教联盟是在基督教因素与日耳曼因素的结合下产生的,教会权力从属于国王权力。③ 改革开放前 20 年的法兰克史研究成果虽说在探究史学新问题的自觉与动力方面存在不足之处,但却为 21 世纪旨在摒弃"拿来主义"消费态度、谋求独立发展道路的后辈学人指明了前进方向。

　　进入 21 世纪后,我国政府加大了对世界史研究的资金投入,许多优秀的世界史研究者在各类资助下,或是在国内外获取博士学位,或是前往国外访学深造。与此同时,现代交通工具、世界互联网技术以及文史资料数字化的飞速发展,为历史学的世界性交流与切磋提供了诸多便利条件,不少砥砺奋进的中国世界史学人也由此掌握了相关分支学科的两三门语言(包括现代外语和古代中世纪语言文字)。基于阅读水平与交流能力的显著提升,他们不仅能够把握相关领域的史学史知识、了解最新的世界史研究动态,而且可以在原始史料和国外学术观点的基础上推陈出新,其中的一些研究成果已经

---

　　① 蒋国维、蒋永康:《论法兰克封建制的形成》,《贵阳师院学报》1982 年第 4 期。
　　② 冯泉:《论墨洛温王朝时代高卢的社会性质》,《世界历史》1987 年第 3 期。根据黄艳红对杜比私人文件的研究,杜比在 1982 年访华的文件中存有中国社科院世界史研究所冯泉先生的名片,其背后写着他的博士论文选题,参见 https://mp.weixin.qq.com/s/moBoeBouGWNDhazOpOKsYQ,2020 年 1 月 10 日。
　　③ 裴耀鼎:《论法兰克王国宗教与政治的关系》,《杭州师范学院学报》1991 年第 5 期;张玉芬:《基督教与法兰克国家的关系》,《南都学坛》1993 年第 3 期。

接近国际学术前沿。

在中国世界史学科蓬勃发展的新时代，围绕法兰克时代史学及核心历史文献，以王敦书、陈文海、李隆国、李云飞、王晋新等学者为代表的中国法兰克史学人一方面将研究重心放在相应或更为宏阔的时空视野中，从政治、宗教、文化以及社会等多个角度展开综合分析，同时也注重史学理论更新和国际学术动态，并与德国慕尼黑大学、德意志史料集成研究所、美国圣母大学、法国索邦大学等海外知名高校和研究机构建立起良好的交流合作关系。近些年来，《弗莱德加编年史》（第4卷及续编）、《法兰克人史纪》、《法兰克王家年代记》以及《圣伯丁年代记》的汉译本相继问世，开启中国法兰克史研究新局面。① 在此过程中，学者们对法兰克国家统治结构、法兰克族源和墨洛温先祖、法兰克早期国家政治文化与政教关系、法兰克君王形象、法兰克国家历史书写以及法兰克时代重大历史事件的微观考察和比以往更具实证性的专题研究，不仅有助于人们更为清晰地认识法兰克早期国家政治发展脉络，而且有助于人们从不同层面把握法兰克早期国家各个历史时期的政治生态、宗教文化和社会情境。②

---

① ［法兰克］弗莱德加：《弗莱德加编年史》（第4卷及续编），陈文海译注，人民出版社2017年版；［法兰克］匿名作者：《法兰克人史纪》，陈文海译注，人民出版社2018年版；［法兰克］匿名作者：《法兰克王家年代记》，陈文海译注，人民出版社2019年版；［法兰克］富尔克、普鲁登提乌斯、辛克马等：《圣伯丁年代记》，李云飞译注，人民出版社2021年版。

② 王敦书：《〈矮子丕平加冕疏证〉补正》，《世界历史》2009年第5期；陈文海：《从"蛮族"首领到"圣徒"国王——论克洛维在中世纪法国的形象及其演绎》，《史学集刊》2006年第6期；陈文海：《蓄发与削发——法兰克墨洛温王族象征符号释论》，《华南师范大学学报》2012年第6期；陈文海：《"另类"与"正统"——〈法兰克人史〉的"教会史"写作路径释论》，《史学集刊》2013年第4期；陈文海：《中世纪世俗史学的社会政治功能及叙史逻辑》，《华南师范大学学报》2013年第5期；陈文海、王文婧：《墨洛温王朝的"国土瓜分"问题——〈法兰克人史〉政治取向释读》，《历史研究》2014年第4期；陈文海：《法兰克族源叙事及其社会文化情境》，《学术研究》2014年第10期；陈文海：《百年学讼与"弗莱德加"信度问题》，《史学史研究》2015年第3期；陈文海：《百年学讼与"弗莱德加"身份问题》，《外国问题（转下页）

更为重要的是，在融合中西方学术传统及理论方法的基础上，上述学者共同为中国法兰克史研究的后备力量提供了一套切实可行的研习程序：通晓语言文字→兼顾文献学、史料学等辅助学科→收集、整理、阅读并汉译相关文字材料→辩证分析西方学术界的理论方法→撰写专题论文与学术论著。正是基于这套训练方法，由他们培养的青年世界史工作者也在一定程度上拓宽了法兰克史的研究范围。① 朱君

（接上页）研究》2016 年第 4 期；陈文海：《〈法兰克人史纪〉的写作及其社会秩序诉求》，《中国社会科学》2017 年第 1 期；李隆国：《〈弗里德加编年史〉所见之墨洛温先公先王》，《史学史研究》2012 年第 4 期；李隆国：《都尔主教格雷戈里与中古拉丁史学的兴起》，《史学史研究》2015 年第 2 期；李隆国：《加洛林早期史书中的丕平称王》，《历史研究》2017 年第 2 期；李隆国：《查理曼称帝与神圣罗马帝国的形塑》，《史学集刊》2018 年第 3 期；李隆国：《外圣内王与中古早期编年史的叙述复兴》，《史学史研究》2019 年第 3 期；李隆国：《重建"神圣的罗马帝国"：中古早期欧洲的政治发展道路》，《历史研究》2020 年第 2 期；李云飞：《从墨洛温到加洛林：有关 751 年丕平改朝换代的四个问题》，《欧洲中世纪早期史研究学术研讨会论文集》2013 年 11 月；李云飞：《在诸子均分与帝国一体之间：817 年虔诚者路易的传国计划探析》，《欧洲中世纪早期史研究学术研讨会论文集》2013 年 11 月；李云飞：《加洛林王朝代际更替中的疆土分治与王国一体》，《历史研究》2021 年第 2 期；李云飞：《钦差巡察与查理曼的帝国治理》，《中国社会科学》2017 年第 8 期；李云飞：《法兰克王国范本文书中奴隶、农奴解读》，《经济社会史评论》2016 年第 4 期；王晋新：《〈富尔达年代记〉探析》，《东北师大学报》2019 年第 2 期；王晋新：《〈王室法兰克年代记〉探析》，《史学史研究》2019 年第 2 期；王晋新：《〈圣伯丁年代记〉探微》，《古代文明》2021 年第 1 期；王晋新：《情感与真实——诺特克所述"查理曼之泪"之辨析》，《世界历史评论》2021 年第 1 期；王晋新：《尼特哈德〈历史〉的再认识》，《经济社会史评论》2021 年第 4 期。

① 朱君杙：《加洛林时代的多元化修史格局》，《古代文明》2012 年第 4 期；朱君杙、王晋新：《加洛林时代历史文献的政治倾向性》，《中南大学学报》2013 年第 5 期；朱君杙：《加洛林王朝史学编纂与王室宫廷互动关系研究》，辽宁人民出版社 2019 年版；刘寅：《"训诫"话语与加洛林时代的政治文化》，《历史研究》2017 年第 1 期；刘寅：《莱德拉德与里昂的"加洛林革新"》，《历史研究》2020 年第 5 期；刘寅：《查理曼的钦定布道辞——"德意志文献集成"〈法兰克王国条令〉第 121 号译释》，《世界历史评论》2021 年第 1 期；张楠：《在拜占廷和法兰克之间：教宗扎迦利的伦巴德道路》，《北方论丛》2018 年第 3 期；张楠、李云飞：《罗马危机与教宗斯蒂芬三世的权威伸张》，《暨南学报》2018 年第 6 期；种法胜：《加洛林"王者镜鉴"：一个整体视野的考察》，《历史教学问题》2018 年第 2 期；刘虹男、陈文海：《法兰克教务会议与中古早期高卢奴隶制的式微》，《古代文明》2020 年第 3 期；刘虹男：（转下页）

代在加洛林时代的文献学研究领域着力最勤；刘寅致力于探究加洛林时代的国家治理活动；张楠主要研究中古早期法兰克、伦巴德与罗马教宗之间颇为复杂的利益关系；刘虹男则注意到墨洛温王朝时期的高卢教务会议。

从以上所述可以看出，中国法兰克史研究主要围绕编年史、年代记等叙述性史料展开，而对蛮族法典、蛮族—罗马法典、教务会议文书、君主条令等规范性文书的关注尚显不足。实际上，对于身处欧洲时代变革（从古典时代向中世纪时代转变）中的法兰克共同体而言，只有对与之密切相关的规范性文书进行深入的考察与分析，才有可能对法兰克时代的族群创生历程、社会治理模式以及国家形态演变等重大历史问题做出更为精准的判断。正是基于这一认识，对墨洛温高卢教务会议法令的设计旨趣、具体内容、实际功用等问题展开分类梳理与解析，也就成为洞察法兰克早期国家发展脉络的切入点之一。

在近些年的研究实践中，我国学者在大公会议与教会法研究领域已经取得突破性进展。1998 年，彭小瑜从美国学成归来，先后发表多篇以教会法为研究主题的论文。2003 年，彭小瑜的《教会法研究——历史与理论》一书在商务印书馆出版发行，该书以作者的博士论文为基础，利用大量的原始史料，对教会法的起源和发展、教会法与基督教之爱、教会的权威和等级结构、教会与国家之间的关系、教会法对异教徒的态度及处理办法等问题进行了较为详尽的探讨与研究。[①] 2012 年，陈文海在商务印书馆出版文献译注《特兰特

（接上页）《中世纪早期高卢基督教的"主教团合议制"》，《经济社会史评论》2020 年第 3 期；刘虹男：《圣职、仪式与表演——教务会议视域下法兰克王国的日常统治》，《世界历史评论》2021 年第 1 期；刘虹男、陈文海：《墨洛温王朝教务会议与法兰克王权理论的构建》，《历史研究》2021 年第 1 期。

① 彭小瑜：《格兰西之〈教会法汇要〉对奴隶和农奴法律地位的解释》，《世界历史》1999 年第 3 期；彭小瑜：《中古西欧骑士文学和教会法里的爱情婚姻观》，北京大学历史学系编：《北大史学》第 6 辑，北京大学出版社 1999 年版，第 129—152 页；彭小瑜：《中世纪西欧教会法对教会与国家关系的理解和规范》，《历史研究》2000 年第 2 期；彭小瑜：《教会法研究——历史与理论》，商务印书馆 2011 年版。

圣公会议教规教令集》。在翻译注疏期间，他还发表了多篇以特兰特大公会议为研究主题的学术论文。2021 年，陈文海译注并增补的《大公会议史纲》在人民出版社出版发行，该书全面叙述并分析了"梵二会议"之前的历次大公会议。可以说，这些成果一方面能够填补中国欧洲教会法史和大公会议史研究工作中的诸多不足之处，同时又对欧洲地方教务会议史研究活动的进一步展开提供助力。① 另外，侯建新对欧洲文明元规则的探讨、侯树栋对中古早期国家形态的研究、刘林海和李隆国等学者对晚期罗马史研究范式的梳理与分析、林中泽对古代中世纪基督教思想文化与崇拜形式的考察与论证，皆有助法兰克规范性文献及相关历史问题的深入研究。②

---

① ［英］J. 沃特沃斯（英译）：《特兰特圣公会议教规教令集》，陈文海译注，商务印书馆 2012 年版；陈文海：《近代西方天主教会的"角色困境"——以亚文化之间的认知差异为视角》，《历史研究》2008 年第 4 期；陈文海：《近代天主教"特兰特体系"虚实考论——以〈特兰特圣公会议教规教令集〉为考察基点》，《学术研究》2010 年第 8 期；陈文海：《特兰特会议对教宗制度的矛盾态度——以〈特兰特圣公会议教规教令集〉为辨析基础》，《历史研究》2012 年第 1 期。

② 侯建新：《中世纪与欧洲文明元规则》，《历史研究》2020 年第 3 期；侯树栋：《对西欧中古早期国家问题的一些认识》，《史学理论研究》2014 年第 3 期；侯树栋：《晚期古代和中世纪早期史研究中的新价值取向》，《北京师范大学学报》2019 年第 4 期；刘林海：《史学界关于西罗马帝国衰亡问题研究的述评》，《史学史研究》2010 年第 4 期；李隆国：《从"罗马帝国衰亡"到"罗马世界转型"——晚期罗马史研究范式的转变》，《世界历史》2012 年第 3 期；林中泽：《试论古代中世纪西方圣徒崇拜的社会功能》，《世界历史》2012 年第 6 期。

附 录 2

高卢教务会议史纪(4—5 世纪)

314 年，罗马皇帝君士坦丁一世在阿尔勒拉开了高卢教务会议的帷幕，在随后的近两个世纪时间里，高卢陆陆续续地举行了 30 余次大大小小且有史可考的教务会议。对于这些会议的基本信息的把握，既有助于我们厘清古典晚期高卢教务会议的历史行程，又有助于我们加深对高卢教务会议传统的理解与认识。根据召开时间及商讨主题，这些教务会议大致可以分为以下两个阶段。

第一阶段的高卢教务会议从君士坦丁一世执政时期持续到狄奥多西一世去世后不久。在这 80 余年时间里，高卢东南部是教务会议的运行中心。尽管绝大多数会议的核心问题皆为"正统"与"异端"之争，但正统教派所对抗的异端势力却不尽相同。314 年阿尔勒教务会议反对的是多纳图派。[1] 353 年阿尔勒教务会议、356 年贝济耶（Béziers）教务会议和 360—361 年巴黎教务会议成为正统教派与阿里乌派的辩论场。[2] 385 年波尔多教务会议和 386 年特里尔教务

---

[1] 316 年继马约利努斯任主教的是多纳图斯（Donatus），分裂派即得名于他，称为多纳图派。该派认为，教会是"义人"的教会，叛教者即使悔改，也不得重新出任主教职务。该派主张，只有"义人"施行的圣事才有功效。多纳图派在北非曾获得巨大发展，并与罗马教会分庭抗礼。罗马教会曾多次将多纳图派定为异端，罗马帝国也曾对之采取武力镇压措施，但该派依旧长期存在。7 世纪，阿拉伯人进入北非之后，多纳图派渐趋消亡。

[2] 贝济耶，位于高卢南部，今为法国埃罗省的一个市镇。

会议处理的是普里西利安主义（Priscillianisme）。396年尼姆（Nîme）教务会议和398年都灵（Turin）教务会议则是高卢教会针对费利克斯派（féliciens）问题给予的回应。①

第二阶段的高卢教务会议从罗马人击溃勃艮第人（436年）到法兰克人建政前夕（457—480年）。从公元5世纪初起，很可能是迫于匈人（Huns）西进的压力，诸多"不通古典语言的非罗马族群"卷土重来，横扫西部帝国。但这次他们没有离开，而是选择在其攻占的土地上安家落户。在这一时期，高卢经历着急风骤雨般的政治文化变革，罗马皇帝对此无能为力。与此相反，高卢南部的主教们却能够运用其娴熟的技艺在此种乱世中大展身手。作为城市和社区中的关键人物，主教们肩负起稳定高卢的重任。与第一阶段的情形不同，第二阶段的高卢教务会议的论战焦点不再是教理教义，而是教会内部的权力斗争。在439年里耶教务会议、441年奥朗日教务会议、442年韦松教务会议、443—452年阿尔勒教务会议、444年贝桑松教务会议、449—461年阿尔勒教务会议和463年阿尔勒教务会议召开期间，主教们主要围绕阿尔勒教省的辖区变动展开激烈争辩。451年，高卢主教团组织召开教务会议，公开支持罗马教宗利奥一世反对449年以弗所教务会议的讨论结果。在453年昂热教务会议、461年图尔教务会议和461—491年瓦讷教务会议中，主教们一致强调《圣经》与教会法的至上权威。此后，他们又在475—480年阿尔勒教务会议和475—480年里昂教务会议中批判希波主教奥古斯丁的恩宠论（Grâce）与预定论（Prédestination）。为了方便读者了解早期高卢教务会议的大致样貌，这里将上述大部分会议的基本情况概括如下。

---

① 尼姆，位于高卢南部，今为法国加尔省的一个市镇。都灵，位于亚平宁半岛北部，今为意大利北部著名工业城市。

314 年阿尔勒教务会议

311 年，凯西利阿努斯（Caecilianus de Carthage）受任迦太基主教。但是，在凯西利阿努斯的反对者多纳图斯看来，为他按立圣职的主教中存在一位叛教者，此人曾在受迫害时交出若干本《圣经》，因而凯西利阿努斯所受的圣职无效。于是，他们选出一位对立主教马约利努斯（Majorinus），公开进行分裂教会的活动。313 年，由于没有获得帝国政府拨给北非神职人员的津贴，多纳图派遂向皇帝君士坦丁一世申诉。此后不久，罗马召开过一次教务会议，决议打压多纳图派，然而此举并没有取得实质性进展。314 年 8 月 1 日，在君士坦丁授意下，西部帝国的主教们在阿尔勒召开教务会议。此次教务会议在高卢教务会议史上具有无可比拟的历史意义，它是高卢大地上召开的第一次教务会议，是高卢未来的会议中心阿尔勒举行的第一次教务会议，是主教们第一次在帝国诏令下组织的会议。君士坦丁基本上从政治角度考虑问题，认为只有靠基督教才能最终完成帝国的统一。罗马帝国只有一个皇帝，一部法律；一切自由民只拥有一种公民身份，因此也应该只信仰一种宗教。关于这次会议，君士坦丁曾致信叙拉古主教克雷斯图斯：

出于这种考虑，我们已下令，来自各地方的众主教应最晚于八月初一在阿尔勒聚集。我们认为，也应当致信于你。你可以在杰出的西西里总督拉特罗尼安处获得交通工具，并且可以选择两名比你低一等级的［长老］与你同行。带上三名仆人，好让他们在路上照顾你；在上述指定的地点和时间到场出席会议。同时，我们也命令那些彼此分歧的人也到场参加听证会。当所有一切都被聆听、同时也被那些彼此分歧的人聆听时，凭着坚毅的阁下的权威，以及其他的到场主教统一一致的智慧，这可耻可叹、拖延至今的争吵也许能被真宗教、信仰与兄弟般的和睦取而代之，尽管这来得太迟。①

从书信内容可以读出以下几点核心要素：第一，时间期限。此次教务会议的时间最晚为 8 月 1 日。第二，国家优待。参与此次会议的主教在身份上等同于帝国官员，其旅途工具、用度及开销均为地方政府负责。第三，随行人员。与会主教可以选择两名比其低一等级的教会人员和三名仆人与其同行。第四，共同决议。关于基督教教义、信仰中出现的问题，皇帝希望全体主教发挥集体智慧，做出统一决断。

在阿尔勒主教马里努斯（Marinus d'Arles）的主持下，来自 44 个主教座的代表参加了此次会议，其中包括 33 名主教。罗马教宗也派遣两名牧师和两名执事代表其参加会议。不过，出席此次教务会议的人员总数无法确定。尽管很多抄本在与会者名单末尾指出参会人数达到 600 人，但这一说法并未得到其他文献材料的证实。优西比乌的《教会史》也只是提到与会者来自四面八方、不计其数。

在阿尔勒教务会议期间，君士坦丁宣称，只有主教们能够解决教会事务，他们的审判就好比上帝亲力亲为。不论这句话只是一种措辞方式，还是另有深意，314 年阿尔勒教务会议的目的就是要制造一起大事件。皇帝将西部帝国的主教召集在一起，允许他们以帝国职官的身份赶往阿尔勒，告诉他们出席会议乃是最高阶的帝国事务。会议谴责多纳图派的分裂活动，宣布即使是不称职的神职人员授予的圣职仍然有效，承认异端分子所施洗礼，批准罗马教会规定的复活节日期。多纳图派拒不服从会议决定，再次向君士坦丁一世上诉。面对此种局面，君士坦丁一世采取强制手段，封闭多纳图派教堂，驱逐其主教，没收其财产。不过，这种基督徒自相迫害的场面导致北非一片混乱。君士坦丁一世对此情境极为不满，遂放弃使用武力

---

① ［古罗马］优西比乌：《教会史》，第 462 页。

对付分裂派。此后，多纳图派迅速发展，并宣称自己是唯一真正的教会。在它看来，本派选任的神职人员中没有犯死罪者，本派的圣礼也是唯一有效的。直到穆斯林征服北非之后，该教派才彻底消失。

353 年阿尔勒教务会议

353 年，君士坦提乌斯二世在穆尔萨战役（Bataille de Mursa）中消灭僭主马格嫩提乌斯（Magnentius，303—353 年）率领的高卢军团后，把支离破碎的罗马行省聚拢起来置于自己的权力之下。为了在罗马帝国实现全面的统一，在宗教政策上，君士坦提乌斯二世决定与阿里乌派结盟，将后者的宗教观点强加于整个帝国的主教，坚称宗教团结乃是帝国一统的附属品。同年，君士坦提乌斯二世在阿尔勒召开教务会议。当主教们出席会议时，他拿出一份早已准备好的谴责亚历山大里亚主教阿塔纳修的教谕，这份教谕很可能是出自瓦伦斯（Valens）和尤尔萨斯（Ursace）之手，他们是阿尔勒教务会议的主持者，对皇帝有很大的影响。皇帝迫使在场的全体主教在这份教谕上签字，要求他们抛弃尼西亚大会确认的"三位一体"，接受阿里乌派教义。在皇帝的威逼下，除特里尔主教保林（Paulin de Trèves）没有签字外，其他所有主教都对皇命言听计从。尽管罗马教宗特使极力反对这项决定，但最终也只能屈服于皇帝威严。而坚持"尼西亚信经"（Symbole de Nicée）的保林则被流放到弗里吉亚（Phrygie）。

356 年贝济耶教务会议

355 年，普瓦捷主教希拉里在得到众多主教的认同后，发布教令，将迫害大公教派的"刽子手"瓦伦斯、尤尔萨斯等人开除教籍。是年，希拉里把自己撰写的《马太福音注》（*Commentaire sur l'évangile de*

Matthieu）献给君士坦提乌斯二世，在该书中，他声泪俱下，恳请皇帝停止对大公教派的迫害。于是，希拉里很快成为阿里乌派的眼中钉。356 年初，在得到瓦伦斯和尤尔萨斯的支持后，阿尔勒主教萨图尔宁（Saturnin d'Arles）在贝济耶召开教务会议，以希拉里为代表的大公教派主教们也被迫列席。与会期间，希拉里遭到指控，随后被君士坦提乌斯二世判处流放。359 年，君士坦提乌斯二世在里米尼（Rimini）和塞琉西亚（Seleucia）主持教务会议，强迫主教们签署亲阿里乌派的声明。君士坦提乌斯二世的一系列支持阿里乌派、打击大公教派的做法引起了希拉里等人的强烈反抗。君士坦提乌斯二世去世后，希拉里公开发布《反抗皇帝君士坦提乌斯书》，在该书中，他称君士坦提乌斯二世为暴虐的独裁者，并将帝国西部的信仰混乱归咎于他的宗教政策。与此同时，他还对贝济耶教务会议主持者蓄意隐瞒事实的行为展开猛烈抨击。

360—361 年巴黎教务会议

尤里安在日耳曼战争中获得的战绩与荣耀很快令其成为罗马人的英雄。与此同时，平静安稳的高卢大区与大敌当前的东部行省形成鲜明对比，身处君士坦丁堡的君士坦提乌斯二世对此深感不安。于是，在皇家大臣的鼓动下，君士坦提乌斯二世决定解除尤里安的兵权，将其麾下的高卢军团调到遥远的东方战场对付波斯大军。尽管尤里安表面上服从皇帝的这一安排，但其内心清楚这种旨意不过是皇帝剥夺兵权的借口罢了。在高卢，尝尽背井离乡、骨肉分离之痛的罗马军团显然不会像尤里安那般隐忍。他们来到巴黎，汇聚在尤里安面前高喊奥古斯都，然后将他举在盾牌之上。尤里安虽然表现出些许抗拒之情，但还是情不自禁地把一个精美绝伦的凯尔特项圈作为皇冠戴在头上，接受属下的劝谏，在高卢正式称帝。为了维持高卢地区的稳定，尤里安暂时对大公教派采取宽容政策。在他的召集下，高卢主教们在巴黎召开教务会议。开会之前，尤里安还特别允许此前被君士坦提乌斯二世流放的普瓦捷主教希拉里重返高卢，以便赶上此次会议。开会期间，参会的主教们以高卢主教团的名义，公开致信帝国东部的主教们，将会议讨论的结果公之于众，表明反对君士坦提乌斯二世亲阿里乌派的行为，宣称要重返先前的普世信仰。高卢主教团对君士坦提乌斯二世发表尖锐的评论，抱怨自己之前囿于"世俗审判"，但现在已从这种错误中解放出来。他们批评东部的主教们是君士坦提乌斯二世的帮凶，把接受阿里乌派教义的人视为亵渎者和异端，认为他们应当被驱逐出教区。

385 年波尔多教务会议与 386 年特里尔教务会议

约 370 年，普里西利安主义开始在西班牙和高卢南部传播。[①] 尽管 380 年萨拉格萨教务会议（le concile de Saragosse）批判普里西利安主义，但普里西利安派（Priscilliens）却得到了许多帝国高层官员甚至是皇帝格拉提安（Gratien，367—383 年在位）的支持。于是，他们开始大肆迫害反对派，特别是梅里达主教伊达斯（Ydace de Mérida）和奥索努巴主教依塔斯（Ithace d'Ossonuba）两位主教。383 年 8 月 25 日，格拉提安在里昂遇刺身亡，马克西穆斯自称西部皇帝。当他驻扎在特里尔时，依塔斯曾上书请求惩处普里西利安及其支持者。384—385 年，主教们在波尔多召开教务会议。普里西利安派成员出席了此次会议，但他们为本派的辩护收效甚微。386 年，主

[①] 普里西利安主义，被大公教派视为异端。它否认圣父、圣子、圣灵三个位格之间的实质区别，认为三者只是一位上帝的三种不同形态。它不承认基督的真实人性，认为耶稣的形体仅仅与人相似而已。它认为天使和灵魂是从上帝的本体发出的，魔鬼不是上帝所造，而是来自"恶元"和"黑暗"。另外，它还主张人的肉体是恶神所造，因而婚配是罪恶行为。这种宗教学说在西班牙多次遭到大公教派的谴责，至 6 世纪时，逐渐消失。

教们又在特里尔召开教务会议。此次会议赞同依塔斯针对普里西利安派的行动,请求皇帝马克西穆斯采取相应措施,打击这群教会内部的敌人。图尔主教马丁(Martin de Tours,371—397年在任)则建议皇帝不要采取流血方式处理此类事件。即便是对于普里西利安派的骨干们,只需依据主教们的共同决议宣布他们为异端即可。马克西穆斯最终选择依塔斯的谏言,在斩杀普里西利安之后,把普里西利安派的主要成员及其支持者流放至锡利群岛(îles Scilly)。

396年尼姆教务会议

特里尔教务会议之后,有关普里西利安派的争论并没有就此结束。高卢主教团逐渐分化为两派:一派是以新任特里尔主教费利克斯(Félix,386—399年在任)为首的多数派,也称费利克斯派,他们支持依塔斯惩处普里西利安派的做法;另一派则是以图尔主教马丁和马赛主教普罗库鲁斯(Proculus de Marseille,380—430年在任)为首的少数派,也称反费利克斯派(Antiféliciens)。他们请求米兰主教安布罗斯在米兰召开一次教务会议,以此解决高卢主教团内部因普里西利安派而衍生出的种种矛盾。然而,这一尝试并没有达成目标。更为严峻的是,高卢主教团内部又出现了新的矛盾。阿尔勒主教、马赛主教和维埃纳主教之间因各自的权力欲望而产生种种纠纷。为了解决上述矛盾,394—396年,高卢的主教们在尼姆召开教务会议。与会的主教一致决定,一个主教不应该从另一个主教的领地接收任何被罢免的神职人员。

398年都灵教务会议

398年,应高卢主教之要求,米兰主教辛普利西安(Simplicien

de Milan，约397—400/401年在任）在都灵召开教务会议，其主要目的在于解决高卢教会内部由来已久的各种矛盾。费利克斯派和反费利克斯派都参加了此次会议。会议期间，费利克斯主动放弃特里尔主教职位，两派之间的争斗就此终结。另外，此次教务会议还解决了马赛主教普罗库鲁斯与其下属神职人员的矛盾、维埃纳主教辛普利斯（Simplice de Vienne）和阿尔勒主教英格努乌斯（Ingenuus d'Arles，394—401年在任）之间的争斗以及马丁派（Martiniens）和图尔主教布里斯（Brice，397—444年在任）之间的纷争。

439年里耶教务会议

439年，阿尔勒主教希拉里在里耶召开教务会议。尽管会议名单没有指明参会者代表的城市，但还是可以根据名单上的姓名推断出这些参会者大多来自罗纳河谷南部、地中海沿岸以及米兰教会。此次教务会议的召开动因是昂布兰（Embrun）主教的设立问题。438年，阿尔芒塔里乌斯（Armentarius）在两名主教的委任与支持下成为昂布兰主教，并企图把昂布兰转变为集行政中心与宗教中心为一体的阿尔卑斯滨海省首府。然而，此举遭到阿尔勒主教希拉里的极力反对。在他看来，阿尔卑斯滨海省属于阿尔勒主教管辖范围，阿尔芒塔里乌斯的举动乃是赤裸裸的分裂行为。因此，希拉里在教务会议上宣布，由于选举仪式违反教会规条，昂布兰主教的选任结果不具备任何法律效力。

441年奥朗日教务会议

441年，阿尔勒主教希拉里召集高卢南部的主教们在奥朗日召开教务会议。包括希拉里本人在内，维埃纳主教克劳德（Claude de Vienne）、里昂主教尤歇里乌斯（Eucherius de Lyon，435—449 年在任）、日内瓦主教萨洛尼乌斯（Salonius de Genève，441—460 年在位）以及卡尔庞特拉主教康斯坦丁（Constantinus de Carpentras）等人都在其属下神父与执事的陪同下参加会议。事实上，随行人员的作用是显而易见的，他们不仅能够彰显主教的威望，而且可以在制定教会法的过程中为后者出谋划策。与会期间，主教们不仅借鉴了 314 年阿尔勒教务会议、325 年尼西亚大会、398 年都灵教务会议、439 年里耶教务会议的立法成果，而且参考了北非迦太基教务会议所颁布的教会规条。

442 年韦松教务会议

442 年，部分高卢主教在韦松召开教务会议。从与会者名单来看，韦松主教奥斯皮修斯（Auspicius de Vaison，约 439—450 年在任）的签名位列名单之首。由此推断，他很可能是本次教务会议的主持者。此人属于莱兰集团，曾在阿尔勒受任圣职。有学者认为，韦松教务会议的这种安排很可能是为了削弱阿尔勒主教希拉里对南部高卢教会的控制力。[①]

444 年贝桑松教务会议

444 年，阿尔勒主教希拉里在前往奥克塞尔拜访好友日尔曼努斯（Germain d'Auxerre，418—448 年在任）时发现，新任贝桑松主教切

---

① Edward Moore, *A Sacred Kingdom*: *Bishops and the Rise of Frankish Kingship*, 300 – 850, p. 69.

里多尼乌斯（Chelidonius）的委任仪式存在严重的违规行为。于是，他在贝桑松召开教务会议，指责切里多尼乌斯不具备担任主教的资格，并罢黜其主教职位。切里多尼乌斯无法接受贝桑松教务会议的裁决，在会议结束后，他立即带着决议文件前往使徒宗座，希望罗马教宗利奥一世为其主持公道。与此同时，他还向利奥一世指明希拉里在高卢主教选举和委任过程中的"专横跋扈"。利奥在听完切里多尼乌斯对希拉里的控诉后，立即派人展开调查。得闻此事后，希拉里随即动身前往罗马。在向罗马教宗解释时，他言辞犀利，拒绝使徒宗座插手高卢主教的选举问题。然而，在切里多尼乌斯违反教规的问题上，希拉里却无法提供充足的证据。在经过一番调查后，利奥一世决定惩处希拉里。他致信高卢主教团，表达对希拉里超越主教权力界限的不满，剥夺后者在所有高卢教省中的司法权力。另外，他还强调，从今往后，高卢各教区的主教选举工作只能由各教省的都主教负责。

451 年教务会议（地点不确定）

449 年，罗马皇帝狄奥多西二世在以弗所召开教务会议。罗马教宗曾向此次会议传达一份谕令，即《圣利奥书卷》，强调基督的"二性一位"。但是，这份文件遭到以弗所教务会议的驳斥。为了对抗以弗所教务会议，利奥一世将此份文件发往高卢，寻求高卢主教团的支持，并希望他们能够参加 451 年在加采东举行的教务会议。451 年，高卢主教团召开教务会议商讨此事，之后便向罗马教宗寄送一份联合署名的信件，以示对"二性一位"论的支持。在他们看来，聆听教宗的权威之声既是一种荣幸，更是一种信仰象征。

453 年昂热教务会议

453 年 10 月 4 日，为了完成昂热主教的选任工作，图尔主教尤斯托西乌斯、布尔日主教莱昂（Léon de Bourges，约 453—461 年在任）以及勒芒主教维克托尔等 7 位同省主教及其他相关神职人员在昂热召开教务会议。

449—461 年阿尔勒教务会议

阿尔勒主教拉万尼乌斯（Ravennius d'Arles，约 449—461 年在任）在任期间，12 名高卢主教曾在阿尔勒召开教务会议。此次教务会议的内容以书信形式保存下来，其主要目的在于解决半贝拉基主义（Semi-pélagianisme）的领导人物之一莱兰隐修院院长浮士德（Fauste de Lérin，约 439—466 年在任）与弗雷瑞斯主教提奥多尔（Théodore de Fréjus，约 433—455 年在任）的权力斗争。拉万尼乌斯希望提奥多尔能够宽恕并忘记浮士德对他的侵犯。主教们共同决定，所有莱兰隐修院的服务人员，只能由提奥多尔任命，只能接受他的涂油。在没有得到主教同意的情况下，隐修院不能在圣体圣事中接纳来自其他地区的教士，也不能赋予他们任何职权。

463 年阿尔勒教务会议

450 年，罗马教宗利奥一世重新划分维埃纳教省都主教（即维埃纳主教）的管辖范围，除瓦朗斯、塔朗泰斯（Tarentaise），日内瓦（Genève）和格勒诺布尔（Grenoble）依旧属于维埃纳教省外，原属该省的其他教区全部归阿尔勒教省，其中就包括后来引发阿尔勒主教与维埃纳主教权力之争的狄城（Die）。463年，维埃纳主教马梅尔为狄城主教祝圣，如果按照罗马教宗此前对维埃纳教省的划分，马梅尔此举显然违反了教会法的规定，因为一个教省的都主教没有权力为另一个教省的主教祝圣。于是，为了伸张使徒宗座的权力，罗马教宗希拉里（Hilaire de Rome，约461—468年在位）委托阿尔勒主教莱昂斯（Léonce d'Arles，约456/461—484年在任）通过教务会议调查此事，然后再向他汇报结果。在接到希拉里的委托后，莱昂斯立即在阿尔勒召开教务会议。由于会议文件没有保存下来，人们只能从希拉里给高卢主教团的回信中获取一些相关内容。希拉里在信中提到，根据帝国的法律，各个主教座堂必须接受并严格遵守使徒宗座对其辖区的划分。如果按照教规来处理此事，维埃纳主教马梅尔和受其祝圣的狄城主教应当被罢免。不过，此次争端的解决方式还是较为温和的：维埃纳主教马梅尔接受祝圣无效的判决；此前接受马梅尔祝圣的狄城主教在获得阿尔勒主教莱昂斯的合法祝圣后，继续保有主教职位。

附 录 3

高卢教会行政区划（6—8 世纪）

教省	教省下辖教区
阿尔勒教省	（1）阿尔勒（Arles）（2）普罗旺斯地区艾克斯（Aix-en-Provence）（3）阿普特（Apt）（4）里耶（Riez）（5）弗雷瑞斯（Fréjus）（6）加普（Gap）（7）西斯特龙（Sisteron）（8）昂蒂布（Antibes）（9）昂布兰（Embrun）（10）迪涅（Digne）（11）塞内（Senez）（12）格兰代夫（Glandève）（13）尼斯（Cimiez/Nice）（14）旺斯（Vence）（15）圣保罗三堡（Saint-Paul-Trois-Chateaux）（16）韦松（Vaison）（17）奥朗日（Orange）（18）卡尔庞特拉（Carpentras）（19）卡瓦永（Cavaillon）（20）阿维尼翁（Avignon）（21）马赛（Marseilles）（22）阿尔巴/维维耶（Alba/Viviers）（23）迪城（Die）（24）于泽（Uzès）（25）土伦（Toulon）
奥兹教省	（1）奥兹（Éauze）（2）欧什（Auch）（3）达克斯（Dax）（4）莱克图尔（Lectoure）（5）科曼日地区圣贝朗特（Saint-Bertrand-de Commignes）（6）库斯朗（Couserans）（7）莱斯卡尔（Lescar）（8）艾尔（Aire）（9）巴扎斯（Bazas）（10）塔布（Tarbes）（11）奥洛龙（Oloron）（12）巴约讷（Bayonne）
鲁昂教省	（1）鲁昂（Rouen）（2）巴约（Bayeux）（3）阿夫朗什（Avranches）（4）埃夫勒（Evreux）（5）塞城（Sées）（6）利雪（Lisieux）（7）库唐斯（Coutances）
贝桑松教省	（1）贝桑松（Besançon）（2）阿旺什（Avenches）（3）巴塞尔（Bâle）（4）温迪施/康斯坦茨（Windisch/Constance）（5）贝莱（Belley）
里昂教省	（1）里昂（Lyon）（2）奥顿（Autun）（3）朗格勒（Langres）（4）马孔（Mâcon）（5）索恩河畔沙隆（Chalon-sur-Saône）
桑斯教省	（1）桑斯（Sens）（2）沙特尔（Chartres）（3）奥克塞尔（Auxerre）（4）特鲁瓦（Troyes）（5）奥尔良（Orléans）（6）巴黎（Paris）（7）莫城（Meaux）（8）纳韦尔（Nevers）
波尔多教省	（1）波尔多（Bordeaux）（2）阿让（Agen）（3）昂古莱姆（Angloulême）（4）桑特（Saintes）（5）普瓦捷（Poitiers）（6）佩里格（Périgueux）

续表

教省	教省下辖教区
美因茨教省	（1）美因茨（Mayence）（2）斯特拉斯堡（Strasbourg）（3）施派尔（Spire）（4）沃姆斯（Worms）
图尔教省	（1）图尔（Tours）（2）勒芒（Le Mans）（3）雷恩（Rennes）（4）昂热（Angers）（5）南特（Nantes）（6）科尔瑟勒（Corseul）（7）瓦讷（Vannes）（8）卡莱（Carhaix）
特里尔教省	（1）特里尔（Trèves）（2）梅斯（Metz）（3）图勒（Toul）（4）凡尔登（Verdun）
布尔日教省	（1）布尔日（Bourges）（2）克莱蒙（Clermont）（3）罗德兹（Rodez）（4）阿尔比（Albi）（5）卡奥尔（Cahors）（6）利摩日（Limoges）（7）雅沃尔（Javols）（8）沃莱（Velay）（9）图卢兹（Toulouse）
兰斯教省	（1）兰斯（Reims）（2）苏瓦松（Soissons）（3）马恩河畔沙隆（Châlons-sur-Marne）（4）韦尔芒/努瓦永（Vermand/Noyon）（5）阿拉斯（Arras）（6）康布雷（Cambrai）（7）图尔奈（Tournai）（8）桑利斯（Senlis）（9）博韦（Beauvais）（10）亚眠（Amiens）（11）泰鲁阿讷（Thérouanne）（12）拉昂（Laon）
维埃纳教省	（1）维埃纳（Vienne）（2）日内瓦（Genève）（3）格勒诺布尔（Grenoble）（4）瓦朗斯（Valence）（5）塔朗泰斯（Tarentaise）（6）马尔蒂尼/锡永（Martigny/Sion）（7）圣让—德莫里耶讷（Saint-Jean-de-Maurienne）（8）奥斯塔（Aosta）
科隆教省	（1）科隆（Cologne）（2）通厄伦/马斯特里赫特/列日（Tongres/Maastricht/Liège）
纳博讷教省	（1）纳博讷（Narbonne）（2）贝济耶（Béziers）（3）阿格德（Agde）（4）玛格洛讷（Maguelonne）（5）尼姆（Nîmes）（6）洛代夫（Lodève）（7）埃尔讷（Elne）（8）卡尔卡松（Carcassonne）

＊注："（1）"为教省首府

附 录 4

墨洛温先祖谱系(4—5 世纪)

1. 法兰克时代核心历史文献中的先祖谱系[①]

《法兰克人史》	《弗莱德加编年史》(第 3 卷)	《法兰克人史纪》
里歇梅尔 提乌德梅尔(做过国王) ? 克洛吉奥 ? 墨洛维(有些人认为他出于克洛吉奥的家族,是希尔德里克的父亲) 希尔德里克 克洛维	里歇梅尔 提乌德梅尔(第一位国王) 克洛吉奥 墨洛维 希尔德里克 克洛维	法拉蒙(第一位国王) 克洛吉奥 ? 墨洛维 希尔德里克 克洛维

2. 墨洛温王位世袭表抄本中的先祖谱系

第一份手稿 A 是德国历史学家乔治·海因里希·佩茨(Georg Heinrich Pertz)于 19 世纪前期在圣加仑(Saint-Gall)的图书馆中发现的,该手稿可能抄写于公元 9 世纪的巴伐利亚(Bavaria)。[②] 如图片所示,手稿 A 中有关墨洛温先祖谱系的内容如下:

[①] 上述三部史料中体现出来的先祖谱系如表 1 所示。"?"代表不清楚两个先祖之间是否存在其他先祖。无"?"之处,默认两个国王为父子关系。有特殊情况的,已在表中的"( )"中标出。

[②] St. Gallen, Stiftsbibliothek, Cod. Sang. 732, p. 155. 这张墨洛温国王谱系的手稿张照片可在该网址中获得:http://www.e-codices.unifr.ch/fr/csg/0732/155/0/Sequence-654。

法兰克王国（谱系）。法兰克王国第一位国王是克洛吉奥。克洛吉奥生克洛多鲍德。克洛多鲍德生墨洛维。墨洛维生希尔德布里克。希尔德布里克生戈尼奥多。戈尼奥多生希尔德里克。希尔德里克生克洛维。①

墨洛温王位世袭表抄本 A

---

① 该手稿中的拉丁原文如下：*De regum Francorum. Primus rex Francorum. Chloio. Chloio genuit Glodobode. Ghlodobedus genuit Mereueo. Mereueus genuit Hilbricco. Hildebricus genuit Genniodo. Genniodus genuit Hilderico. Childericus genuit Chlodoueo. Chlodoueus genuit Theoderico, Chlomiro, Hildeberto, Hlodario. Chlodharius genuit Chariberto, Ghundrammo, Chilberico, Sigiberto. Sigebertus genuit Hildeberto. Hildebertus genuit Theodoberto & Theoderico. & ante Hilbericus genuit Hlodhario. Hlodharius genuit Dagabertum.*

第二份手稿 B 有两个版本,按照比利时历史学家戈德弗鲁瓦·库尔策(Godefroid Kurth)的说法,第一版本 B1 和第二版本 B2 都抄写于公元 10 世纪,其中有关墨洛温先祖谱系的内容基本一致:

> 法兰克王国的第一个国王是法拉蒙;法拉蒙生克勒诺和克洛吉奥;克洛吉奥生克洛多鲍德;克洛多鲍德生希尔德里克;希尔德里克生克洛维和克洛德玛尔。①

---

① 手稿 B1 参见 Généalogie B1, Paris, BnF, lat. 9654, fol. 121r: *Primus rex Francorum Faramundus dictus est Faramundus genuit Cleno & Cludiono. Chludius genuit Chlodebaudo. Chlodebaudus genuit Chloderico. Chlodericus genuit Childeuio & Hlodmaro*;手稿 B2 参见 Généalogie B2, Paris, BnF, lat. 4628A, fol. 5v: *Primus rex Francorum Faramundus dictus est Faramundus genuit Chlenum et Chlodionem. Chlodius genuit Chlodebaudum. Chlodebaudus genuit Chlodericum. Chlodericus genuit Chlodoueum et Chlodmarum.*

附 录 5

墨洛温王朝中前期疆域变更与国土瓜分(481—613 年)

1. 481 年克洛维建国

481 年,克洛维继其父希尔德里克一世而成为滨海法兰克人的国王。486 年,他联合自己的亲属拉格纳卡尔消灭了西阿格里乌斯(Syagrius)统领的罗马残余势力,占领了苏瓦松及其周边地区,结束了滨海法兰克人与西罗马残余势力之间长达近半个世纪的合作关系。508 年,克洛维在取得对西哥特人的胜利之后,接到了东罗马皇帝阿纳斯塔西乌斯一世的敕书,受任执政官,获得奥古斯都的称号,享誉整个高卢。此后,克洛维接连铲除了西吉贝尔特父子、卡拉里克、拉格纳卡尔以及威胁他统治的近支亲属,改变了法兰克族群传统的多王统治形式,成为整个法兰克王国唯一的国王。

2. 511 年国土瓜分

克洛维去世后,他的四个儿子,即提乌德里克一世、克洛多梅尔(Clodomer,511—524 年在位)、希尔德贝尔特一世和克洛塔尔一世,瓜分了他的王国,在法兰克王国内部分别建立起以兰斯、奥尔良、巴黎和苏瓦松为中心的四个二级王国。

3. 558 年王国统一

第一次领土瓜分后,法兰克王国的疆域范围并未就此固定下来。一方面,克洛维的后继者们继续扩张王国的边界,他们先后征服了勃艮第王国和普罗旺斯地区，除今天的朗格多克地区和西部的布列塔尼地区之外，墨洛温诸王几乎占有了整个高卢地区。另一方面，法兰克王国内部的领地归属也出现了很大的变化：长子提乌德里克一世的领地因其孙提乌德巴尔德（Théodebald，548—555 年在位）无嗣仅传两代；524 年，克洛多梅尔在勃艮第战死，其领土被克洛塔尔一世和希尔德贝尔特一世平分；558 年，希尔德贝尔特一世无男嗣而终。至此，墨洛温诸王中唯一尚在人世的克洛塔尔一世继承了其亲属的领土，幸运地统一了墨洛温王国。然而，这种统一的局面仅仅维持了 3 年便宣告结束。

4. 561 年国土瓜分

按照《法兰克人史》的记载，561 年，克洛塔尔一世去世，卡里贝尔特一世、贡特拉姆、希尔佩里克一世和西吉贝尔特一世兄弟四人分疆而治。希尔德贝尔特一世的国土归卡里贝尔特；克洛多梅尔的国土归贡特拉姆；希尔佩里克一世得到他父亲克洛塔尔一世的国土；西吉贝尔特一世得到提乌德里克一世的国土。

5. 587 年《昂德洛条约》（Pacte d'Andelot）

公元 587 年，勃艮第国王贡特拉姆在法兰克东北部小镇昂德洛与奥斯特拉西亚国王希尔德贝尔特二世会晤，并就两个二级王国（奥斯特拉西亚王国与勃艮第王国）之间的矛盾达成谅解。经过反复商讨，两位国王最终达成一项特殊的协议，即，在贡特拉姆国王去世之后，希尔德贝尔特二世将合法继承他的勃艮第王国。约 592 年，贡特拉姆国王去世，其领土归希尔德贝尔特二世所有；而另一位墨洛温国王克洛塔尔二世则几乎一无所获，只能偏居高卢西北一隅。

6. 613 年王国统一

公元 613 年，卧薪 10 余年的克洛塔尔二世利用奥斯特拉西亚与勃艮第王国内部的政治矛盾，将其一举兼并，完成了统一法兰克王国的壮举。

附 录 6

墨洛温王朝中后期诸王的基本情况（639—751 年）

从 639 年达戈贝尔一世去世算起，到 751 年希尔德里克三世下台为止，墨洛温王朝中后期历时 113 年，共有 15 位国王，其中既包括正统君主，也包括僭位者。考虑到法兰克王国境内的两个"二级王国"，即奥斯特拉西亚王国和纽斯特里亚—勃艮第王国，在此期间经历了"和平→内战→统一"的变化过程，墨洛温王朝中后期大致可以分为三个历史阶段，即 639—675 年、675—691 年和 691—751 年。①

第一阶段自达戈贝尔一世去世至希尔佩里克二世被杀（639—675 年）。该时期法兰克境内曾有 6 位国王在位。除"继子"希尔德贝尔特（Childebert l'Adopté）② 外，其余 5 位国王，即西吉贝尔特三世（Sigebert III）、克洛维二世（Clovis II）、克洛塔尔三世（Clotaire III）、提乌德里克三世（Thierry III）以及希尔德里克二世（Childéric II），皆

---

① 6 世纪后期，法兰克王国境内逐渐形成三个相对独立的二级王国，即东北部的奥斯特拉西亚王国、西北部的纽斯特里亚王国、东部的勃艮第王国。613 年克洛塔尔二世统一法兰克王国后，纽斯特里亚王国与勃艮第王国合并。

② 希尔德贝尔特，格里莫阿尔德一世之子。由于西吉贝尔特三世起初没有儿子，格里莫阿尔德一世施展权术把自己的儿子过继给西吉贝尔特三世，让其将来继承王位。Geneviève Bührer-Thierry et Charles Mériaux, éd., *La France avant la France, 481 - 888*, Paris: Éditions Belin, 2014, p. 274.

为正统墨洛温君主。①

表1　　　　　　　639—675年墨洛温诸王基本情况

国王	在位时间	统治王国	辅政要员
西吉贝尔特三世	633—656年	奥斯特拉西亚王国	丕平一世、格里莫阿尔德
克洛维二世	639—657年	纽斯特里亚和勃艮第王国	埃加、南特希尔德、埃尔西诺阿尔德
"继子"希尔德贝尔特	656—661年	奥斯特拉西亚王国	格里莫阿尔德
克洛塔尔三世	657—673年 661—662年	纽斯特里亚和勃艮第王国 法兰克王国	埃尔西诺阿尔德、奥多因、巴提尔德、克洛德贝尔特、埃布罗安
希尔德里克二世	662—673年 673—675年	奥斯特拉西亚王国 法兰克王国	伍尔夫阿尔德
提乌德里克三世	673年	纽斯特里亚和勃艮第王国	埃布罗安

就上层统治结构而言，两个二级王国稍有不同。奥斯特拉西亚国王实行宫相辅政制，相继协助国王处理军政要务的丕平一世、格里莫阿尔德一世（Grimoald Ier，约641—656年任宫相）和伍尔夫阿尔德（Wulfoald，约656/662—676年任宫相）均为当地权贵。纽斯特里亚—勃艮第王国在国王年幼期遵循王太后与辅政大臣共领国政的原则。在王太后南特希尔德（Nanthilde，639—642年摄政）和巴提尔德摄政期间，国王身边的辅政大臣由以埃加（Aega，639—641年任宫相）、埃尔西诺阿尔德（Erchinoald，641—658年任宫相）等人为代表的王室近臣出任。不过，自巴提尔德隐退谢勒隐修院（Abbaye de Chelles）后，纽斯特里亚—勃艮第王国的辅政职权一直处于埃布罗安的掌控之下，墨洛温王太后摄政现象就此终结。②

---

① 西吉贝尔特三世、"继子"希尔德贝尔特是奥斯特拉西亚国王；克洛维二世和提乌德里克三世为纽斯特里亚—勃艮第国王。克洛塔尔三世，657—673年任纽斯特里亚—勃艮第国王，661—662年任全法兰克王国的国王。希尔德里克二世，662—673年任奥斯特拉西亚国王，673—675年成为全法兰克王国的国王。

② 埃布罗安两次受任纽斯特里亚—勃艮第宫相，第一阶段为658—673年，第二阶段为675—680/681年。

附录6　墨洛温王朝中后期诸王的基本情况(639—751年)　213

第二阶段自提乌德里克三世第二次上台至其去世（675—691年）。① 该时期法兰克领土上共出现3位国王。除僭位者克洛维三世（Clovis III）外，其余两位国王，即提乌德里克三世和达戈贝尔二世（Dagobert II）②，皆出自墨洛温王室。就上层统治结构而言，埃布罗安死后（680年或681年），瓦拉托（Waratto）③、吉斯勒马尔（Ghislemar，684年任宫相）和贝尔卡尔（Berchar，686—687年任宫相）等法兰克权贵先后担任纽斯特里亚—勃艮第王国的宫相，负责辅佐提乌德里克三世。但是，在奥斯特拉西亚王国，由于达戈贝尔二世于679年遇刺身亡，其上层统治结构发生巨变，当地权贵马丁（Martin）和丕平二世趁机夺取该王国的统治权，并与纽斯特里亚—勃艮第王国展开激烈的内战。687年，在丕平二世获得泰尔特里战役的胜利之后，法兰克王国再次统一。但是，时任君主的提乌德里克三世一直处于丕平二世的监控下，直至691年去世为止。④

表2　　　　　　　675—691年墨洛温诸王基本情况

国王	在位时间	统治王国	辅政要员
提乌德里克三世	675—679年 687—691年	纽斯特里亚和勃艮第王国 法兰克王国	埃布罗安、瓦拉托、吉斯勒马尔、贝尔卡尔、丕平二世
克洛维三世	675—676年	奥斯特拉西亚王国	埃布罗安

---

①　673年提乌德里克三世继承纽斯特里亚—勃艮第王位后，埃布罗安继续出任宫相一职位。但是，在纽斯特里亚权贵集团的反抗行动中，两人均被削去头发，发配到修道院。两年后，提乌德里克三世复位。［法兰克］匿名作者：《法兰克人史纪》，第159页；［法兰克］弗莱德加：《弗莱德加编年史》（第4卷及续编），第175页；"Passio Leudegarii I", in Bruno Krusch et Wilhelm Levison, eds., *Passiones vitaeque sanctorum aevi Merovingici*, MGH., SRM, Tomus V, Hannover: Hahn, 1910, p. 288.

②　676年，曾被流放到爱尔兰的达戈贝尔二世，在主教维尔弗里德（Wilfrid）的帮助下，重返法兰克王国，成为奥斯特拉西亚王国的继承者。Bertram Colgrave, *The Life of Bishop Wilfrid by Eddius Stephanus*, Cambridge: Cambridge University Press, 1927, pp. 54–56.

③　瓦拉托（686年去世），曾两次出任纽斯特里亚—勃艮第王国宫相，第一任期大约从680年到682年，第二任期大约从684年到686年。

④　［法兰克］匿名作者：《法兰克人史纪》，第161—162、164—165页。

续表

国王	在位时间	统治王国	辅政要员
达戈贝尔二世	676—679 年	奥斯特拉西亚王国	伍尔夫阿尔德

第三阶段为墨洛温王朝的最后 60 年。该时期的奥斯特拉西亚王国和纽斯特里亚—勃艮第王国几乎一直保持统一状态，共出现 7 位国王，除希尔佩里克二世（Chilpéric II）曾任命一位非加洛林家族的宫相拉冈弗雷德（Ragenfred，约 715—717 年任宫相）外，其余 6 位国王的宫相皆出自加洛林家族。克洛维四世（Clovis IV）、希尔德贝尔特三世（Childebert III）和达戈贝尔三世（Dagobert III）的宫相为丕平二世；克洛塔尔四世（Clotaire IV）和提乌德里克四世（Thierry IV）的宫相为查理·马特（Charles Martel，717—741 年任宫相）。值得注意的是，在提乌德里克四世去世后，法兰克王国一度出现长达 6 年（737—743 年）的王位虚悬期，直至希尔德里克三世登上王位为止。这位墨洛温王朝末代国王身边的辅政大臣为卡洛曼（Carloman，741—747 年任宫相）和丕平三世。

表3　　　　　　　　691—751 年墨洛温诸王基本情况

国王	在位时间	统治王国	辅政要员
克洛维四世	691—694/695 年	法兰克王国	丕平二世
希尔德贝尔特三世	695—711 年	法兰克王国	丕平二世
达戈贝尔三世	711—715 年	法兰克王国	丕平二世
希尔佩里克二世	715—717 年 717—719 年 719—721 年	法兰克王国 纽斯特里亚和勃艮第王国 法兰克王国	拉冈弗雷德 查理·马特
克洛塔尔四世	717—719 年	奥斯特拉西亚王国	查理·马特
提乌德里克四世	721—737 年	法兰克王国	查理·马特
希尔德里克三世	743—751 年	法兰克王国	卡洛曼、丕平三世

参考文献

一 工具书

侯旭东:《什么是日常统治史》,生活·读书·新知三联书店 2020 年版。

张倩红、艾仁贵:《犹太史研究入门》,北京大学出版社 2017 年版。

DELUMEAU, J., *Dictionnaire de l'histoire du christianisme*, Paris: Albin Michel, 2000.

FAVIER, J., dir., *Dictionnaire de la France médiévale*, Paris: Fayard, 1993.

MORLET, M. -T., *Les noms de personnes sur le territoire de l'ancienne Gaule du VIᵉ au XIIᵉ siècle*, Paris: CNRS Éditions, 1968.

二 文献史料

(一) 叙述性史料

1. 《法兰克人史》

[法兰克]格雷戈里:《法兰克人史》,寿纪瑜、戚国淦译,商务印书馆 2018 年版。

ARNDT, W. et B. Krusch, eds., "Gregorii episcopi Turonensis Libri historiarum X", in *Gregorii Turonensis opera*, MGH., SRM, Tom. I, P. I, Hannover: Hahn, 1951.

BREHAUT, E., ed. and trans., *History of the Franks*, New York: Columbia University Press, 1961.

LATOUCHE, R., éd. et trad., *Histoire des Francs*, Paris: Les Belles

Lettres,2005.

2.《弗莱德加编年史》

[法兰克] 弗莱德加：《弗莱德加编年史》（第 4 卷及续编），陈文海译注，人民出版社 2017 年版。

DEVILLERS, O. et J. Meyers, éd. et trad., *Chronique des temps Mérovingiens*, Turnhout: Brepols, 2001.

KRUSCH, B., ed., "Chronicarum quae dicuntur Fredegarii Scholastici libri IV. cum Continuationibus", in *Fredegarii et aliorum chronica*, MGH., SRM, Tomus II, Hannover: Hahn, 1888.

WALLACE-HADRILL, J. M., ed. and trans., *The Fourth Book of the Chronical of Fredegar with its Continuations*, London: Thomas Nelson and Sons Ltd., 1960.

3.《法兰克人史纪》

[法兰克] 匿名作者：《法兰克人史纪》，陈文海译注，人民出版社 2018 年版。

BACHRACH, B. S., ed. and trans., *Libre Historiae Francorum*, Lawrence, KS: Coronado Press, 1973.

KRUSCH, B., ed., "Liber Historiae Francorum", in *Fredegarii et aliorum chronica*, MGH., SRM, Tomus II, Hannover: Hahn, 1888.

LEBECQ, S., éd. et trad., *La Geste des rois des Francs. Liber Historiae Francorum*, Paris: Les Belles Lettres, 2015.

4.《法兰克王家年代记》

[法兰克] 匿名作者：《法兰克王家年代记》，陈文海译注，人民出版社 2019 年版。

KURZE, F. et G. H. Pertz, eds., *Annales regni Francorum inde ad A. 741. usque ad A. 829, qui dicuntur Annales Laurissenses maiore et Einhardi*, in MGH., SRG, Hannover: Hahn, 1895.

（二）教会法文献

[英] J. 沃特沃斯（英译）：《特兰特圣公会议教规教令集》，陈文海

译注，商务印书馆2012年版。

DE CLERCQ, C., *Concilia Galliae. A. 511—A. 695*, Turnbout: Brepols, 1963.

GAUDEMET, J., *Conciles gaulois du IVe siècle*, Paris: Cerf, 1977.

GAUDEMET, J. et B. Brigitte, éd., *Les canons des conciles mérovingiens (VIe – VIIe siècles)*, Paris: Cerf, 1989.

HEFELE, K. J. V., *Histoire des conciles d'après les documents originaux*, éd. et trad. par Henri Leclercq, Vol. I – XVI, Paris: Librairie Letouzey et Ané, 1907 – 1921.

MAASSEN, F., ed., *Concilia Aevi Merovingici*, in MGH., Legum Sectio III, Concilia, Tomus I, Hannover: Hahn, 1893.

MUNIER, C., *Concilia Galliae. A. 314—A. 506*, Turnbout: Brepols, 1963.

WERMIGHOFF, A., ed., *Concilia Aevi Karolini*, Vol. I – II, MGH., Legum Sectio III, Concilia, Tomus II, Hannover: Hahn, 1906, 1908.

（三）世俗法典

DREW, K. F., ed. and trans., *The Laws of the Salian Franks*, Philadelphia: University of Pennsylvania Press, 1991.

ECKHARDT, K. A., ed., *Pactus legis Salicae*, in MGH., Legum Sectio I, Tom. IV, P. I, Hannover: Hahn, 1962.

RIVERS, T. J., ed. and trans., *Laws of the Salian and Ripuarian Franks*, New York: AMS Press, 1986.

SALIS, L. R. V., ed., *Leges Burgundionum*, in MGH., Legum Sectio I, Tom. II, P. I, Hannover: Hahn, 1892.

（四）君主条令与范本文书

BORETIUS, A., ed., *Capitularia Regnum Francorum*, Tomus I, MGH., Hannover: Hahn, 1883.

RIO, A., ed. and trans., *The Formularies of Angers and Marculf: Two Merovingian legal Handbooks*, Liverpool: Liverpool University Press, 2008.

ZEUMER, K., ed., *Formulae Merowingici et Karolini Aevi. Accedunt or-*

dines iudiciorum dei, MGH., Legum Sectio V, Tomus I, Hannover: Hahn, 1886.

（五）圣徒传记

KRUSCH, B., ed., *Passiones vitaeque sanctorum aevi Merovingici*, in MGH., SRM, Tomus IV, Hannover: Hahn, 1902.

KRUSCH, B., ed., *Passiones vitaeque sanctorum aevi Merovingici*, in MGH., SRM, Tomus VII, Hannover: Hahn, 1920.

KRUSCH, B. et W. Levison, eds., *Passiones vitaeque sanctorum aevi Merovingici*, MGH., SRM, Tomus V, Hannover: Hahn, 1910.

（六）书信集

DE FERRIÈRES, L., éd. et trad., *Correspondance*, Tome I – II, Paris: Les Belles Lettres, 1964.

GUNDLACH, W., ed., "Epistolae Austrasicae", in Dümmler Ernest, ed., *Epistolae Merowingici et Karolini Aevi*, Tomus I, MGH., Berlin: Weidmann, 1892.

（七）祈祷书与圣礼书

Mohlberg, L. C. et al., eds., "Missale Francorum", in *Rerum Ecclesiasticarum Documenta*, Series maior 2, Rome: Casa Editrice Herder, 1957.

Mohlberg, L. C. et al., eds., "Sacramentarium Gelasianum", in *Rerum Ecclesiasticarum Documenta*, Series maior 4, Rome: Casa Editrice Herder, 1960.

三 外文论著

（一）外文著作

AULISA, I., *Les juifs dans les récits chrétiens du Haut Moyen Âge*, Paris: CNRS Éditions, 2015.

BACHRACH, B. S., *Early Medieval Jewish Policy in Western Europe*, Minneapolis: University of Minnesota Press, 1977.

BARION, H. , *Das fränkisch-deutsche Synodalrecht des Frühmittelalters*, Bonn: Ludwig Röhrscheid Verlag, 1931.

BARNWELL, P. S. and M. Mostert, ed. , *Political Assemblies in the Early Middle Ages*, Turnhout: Brepols, 2003.

BARTHÉLEMY, D. , *La Chevalerie. De la Germanie antique à la France du XIIe siècle*, Paris: Fayard, 2007.

BASDEVANT-GAUDEMET, B. , *Église et autorités: Études d'histoire du droit canonique médiéval*, Limoges: Presses Universitaire de Limoges, 2006.

BAUMGART, S. , *Die Bischofsherrschaft im Gallien des 5. Jahrhunderts*, Munich: Editio Maris, 1995.

BEAUJARD, B. , *Le culte des saints en Gaule: Les premiers temps. D'Hilaire de Poitiers à la fin du VIe siècle*, Paris: Cerf, 2000.

BITEL, L. M. , *Women in Early Medieval Europe, 400 – 1100*, Cambridge: Cambridge University Press, 2002.

BLOCH, M. , *Les rois thaumaturges: Étude sur le caractère surnaturel attribué à la puissance royale particulièrement en France et en Angleterre*, Paris: Armand Collin, 1961.

BLUMENKRANZ, B. , *Les auteurs chrétiens latins du Moyen Âge sur les juifs et le judaïsme*, Paris: Peerters Paris-Louvain, 2007.

BORK, R. O. and A. Kann, *The Art, Science, and Technology of Medieval Travel*, Burlington: Ashgate publishing, 2008.

BOUCHARD, C. , *Those of My Blood: Constructing Noble Families in Medieval Francia*, Philadelphia: University of Pennsylvania Press, 2001.

BROWN, P. , *L'essor du christianisme occidental. Triomphe et diversité (200 – 1000)*, Paris: Éditions du Seuil, 1997.

BRUBDAGE, J. A. , *Medieval Canon Law*, New York: Wesley Longman, 1995.

BRUNNER, H. , *Deutsche Rechtsgeschicht*, 2 Bände, Leipzig: Verlag von Duncker und Humblot, 1906 und 1928.

BÜHRER-THIERRY, G., *Les sociétés en Europe du milieu du VIe à la fin du IXe siècle: Enjeux historiographiques, méthodologie, bibliographie commentée*, Paris: Armand Colin, 2002.

BÜHRER-THIERRY, G. et C. Meriaux, *La France avant la France, 481 – 888*, Paris: Éditions Belin, 2014.

CAILLET, J. - P., et M. Sot, *L'audience: Rituels et cadres spatiaux dans l'Antiquité et le Haut Moyen Âge*, Paris: Picard, 2007.

CARDOT, F., *L'espace et le pouvoir: Étude sur l'Austrasie mérovingienne*, Paris: Publications de la Sorbonne, 1987.

CHAZELLE, C. and B. V. N. Edwards, *The Study of the Bible in the Carolingian Era*, Turnhout: Brepols, 2003.

CHELINI, J., *L'aube du Moyen Âge. Naissance de la chrétienté occidentale*, Paris: Picard, 1991.

CLOCHE, P., *Les élections épiscopales sous les mérovingiens dans le Moyen Âge*, Paris: Édouard Champion, 1925.

COLSON, J., *L'Épiscopat catholique: Collégialité et primauté dans les trois premiers siècles de l'Église*, Paris: Cerf, 1963.

CONTAMINE, P., *L'économie médiévale*, Paris: Armand Colin, 1993.

COUMERT, M., *Origines des peuples: Les récits du Haut Moyen Âge occidental (550 – 850)*, Paris: Institut d'Études Augustiniennes, 2007.

COUMERT, M. et B. Dumézil, *Les royaumes barbares en Occident*, Paris: Presses Universitaires de France, 2010.

DAGENS, C., *Saint Grégoire le Grand: Culture et expérience chrétienne*, Paris: Cerf, 2014.

DAVIES, W. and P. Fouracre, eds., *Property and Power in the Early Middle Ages*, Cambridge: Cambridge University Press, 1995.

DAVIES, W. and P. Fouracre, eds., *The Settlement of Disputes in Early Medieval Europe*, Cambridge: Cambridge University Press, 1986.

DE CLERCQ, C., *La législation religieuse franque de Clovis à Charlemagne*, Paris: Sirey, 1936.

DEVROEY, J. -P., *Puissants et misérables: Système social et monde paysan dans l'Europe des Francs ($VI^e - IX^e$ siècles)*, Bruxelles: Académie Royale de Belgique, 2006.

DEVROEY, J. -P., *Économie et société rurale dans l'Europe franque ($VI^e - IX^e$ siècles)*, Paris: Belin, 2003.

DILL, S., *Roman Society in Gaul in the Merovingian Age*, Londres: Macmillan, 1926.

DUCHESNE, L., *Fastes épiscopaux de l'ancienne Gaule*, Tome I, Paris: Thorin & Files, 1894.

DUCHESNE, L., *Fastes épiscopaux de l'ancienne Gaule*, Tome II, Paris: A. Fontemoing, 1899.

DUCHESNE, L., *Fastes épiscopaux de l'ancienne Gaule*, Tome III, Paris: A. Fontemoing, 1915.

DUCHESNE, L., *L'Église au VIe siècle*, Paris: E. de Boccard, 1925.

DUCHESNE, L., *Origines du culte chrétien: Étudie sur la liturgie latine avant Charlemagne*, Paris: Ancienne Librairie Fontemoing et C, 1920.

DUMEZIL, B., *La reine Brunehaut*, Paris: Fayard, 2008.

DUMEZIL, B., *La société médiévale en Occident*, Paris: Ellipses, 2006.

DUMEZIL, B., *Les racines chrétiennes de l'Europe. Conversion et liberté dans les royaumes barbares ($V^e - VIII^e$ siècle)*, Paris: Fayard, 2005.

DUMEZIL, B., *Servir l'État barbare dans la Gaule franque. Du fonctionnariat antique à la noblesse médiévale, $IV^e - IX^e$ siècle*, Paris: Tallandier, 2013.

EFFROS, B., *Merovingian Mortuary Archaeology and the Making of the Early Middle Ages*, California: University of California Press, 2003.

EFFROS, B. and I. Moreira, *The Oxford Handbook of the Merovingian World*, Oxford: Oxford University Press, 2020.

ESDERS S. et al., eds., *East and West in the Early Middle Ages: The Merovingian Kingdoms in Mediterranean Perspective*, Cambridge: Cambridge University Press, 2019.

FAIVRE, A., *Naissance d'une hiérarchie: Les premières étapes du cursus clérical*, Paris: Éditions Beauchesne, 1977.

FAÜ, J. - F., *Les juifs dans l'iconographie chrétienne au Moyen Âge*, Paris: Geuthner, 2016.

FELLER, L., *Église et société en Occident (VIIe - XIe siècle)*, Paris: Armand Colin, 2004.

FLEURY, J., *Recherches historiques sur les empêchements de parenté dans le mariage canonique, des origines aux fausses décrétales*, Paris: Sirey, 1933.

FOLZ, R., *Les saints rois du Moyen Âge en Occident (VIe - XIIIe siècles)*, Bruxelles: Société des Bollandistes, 1984.

FOURACRE, P., ed., *The New Cambridge Medieval History*, Vol. Ⅰ, *c. 500 - c. 700*, Cambridge: Cambridge: University Press, 2005.

FOURACRE, P. and R. A. Gerberding, *Late Merovingian France: History and Hagiography*, Manchester: Manchester University Press, 1996.

FOURNIER, P. et G. Le Bras, *Histoire des collections canoniques en Occident depuis les fausses décrétales jusqu'au décret de Gratien*, Tome Ⅰ - Ⅱ, Paris: Sirey, 1931, 1932.

FOWLER-MAGERL, L., *Clavis Canonum: Selected Canon Law Collections Before 1140*, Hannover: Hahnsche Buchhandlung, 2005.

GAILLARD, M., *L'empreinte chrétienne en Gaule du IVe au IXe siècle*, Turnhout: Brepols, 2014.

GANSHOF, F. - L., *Frankish Institution under Charlemagne*, trans. by Bryce Lyon and Mary Lyon, New York: The Norton Library, 1970.

GANSHOF, F. - L., *The Carolingians and the Frankish Monarchy: Studies in Carolingian History*, trans. by Janet Sondbeimer, London:

Longman Group Limited, 1971.

GAUDEMET, J., *Histoire du droit et des institutions de l'Église en Occident*, Tome III, Paris: Sirey, 1958.

GAUDEMET, J., *Histoire du droit et des institutions de l'Église en Occident*, Tome V, Paris: Sirey, 1994.

GAUDEMET, J., *La formation du droit canonique médiéval*, Londres: Variorum, 1980.

GAUDEMET, J., *La formation du droit séculier et du droit de l'Église aux IVe et Ve siècles*, Paris: Sirey, 1979.

GAUDEMET, J., *Les naissances du droit: Le temps, le pouvoir et la science au service du droit*, Paris: Montchrestien, 2006.

GAUDEMET, J., *Les sources du droit canonique, VIIIe – XXe siècle*, Paris: Cerf, 1993.

GAUDEMET, J., *Les sources du droit de l'Église en Occident du IIe au VIIe siècle*, Paris: Cerf, 1985.

GAUDEMET, J., *Les élections dans l'Église latine des origines au XVIe siècle*, Paris: Fernand Lanore, 1979.

GAUDEMET, J., *Sociologie historique du droit*, Paris: Presse Universitaire de France, 2000.

GAUDEMET, J., *Église et Cité: Histoire du droit canonique*, Paris: Cerf, 1994.

GAUTHIER, A., *Le droit romain et son apport à l'édification du droit canonique*, Ottawa, ON: Faculté de droit canonique, Université Saint-Paul, 1996.

GEARY, P. J., *Before France and Germany: The Creation and Transformation of the Merovingian World*, Oxford: Oxford University Press, 1988.

GEARY, P. J., *Quand les nations refont l'histoire. L'invention des origines médiévales de l'Europe*, Paris: Aubier, 2004.

GOBRY, I., *Clotaire II, père de Dagobert Ier, 584 – 629*, Paris: Pygmalion, 2012.

GOBRY, I., *Les premiers rois de France*, Paris: Tallandier, 1998.

GRACEFFA, A., *Les historiens et la question franque. Le peuplement franc et les Mérovingiens dans l'historiographie française et allemande des XIXe – XXe siècles*, Turnhout: Brepols, 2009.

GUENTIN, H., *Jean-Dominique Mansi et les grandes collections conciliaires*, Paris: Ernest Leboux, 1900.

GUENÉE, B., *Comment on écrit l'histoire au XIIIe siècle. Primat et le Roman des roys*, Paris: CNRS Éditions, 2016.

GUILLOT, O. et al., éd., *Pouvoirs et institutions dans la France médiévale*, Tome I, Paris: Armand Colin, 1994.

GUTERMAN, S. L., *The Principle of the Personality of Law in the Germanic Kingdoms of Western Europe from the Fifth to the Eleventh Century*, New York: Peter Lang, 1990.

HALFOND, G. I., *Bishops and the Politics of Patronage in Merovingian Gaul*, Ithaca and London: Cornell University Press, 2019.

HALFOND, G. I., *The Archaeology of Frankish Church Councils, AD 511 – 768*, Leiden: Brill, 2010.

HARTMANN, W., *Die Synoden der Karolingerzeit im Frankenreich und in Italien*, München: Ferdinand Schöningh, 1898.

HAUCK, A., *Kirchengeschichte Deutschlands*, 5 Bände, Leipzig: J. C. Hinrichs'sche, 1904 – 1920.

HEINZELMANN, M., *Gregory of Tours: History and Society in the Sixth Century*, trans. by C. Carroll, Cambridge: Cambridge University Press, 2001.

HELVETIUS, A. – M., *Abbayes, évêques et laïques. Une politique du pouvoir en Hainaut au Moyen-Âge (VIIe – XIe siècle)*, Bruxelles: Crédit communal, 1994.

HEN, Y., and R. Meens, eds., *The Bobbio Missal: Liturgy and Religious Culture in Merovingian Gaul*, Cambridge: Cambridge University Press,

2004.

HEN, Y., *Culture and Religion in Merovingian Gaul, A. D. 481 – 751*, Leiden: Brill, 1995.

HEN, Y., *The Royal Patronage of Liturgy in Frankish Gaul to the Death of Charles the Bald*, London: Boydell, 2001.

HESS, H., *The Early Development of Canon Law and the Council of Serdica*, Oxford: Oxford University Press, 2002.

HEUCLIN, J., *Hommes de Dieu et fonctionnaires du roi en Gaule du Nord du Ve au IXe siècle*, Paris: Presses Universitaires du Septentrion, 1998.

HEUCLIN, J., *Les Mérovingiens*, Paris: Ellipses, 2014.

HILAIRE, Y.-M., et O. Chaline, *Histoire de la papauté: 2000 ans de mission et de tribulations*, Paris: Tallandier, 2003.

HILDESHEIMER, F., *Rendez à César: L'Église et le pouvoir, IVe – XVIIIe siècle*, Paris: Flammarion, 2017.

HINSCHIUS, P., *Das Kirchenrecht der Katholiken und Protestanten in Deutschland*, 6 Bände, Berlin: J. Guttentag, 1869 – 1897.

HOAREAU-DODINAU, J. et P. Texier, dir., *Foi chrétienne et églises dans la société politique de l'Occident du Haut Moyen Âge (IVe – XIIe siècle)*, Limoge: Presses universitaires de Limoge, 2004.

HOYT, R. S., *Life and Ought in the Early Middle Ages*, Minneapolis: University of Minnesota Press, 1967.

HUMFRESS, C., *Orthodoxy and the Courts in Late Antiquity*, Oxford: Oxford University Press, 2007.

INGLEBERT, H., *Atlas de Rome et des barbares*, Paris: Autrement, 2009.

INGLEBERT, H., *Le problème de la christianisation du monde antique*, Paris: Picard, 2010.

INNES, M., *State and Society in the Early Middle Ages: The Middle Rhine Valley, 400 – 1000*, Cambridge: Cambridge University Press, 2000.

JAMES, E., *Europe's Barbarians, AD 200 – 600*, London and New York:

Routledge, 2014.

JAMES, E., *The Franks*, Oxford: Basil Blackwell, 1991.

JAMES, E., *The Origins of France from Clovis to the Capetians, 500 – 1000*, New York: St. Martin's Press, 1981.

JASPER, D. and H. Fuhrmann, *Papal Letters in the Early Middle Ages*, Washington, D. C.: Catholic University of America Press, 2001.

JONE, A. E., *Social Mobility in Late Antique Gaul*, New York: Cambridge University Press, 2009.

JOYE, S., *L'Europe barbare (476 – 714)*, Paris: Armand Colin, 2010.

JUDIC, B. et L. Feller, *Les sociétés du Haut Moyen Âge en Occident*, Paris: Publications de la Sorbonne, 2010.

JUSSEN, B., *Spiritual Kingship as Social Practice: Godparenthood and Adoption in the Early Middle Ages*, London: Associated University Presses, 2000.

KATZ, S., *The Jews in the Visigothic and Frankish Kingdoms of Spain and Gaul*, Cambridge: Medieval Academy of America, 1937.

KÉRY, L., *Canonical Collections of the Early Middle Ages (ca. 400 – 1140)*, Washington: Catholic University of America Press, 1999.

LANTERI, R. – X., *Les Mérovingiennes*, Paris: Perrin, 2000.

LAURENT, F. et al., éd., *Des saints et des rois: L'hagiographie au service de l'histoire*, Paris: Honoré Champion, 2014.

LE BRAS, G. et al., éd., *Histoire du droit et des institutions canoniques de l'Église en Occident*, Tome VII, Paris: Sirey, 1965.

LE JAN, R., *Famille et pouvoir dans le monde franc (VIIe – Xe siècle)*, Paris: Publications de la Sorbonne, 1995.

LE JAN, R., *Femmes, pouvoir et société dans le Haut Moyen Age*, Paris: Picard, 2001.

LE JAN, R., *Histoire de la France: Origines et premier essor (480 – 1180)*, Paris: Hachette, 1996.

LE JAN, R. , *La société du Haut Moyen Âge, VIe – IXe siècle*, Paris: Armand Colin, 2006.

LE JAN, R. , *Les Mérovingiens*, Paris: Presses universitaire de France, 2006.

LEBECQ, S. , *Les origines franques (V^e – IXe siècle)*, Paris: Éditions du Seuil, 1989.

LEGENDRE, P. , *La pénétration du droit romain dans le droit canonique classique de Gratien à Innocent IV*, Paris: Jouve, 1964.

LEMARIGNIER, J. -F. , *Structures politiques et religieuses dans la France du Haut Moyen Âge*, Recueil d'article rassemblés par ses disciples, Rouen: Publications de l'Université de Rouen, 1995.

LETT, D. , *Un procès de canonisation au Moyen Âge. Essai d'histoire sociale*, Paris: Presses Universitaires de France, 2008.

LIMMER, J. , *Konzilien und Synoden im spätantiken Gallien von 314 bis 696 nach Christi Geburt*, Teil 1 – 2, Frankfurt am Main: Peter Lang, 2004.

LOENING, E. , *Geschichte des deutschen Kirchenrechts*, 2 Bände, Strasbourg: Verlag Karl J. Trübner, 1878.

LONGNON, A. , *Géographie de la Gaule au VIe siècle*, Paris: Librairie hachette et CIE, 1878.

LONGNON, A. , *Atlas Historique de la France depuis César jusqu'à nos jours*, Paris: Librairie Librairie, hachette et CIE, 1888.

LOT, F. , *La Naissance de la France*, Paris: Fayard, 1970.

MCKITTERICK, R. , *Books, Scribes, and Learning in the Frankish Kingdoms, 6th – 9th Centuries*, Aldershot: Variorum, 1994.

MCKITTERICK, R. , ed. , *The New Cambridge Medieval History*, Vol. II, *c. 700 – c. 900*, Cambridge: Cambridge University Press, 1995.

MCKITTERICK, R. , *History and Memory in the Carolingian World*, Cambridge: Cambridge University Press, 2004.

MCKITTERICK, R. , *The Early Middle Ages: Europe 400 – 1000*, Oxford: Oxford University Press, 2001.

MCKITTERICK, R., *The Frankish Church and the Carolingian Reforms (789 – 895)*, London: Royal Historical Society, 1977.

MERIAUX, C., *La naissance de la France: Les royaumes des Francs*, Paris: Édition Belin, 2014.

METZ, R., *La consécration des vierges dans l'Église romaine. Étude d'histoire de la liturgie*, Paris: Presses universitaires de France, 1954.

MIKAT, P., *Die Judengesetzgebung der merowingisch-fränkischen Konzilien*, Opladen: Westdeutscher Verlag, 1995.

MITCHELL, K. and I. Wood, *The World of Gregory of Tours*, Leiden: Brill, 2002.

MONOD, G., *Études critiques sur les sources de l'histoire mérovingienne*, Paris: Librairie A. Franck, 1872.

MOORE, M. E., *A Sacred Kingdom: Bishops and the Rise of Frankish Kingship, 300 – 850*, Washington: The Catholic University of America Press, 2011.

MORDEK, H., *Kirchenrecht und Reform im Frankreich: Die Collectio Vetus Gallica, die älteste systematische Kanonensammlung des fränkischen Gallien*, Berlin und New York: Walter de Gruyter, 1975.

MOREIRA, I., *Dreams, Visions and Spiritual Authority in Merovingian Gaul*, Ithaca: Cornell University Press, 2000.

PACAUT, M., *La théocratie: L'Église et le pouvoir au Moyen Âge*, Paris: Aubier, 1957.

PAUL, J., *Le christianisme occidental au Moyen Âge ($IV^e – XV^e$ siècle)*, Paris: Armand Colin, 2004.

PIERRARD, P., *La christianisation de la France ($II^e – VIII^e$ siècle)*, Paris: Desclée de Brouwer, 1994.

PONTAL, O., *Die Synoden im Merowingerreich*, München: Ferdinand

Schöningh, 1986.

PONTAL, O., *Histoire des conciles mérovingiens*, Paris: Cerf, 1989.

PONTAL, O., *Les statuts synodaux français du XIIIe siècle*, Tome I, Paris: Bibliothèque nationale, 1971.

PÉRIN, P. et L. - C. Feffer, *Les Francs à l'origine de la France*, Paris: Armand Colin, 1987.

REYDELLET, M., *La royauté dans la littérature latine de Sidoine Apollinaire à Isidore de Seville*, Rome: École Française de Rome, 1981.

RICHE, P., *Écoles et enseignement dans le Haut Moyen Âge*, Paris, Picard, 1989.

RICHE, P., *Éducation et culture dans l'Occident barbare (VIe - VIIIe siècle)*, Paris: Éditions du Seuil, 1995.

ROUCHE, M., *L'Aquitaine des Wisigoths aux Arabe, 418 - 781: Naissance d'une nation*, Paris: École des hautes en sciences sociales, J. Touzot, 1979.

ROUCHE, M., éd., *Clovis: Histoire et mémoire*, Tome I - II, Paris: Presses de l'Université de Paris-Sorbonne, 1997.

SASSIER, Y., *Royauté et idéologie au Moyen Âge. Bas-Empire, monde franc, France (IVe - XIIe siècle)*, Paris, Armand Colin, 2012.

SOHM, R., *Kirchenrecht*, Leipzig: Verlag von Duncker und Humblot, 1923.

TALLON, A. et C. Vincent, *Histoire du christianisme en France: Des Gaules à l'époque contemporaine*, Paris: Armand Colin, 2014.

TERRIEN, M. - P., *La christianisation de la région rhénane du IVe au milieu du VIIIe siècle*, Besançon: Presses universitaires de Franche-Comté, 2007.

THEIS, L., *Dagobert. Un roi pour un peuple*, Paris: Fayard, 1982.

VACANDARD, E., *Études de critique et d'histoire religieuse*, Paris: Librairie Victor Lecoffre, 1906.

VALDRINI, P. et al., éd., *Droit canonique*, Paris: Édition Dalloz, 1999.

WALLACE-HADRILL, J. M., *The Frankish Church*, Oxford: Clarendon, 1983.

WALLACE-HADRILL, J. M., *The Long-Haired Kings*, London: University of Toronto Press, 1962.

WEMPLE, S. F., *Women in Frankish Society Marriage and the Cloister, 500 to 900*, Philadelphia: University of Pennsylvania Press, 1981.

WICKHAM, C., *Framing the Early Middle Ages: Europe and the Mediterranean, 400 – 800*, Oxford: Oxford University Press, 2005.

WICKHAM, C., *The Inheritance of Rome: A History of Europe from 400 to 1000*, London: Penguin Books, 2009.

WOOD, I., ed., *Franks and Alamanni in the Merovingian Period: An Ethnographic Perspective*, San Marino: The Boydell Press, 1998.

WOOD, I., *The Merovingian Kingdoms*, New York: Longman Publishing, 1994.

WOOD, I., *The Transformation of the Roman West*, Leeds: Arc Humanities Press, 2018.

(二) 外文论文和文集析出文献

BIMBENET, E., "Des conciles d'Orléans considérés comme source du droit coutumier et comme principe de la constitution de l'Église gauloise", *Revue critique de législation et de jurisprudence*, Bd. 21, 1862: 518 – 529.

DALLOZ, E., "Recherches sur les conciles des temps mérovingiens", *Revue historique de droit français et étranger*, Quatrième série, Vol. 49, No. 1, 1971: 5 – 49.

DIESENBERGER, M., "Hair, Sacrality and Symbolic Capital in the Frankish Kingdoms", in R. Corradini et al., eds., *The Construction of Communities in the Early Middle Ages*, Leiden-Boston: Brill, 2003: 173 – 212.

EWIG, E., "Die Namengebung bei den ältesten Frankenkönigen und im merowingischen Königshaus", *Francia*, Vol. 18, 1991: 21 – 69.

GRIFFE, É., "La Gaule chrétienne à l'époque romaine, problèmes et méthodes", *Revue d'histoire de l'Église de France*, Tome 37, No. 129, 1951: 40 – 52.

GUENÉE, B., "Primat, le fort roi Clovis et le bon roi Gontran", *Romania*, Tome 126, No. 501 – 502, 2008: 18 – 39.

HALSAL G., "Reflections on Early Medieval Violence: The Example of the 'Blood Feud'", *Memoria y Civilisacion*, Vol. 2, No. 1, 1999: 7 – 29.

HEINZELMANN, H., "L'aristocratie et les évêchés entre Loire et Rhin jusqu'à la fin du VIIe siècle", *Revue d'histoire de l'Église de France*, Vol. 62, No. 168, 1976: 75 – 90.

HEN, Y., "The Uses of the Bible and the Perception of Kingship in Merovingian Gaul", *Early Medieval Europe*, Vol. 7, No. 3, 1998: 277 – 289.

HEUCLIN, J., "Le concile d'Orléans de 511, un premier concordat?" in M. Rouche, éd., *Clovis: Histoire et mémoire*, Tome I, Paris: Presses Universitaires de Paris-Sorbonne, 1997: 435 – 450.

ISAÏA, M. C., "Objet du sacre, objet sacré? L'exemple de la sainte ampoule", in C. Delattre, dir., *Objets sacrés, objets magiques de l'Antiquité au Moyen Age*, Paris: Picard, 2007: 151 – 167.

JONKERS, E. J., "Die Konzile und einige Formen alten Volksglaubens im fün en und sechsten Jahrhundert", *Vigiliae Christianae*, Vol. 22, No. 1, 1968: 49 – 53.

KAY, R., "Mansi and Rouen: A Critique of the Conciliar Collections", *The Catholic Historical Review*, Vol. 52, No. 2, 1966: 155 – 185.

LE BRAS, G., "Le droit romain au service de la domination pontificale", *Revue historique de droit française et étranger*, Quatrième série, Vol. 26, 1949: 377 – 398.

LE BRAS, G., "Notes pour servir à l'histoire des collections canoniques: Sur la date et la patrie de la collection dite d'Angers", *Revue historique de droit français et étranger*, Quatrième série, Vol. 8, 1929:

775 - 780.

LE ROY, Y., "Les conciles gaulois et le Décret de Gratien", *Revue historique de droit français et étranger*, Quatrième série, Vol. 62, No. 4, 1984: 553 - 575.

MAYEUX, M. R., "Les biens de l'Église considérés comme patrimoine des pauvres à travers les conciles occidentaux du VIe siècle", in H. Desroche, éd., *Inspiration religieuse et structures temporelles*, Paris: Les Éditions Ouvrières, 1948: 139 - 209.

MCKITTERICK, R., "Knowledge of Canon Law in the Frankish Kingdoms before 789: The manuscript evidence", *The Journal of Theological Studies*, Vol. 36, No. 1, 1985: 97 - 117.

QUENEHEN, M., "Ennemis intimes: La représentation des Juifs dans l'œuvre de Grégoire de Tours", *Archives Juives*, Vol. 42, No. 2, 2009: 112 - 128.

QUENEHEN, M., "Les Juifs de l'évêque. De l'usage des Juifs dans l'œuvre de Grégoire de Tours", *Archives Juives*, Vol. 43, No. 1, 2010: 96 - 113.

RENARD, É., "Le sang de Mérovée: Préhistoire de la dynastie et du royaume mérovingiens", *Revue belge de philologie et d'histoire*, Vol. 92, 2014: 999 - 1039.

SANTINELLI, E., "Les reines mérovingiennes ont-elle une politique territoriale?" *Revue du Nord*, No. 351, 2003: 631 - 653.

ULLMANN, W., "Public Welfare and Social Legislation in the Early Medieval Councils", *Studies in Church History*, No. 7, 1971: 1 - 39.

VAN UYTFANGHE, M., "La Bible dans les Vies de saints mérovingiennes. Quelques pistes de recherche", *Revue d'histoire de l'Église de France*, Vol. 62, No. 168, 1976: 103 - 111.

四　中文论文、专著与译著

（一）中文论文

陈文海：《"另类"与"正统"——〈法兰克人史〉的"教会史"写作路径释论》，《史学集刊》2013 年第 4 期。

陈文海：《〈法兰克人史纪〉的写作及其社会秩序诉求》，《中国社会科学》2017 年第 1 期。

陈文海：《百年学讼与"弗莱德加"信度问题》，《史学史研究》2015 年第 3 期。

陈文海：《从"蛮族"首领到"圣徒"国王——论克洛维在中世纪法国的形象及其演绎》，《史学集刊》2006 年第 6 期。

陈文海：《法兰克族源叙事及其社会文化情境》，《学术研究》2014 年第 10 期。

陈文海：《近代天主教"特兰特体系"虚实考论——以〈特兰特圣公会议教规教令集〉为考察基点》，《学术研究》2010 年第 8 期。

陈文海：《近代西方天主教会的"角色困境"——以亚文化之间的认知差异为视角》，《历史研究》2008 年第 4 期。

陈文海：《特兰特会议对教宗制度的矛盾态度——以〈特兰特圣公会议教规教令集〉为辨析基础》，《历史研究》2012 年第 1 期。

陈文海：《蓄发与削发——法兰克墨洛温王族象征符号释论》，《华南师范大学学报》2012 年第 6 期。

陈文海：《中世纪世俗史学的社会政治功能及叙史逻辑》，《华南师范大学学报》2013 年第 5 期。

陈文海、王文婧：《墨洛温王朝的"国土瓜分"问题——〈法兰克人史〉政治取向释读》，《历史研究》2014 年第 4 期。

冯泉：《论墨洛温王朝时代高卢的社会性质》，《世界历史》1987 年第 3 期。

耿淡如、黄瑞章：《世界中世纪史原始资料选辑（一）——关于法兰克王国的封建社会》，《历史教学》1957 年第 8 期。

耿淡如：《世界中世纪史原始资料选辑（二）——关于庄园经济：查理大帝关于管理庄园的诏令》，《历史教学》1957年第9期。

侯树栋：《对西欧中古早期国家问题的一些认识》，《史学理论研究》2014年第3期。

侯树栋：《晚期古代和中世纪早期史研究中的新价值取向》，《北京师范大学学报》2019年第4期。

胡玉堂：《西欧从奴隶社会向封建社会过渡中的几个问题》，《历史研究》1980年第1期。

蒋国维、蒋永康：《论法兰克封建制的形成》，《贵阳师院学报》1982年第4期。

康凯：《"蛮族"与罗马帝国关系研究述论》，《历史研究》2014年第4期。

李隆国：《"民族大迁徙"：一个术语的由来与发展》，《经济社会史评论》2016年第3期。

李隆国：《〈弗里德加编年史〉所见之墨洛温先公先王》，《史学史研究》2012年第4期。

李隆国：《查理曼称帝与神圣罗马帝国的形塑》，《史学集刊》2018年第3期。

李隆国：《从"罗马帝国衰亡"到"罗马世界转型"——晚期罗马史研究范式的转变》，《世界历史》2012年第3期。

李隆国：《加洛林早期史书中的丕平称王》，《历史研究》2017年第2期。

李隆国：《外圣内王与中古早期编年史的叙述复兴》，《史学史研究》2019年第3期。

李云飞：《从墨洛温到加洛林：有关751年丕平改朝换代的四个问题》，《欧洲中世纪早期史研究学术研讨会论文集》2013年11月。

李云飞：《法兰克王国范本文书中奴隶、农奴解读》，《经济社会史评论》2016年第4期。

李云飞：《加洛林王朝代际更替中的疆土分治与王国一体》，《历史研究》2021 年第 2 期。

李云飞：《钦差巡察与查理曼的帝国治理》，《中国社会科学》2017 年第 8 期。

李云飞：《在诸子均分与帝国一体之间：817 年虔诚者路易的传国计划探析》，《欧洲中世纪早期史研究学术研讨会论文集》2013 年 11 月。

李祖训、刘新丽：《关于法兰克封建化形成过程的探讨》，《山东师院学报》1978 年第 5 期。

林中泽：《公元 1—3 世纪基督教与犹太人关系辨析》，《四川师范大学学报》2011 年第 2 期。

林中泽：《罗马时代的信仰危机》，《史学集刊》2012 年第 1 期。

林中泽：《试论古代中世纪西方圣徒崇拜的社会功能》，《世界历史》2012 年第 6 期。

刘虹男：《墨洛温王朝中后期"王权虚无论"考议》，《华南师范大学学报》2021 年第 3 期。

刘虹男：《墨洛温先祖与墨洛温王族的崛起》，《法国研究》2018 年第 3 期。

刘虹男：《圣职、仪式与表演——教务会议视域下法兰克王国的日常统治》，《世界历史评论》2021 年第 1 期。

刘虹男：《中世纪早期高卢基督教的"主教团合议制"》，《经济社会史评论》2020 年第 3 期。

刘虹男、陈文海：《法兰克教务会议与中古早期高卢奴隶制的式微》，《古代文明》2020 年第 3 期。

刘虹男、陈文海：《墨洛温王朝"父子共治"虚实考论——以〈弗莱德加编年史〉为主要考察基点》，《学术研究》2017 年第 12 期。

刘虹男、陈文海：《墨洛温王朝教务会议与法兰克王权理论的构建》，《历史研究》2021 年第 1 期。

刘林海：《史学界关于西罗马帝国衰亡问题研究的述评》，《史学史研究》2010 年第 4 期。

刘寅：《"训诫"话语与加洛林时代的政治文化》，《历史研究》2017年第1期。

刘寅：《查理曼的钦定布道辞——"德意志文献集成"〈法兰克王国条令〉第121号译释》，《世界历史评论》2021年第1期。

刘寅：《传承与革新：西方学界关于欧洲早期中古史研究的新进展》，《世界历史》2018年第1期。

马克垚：《70年砥砺前行的中国世界史学科》，《历史研究》2019年第4期。

马克垚：《西欧从奴隶制向封建制的过渡》，《北京大学学报》1981年第3期。

裴耀鼎：《论法兰克王国宗教与政治的关系》，《杭州师范学院学报》1991年第5期。

彭小瑜：《格兰西之〈教会法汇要〉对奴隶和农奴法律地位的解释》，《世界历史》1999年第3期。

彭小瑜：《中世纪西欧教会法对教会与国家关系的理解和规范》，《历史研究》2000年第2期。

王敦书：《〈矮子丕平加冕疏证〉补正》，《世界历史》2009年第5期。

王晋新：《〈富尔达年代记〉探析》，《东北师大学报》2019年第2期。

王晋新：《〈圣伯丁年代记〉探微》，《古代文明》2021年第1期。

王晋新：《〈王室法兰克年代记〉探析》，《史学史研究》2019年第2期。

王晋新：《尼特哈德〈历史〉的再认识》，《经济社会史评论》2021年第4期。

王晋新：《情感与真实——诺特克所述"查理曼之泪"之辨析》，《世界历史评论》2021年第1期。

叶秋华：《论日耳曼人国家的形成和法兰克王国的法律》，《法学家》1999年第6期。

张楠：《在拜占廷和法兰克之间：教宗扎迦利的伦巴德道路》，《北方论丛》2018年第3期。

张楠、李云飞：《罗马危机与教宗斯蒂芬三世的权威伸张》，《暨南学报》2018 年第 6 期。

张玉芬：《基督教与法兰克国家的关系》，《南都学坛》1993 年第 3 期。

赵立行：《加洛林时代的史学形式及其价值》，《贵州社会科学》2012 年第 9 期。

种法胜：《加洛林"王者镜鉴"：一个整体视野的考察》，《历史教学问题》2018 年第 2 期。

朱君杙：《加洛林时代的多元化修史格局》，《古代文明》2012 年第 4 期。

朱君杙、王晋新：《加洛林时代历史文献的政治倾向性》，《中南大学学报》2013 年第 5 期。

（二）中文专著

陈文海：《法国史》，人民出版社 2014 年版。

郭华榕：《法国政治制度史》，人民出版社 2005 年版。

李隆国：《史学概论》，北京大学出版社 2009 年版。

林中泽：《死亡与超越：论罗马帝国的通俗信念及其实践》，北京大学出版社 2014 年版。

吕一民：《法国通史》，上海社会科学院出版社 2007 年版。

罗衡林：《基督教会制度史》，湖南师范大学出版社 2000 年版。

彭小瑜：《教会法研究——历史与理论》，商务印书馆 2011 年版。

沈炼之主编：《法国通史简编》，人民出版社 1990 年版。

石敏敏、章雪富：《古典基督教思想的"自我"观念》，中国社会科学出版社 2010 年版。

王美秀等：《基督教史》，江苏人民出版社 2008 年版。

王晴佳、李隆国：《外国史学史》，北京大学出版社 2017 年版。

徐家玲：《拜占庭文明》，人民出版社 2006 年版。

张广智主编，赵立行著：《西方史学通史》第三卷，复旦大学出版社 2011 年版。

张泽乾：《法国文明史》，武汉大学出版社 1997 年版。

张芝联主编：《法国通史》，北京大学出版社 1989 年版。

章雪富、石敏敏：《早期基督教的演变及多元传统》，社会科学文献出版社2003年版。

赵林：《基督教思想文化的演进》，人民出版社2007年版。

朱君杙：《加洛林王朝史学编纂与王室宫廷互动关系研究》，辽宁人民出版社2019年版。

（三）中文译著

［英］保罗·福拉克主编：《新编剑桥中世纪史》第一卷，徐家玲等译，中国社会科学出版社2021年版。

［美］彼得·布朗：《穿过针眼：财富、西罗马帝国的衰亡和基督教会的形成（350—550）》（上、下），刘寅、包倩怡等译，社会科学文献出版社2021年版。

［英］菲利普·休斯：《大公会议史纲》，陈文海译注并增补，人民出版社2020年版。

［法］弗朗索瓦·基佐：《法国文明史》第一卷，沅芷、伊信译，商务印书馆1993年版。

［比利时］亨利·皮朗：《穆罕默德和查理曼》，王晋新译，上海三联书店2011年版。

［美］J. W. 汤普森：《历史著作史》上卷，第一分册，谢德风译，李活校，商务印书馆1988年版。

［英］科林·韦尔斯：《拜占庭的赠礼》，周超宇、李达译，民主与建设出版社2021年版。

［美］路易·伯克富：《基督教教义史》，赵中辉译，宗教文化出版社2000年版。

［美］帕特里克·J. 格里：《墨洛温王朝：创建与变革》，郭建龙译，社会科学文献出版社2022年版。

［美］帕特里克·格里：《民族的神话：欧洲的中世纪起源》，吕昭、杨光译，广西师范大学出版社2022年版。

［法］皮埃尔·米盖尔：《法国史》，蔡鸿滨等译，张芝联、桂裕芳校，商务印书馆1985年版。

［法］乔治·杜比：《法国史》，吕一民、沈坚、黄艳红等译，商务印书馆 2010 年版。

［英］乔治·皮博迪·古奇：《十九世纪历史学与历史学家》（上、下），耿淡如译，卢继祖、高健校，谭英华校注，商务印书馆 1998 年版。

索 引

（按汉语拼音排序）

A

阿尔邦　Albon　10
《阿尔比汇编》　Collection d'Albi　26，27
阿尔杜瓦恩，让　Jean Hardouin　40，44
阿尔勒　Arles　5，7，8，11，12，21-23，26-29，31-35，44，64，66，68-70，79，85，97，127，128，136，191，193，194，202，204
阿尔芒塔里乌斯　Armentarius　199
《阿非利加教会法典》　Codex canonum Ecclesiae Africanae　21
《阿非利加教务会议法令集》　Statuta Concilii Africani　21
阿伽提阿斯　Agathias　2
阿戈巴德（里昂主教）　Agobard de Lyon　178
阿格德　Agde　8，88，113，205

阿格里修斯　Agricius　71
阿卡迪乌斯　Arcadius　106
阿奎塔尼　Aquitaine　4，65，111，132，177，178
阿拉里克二世　Alaric II　8，22，88，108，113
《阿勒曼尼法典》　Loi des Alamans　89
阿里乌派　Arianisme　5，6，64，88，107，138，191，195-197
阿玛拉里乌斯　Amalarius　125
阿莫特，优西比乌　Eusèbe Amort　40
阿纳斯塔西乌斯一世　Anastase Ier　9，88，96，172，209
《阿皮阿里乌斯申诉法则》　Codex Apiarii causae　21
阿皮阿里乌斯事件　Affaire d'Apiarius　21
阿斯帕修斯（奥兹主教）　Aspasius　66
阿塔纳修（亚历山大里亚主教）

索　引　241

Athanase d'Alexandria　5，195

阿图阿里安人　les Hattuariens　177

阿维图斯（克莱蒙主教）　Avit de Clermont　119

阿维图斯（维埃纳主教）　Avit de Vienne　113，137

埃布罗安（法兰克宫相）　Ébroïn　16，174，212，213

埃尔维拉　Elvira　20

埃尔西诺阿尔德　Erchinoald　212

埃吉迪乌斯（兰斯主教）　Egidius de Reims　70

埃加　Aega　212

埃罗省　Hérault　8，191

《埃洛瓦良汇编》　Collectio Herovalliana　32

埃帕奥讷　Épaone　10，24，26 – 29，32 – 35，113，157

艾蒂安（桑斯主教）　Étienne de Sens　39

安布罗斯（米兰主教）　Ambrose de Milan　124，198

安东尼·庇护　Antonnin le Pieux（拉丁文词形 Antoninus Pius）　106

安普西瓦里人　les Ampsivariens　177

安条克　Antioche　19，20，63

昂，伊扎克　Yitzhak Hen　58，83，84，125

昂布兰　Embrun　199，204

《昂德洛条约》　Pacte d'Andelot　210

《昂热范本文书集》　Formulae Andecavenses　163

《昂热汇编》　Collection d'Angers　23

奥多阿克　Odoacre　172

《奥尔良姑娘》　La Pucelle d'Orléans　48

奥尔良政教协议　Concordat d'Orléans　90

奥弗涅　Auvergne　13，16，43

奥古斯丁（希波主教）　Augustin d'Hippone　112，118，192

奥古斯丁，安东尼奥　Antonio Agustín　40

奥古斯丁信条　la doctrine augustinienne　117，118

奥默，海因茨　Heinz Ohme　17

伊雷内（里昂主教）　Irénée de Lyon（英文 Irenaeus）　17，64，97

B

《巴伐利亚法典》　Loi bavaroise　89

巴高达　Bagaudae　149

巴克拉克，伯纳德　Bernard Bachrach　54

巴莱里尼兄弟　les Ballerini　22

巴黎天主教大学　Institut catholique de Paris　17

巴里翁，汉斯　Hans Barion　50，51

巴吕兹，艾蒂安　Étienne Baluze　40

巴拿巴　Barnabé（英文 Barnabas）　3

巴斯德旺，布里吉特　Brigitte Basdevant　24，27，52

巴提尔德（墨洛温王后）　Bathilde　142，164，212

保林（特里尔主教）　Paulin de Trèves　195

保罗（早期基督教领袖）　Paul　3，126，151

保罗六世（罗马教宗）　Paul VI　61

（北）高卢各省和（南部）五省　les Gaules et les Cinq provinces　64

贝尔卡尔　Berchar　213

倍提卡西班牙行省　Hispania Baetica　20

奔宁阿尔卑斯行省　Alpes Pennin　4

比尼，塞维兰　Séverin Bini　40

庇护九世　Pie IX　43

编年史　Chronique　15，151，189

滨海阿尔卑斯行省　Alpes Maritimes　4

波拉努斯，多米尼克　Dominique Bollanus　40

波纳西，皮埃尔　Pierre Bonnassie　148，159

波纳伊庄园　Bonneuil　101

波旁宫图书馆　Bibliothèque du Palais Bourbon　39

《勃艮第汇编》　Collection de Bourgogne　33

《勃艮第人的罗马法典》　Loi romaine des Burgondes　89

博隆迪奥，若埃尔　Joël Blondiaux　156

《博纳瓦勒抄本第一汇编》　La première collection du manuscrit de Bonneval　33

《博韦抄本汇编》　La collection du manuscrit de Beauvais　34

卜尼法斯　Boniface　70，79，179，180，182

不可让渡性　inaliénabilité　56

不受时效约束性　imprescriptibilité　56

不祥教派　secte néfaste　107

布道集　Sermons　16，134，136

布迪农，奥古斯特　Auguste Boudinhon　17

布尔夏尔（沃姆斯主教）　Burchard de Worms　34

布兰德米勒，沃尔特　Walter Brandmüller　37

布朗，彼得　Peter Brown　7

布里斯（图尔主教）　Brice　199

布鲁克特人　les Bructères　177

布洛赫，马克　Marc Bloch　148，149，162

C

查理·马特　Charles Martel　70，214

查理曼　Charlemagne　32，44，103，158，184，186

查理一世（西班牙国王）　Charles Ier　39

查士丁尼一世　Justinien Ier（拉丁文词形为 Justinianus）　21

抄本学　codicologie　25，57

《词源》　Etymologiae　18

D

达戈贝尔二世　Dagobert II　213，214

达戈贝尔三世　Dagobert III　214

达戈贝尔一世　Dagobert Ier　121，122，142，176，178，211

《达什良汇编》　Dacheriana　32

戴克里先　Dioclétien（拉丁文词形 Diocletianus）　4，64

戴利，威廉　William Daly　97

德尔图良　Tertullien　124

德夫罗伊，让—皮埃尔　Jean-Pierre Devroey　149

德克莱尔克，夏尔　Charles de Clercq　11，44，46，86

德龙省　Drôme　10，11

德西德里乌斯（卡奥尔主教）　Didier de Cahors（拉丁文词形 Desiderius）　142

《德意志史料集成》　Monumenta Germaniae Historica　49，97，185

德意志早期历史研究会　Gesellschaft für ältere deutsche Geschichtskunde　49

狄奥多里克（东哥特国王）　Théodoric le Grand　172

狄奥多西二世　Théodose II（拉丁文词形 Theodosius）　107，157，201

《狄奥多西法典》　Code théodosien　90，105，108-110，112

狄奥多西一世　Théodose Ier（拉丁文词形 Theodosius）　106，110，191

《狄奥尼修斯—哈德良汇编》　Dionysio-Hadriana　32

《狄奥尼修斯汇编》　Collectio Dionysiana　20

《狄奥尼修斯教令集》　Collectio decretalium Dionysiana　20

《狄奥尼修斯教务会议法令集》 *Collectio-versio Dionysiana canonum conciliorum* 20

《迪森汇编》 *Collection de Diessen* 28

《第17次迦太基教务会议法令汇编》 *Collectio Concilii Carthaginensis XVII* 21

第二阿奎塔尼行省 Aquitaine II 4

第二比利时行省 Belgique II 4, 171

《第二次阿尔勒教务会议教规集》 *Collectio Concilii Secundi Arelatensis* 21, 22

第二里昂行省 Lyonnaise II 4

第二纳博讷行省 Narbonnaise II 4

第二日耳曼尼行省 Germanie II 4

第四次迦太基教务会议 Quatrième concile de Carthage 22

第一阿奎塔尼行省 Aquitaine I 4

第一比利时行省 Belgique I 4

第一次梵蒂冈大公会议 Premier concile œcuménique du Vatican 43

第一里昂行省 Lyonnaise I 4

第一纳博讷行省 Narbonnaise I 4

第一日耳曼尼行省 Germanie I 4

都主教 métropolitain 11, 12, 52, 66, 128, 173, 180, 201–203

杜比, 乔治 Georges Duby 148, 149, 186

杜梅茨尔, 布鲁诺 Bruno Dumézil 74, 84

杜申纳, 路易 Louis Duchesne 24, 173

多凯斯, 皮埃尔 Pierre Dockès 149

多明我会 Ordre dominicain 39, 40

多纳图派 Donatisme 64, 191, 193–195

E

厄克兰, 让 Jean Heuclin 58

恩宠论 Grâce 192

F

发长识短 cheveux longs, idées courtes 82

法国南部地区 Midi de la France 24

法兰克的公爵与元首 dux et princeps Francorum 70, 101

《法兰克祈祷书》 *Missale Francorum* 141

法兰克人 les Francs 1, 2, 5, 8, 11, 15, 23, 71, 73, 74,

86，89，100，101，103，113，138，139，143，152，171，172，177，179，180，182，209

《法兰克人史》 Histoire des Francs 7，9，12，14-16，43，70，72，78，81，94，99，116，117，119，120，133，134，138，140，141，159，185，187，206，210

《法兰克人史纪》 Livre de l'histoi-re des Francs 15，16，187，188，206，213

法兰克王国 les royaumes des Francs 1，10-12，27，54，57，59，61-63，70，73-75，78-80，85，89，94，98，100，101，104，105，113，114，117，123-126，137，143，144，146，147，152，166，172，175，177，180，183-186，207-214

《法兰克王家年代记》 Annales du royaume des Francs 143，185，187

凡尔登 Verdun 70，205

《反抗皇帝君士坦提乌斯书》 Contre Constance 6，72，196

《反异端书》 Contre les hérésies 64

范本文书 Formulaire 15，160，184

梵蒂冈第二次大公会议 Concile Vatican II 61

方济各会 Ordre des Frères mineurs 39

斐迪南，查理 Charles Ferdinand 48

费雷奥卢斯（于泽主教） Ferreolus d'Uzès 116，119

份地 mansus 160，161，167

冯·赫斐勒，卡尔·约瑟夫 Karl Joseph von Hefele 43，44

弗尔图纳图斯，韦南蒂乌斯 Venance Fortunat（拉丁文词形 Venantius Fortunatus） 133

《弗莱德加编年史》第4卷 Chronique de Frédégaire IV 15，101，121，176

《弗莱德加编年史续编》 Continuations de la Chronique de Frédégaire 15

《弗赖辛抄本第二汇编》 La seconde collection du manuscrit de Freising 33

弗朗索瓦（巴黎主教） François de Paris 39

弗朗索瓦一世 François Ier 39

弗里吉亚 Phrygie 195

伏尔泰 Voltaire 48

伏伊耶 Vouillé 8，88

福斯提亚努斯（达克斯主教） Faustianus 72

复活节　Paques　3，75，79，97，114，120，131-133，138-140，143，153，194

副助祭　sous-diaconat　129

富尼耶，保罗　Paul Fournier　47

G

高德梅，让　Jean Gaudemet　17，22，24，27，46，47，91

《高卢抄本》　Gallica　31

高卢教会法汇编　les collections canoniques en Gaule　16，17，23，24

《高卢教务会议（511—695年）》　Concilia Galliae. A. 511 – A. 695　46

高卢主教团　épiscopat gaulois　6-9，14，30-32，50，52，61，63-69，73-80，85，87-90，96，98，104，112-114，116，117，120，121，123，127，130-132，134，135，143，144，162，170，172，174，175，177-179，192，197，198，201，203

戈丁，罗伯特　Robert Godding　173

戈亚里库斯　Goiaricus　108

格拉提安（罗马皇帝）　Gratien　197

《格拉休斯圣礼书》　Sacramentarium Gelasianum　142

格兰西　Gratien　35

《格兰西教令集》　Décret de Gratien　30，35，36，41

格雷戈里（图尔主教）　Grégoire de Tours　9，13，15，53，68，69，72，81，99，120，133，156，172，185

格雷戈里一世（罗马教宗）　Grégoire Ier　118

共融　communion　61，62，71

贡比涅　Compiègne　71

贡德鲍德　Gondebaud　10

贡多马尔　Godomar　10

贡多瓦尔德　Gundovald　16，72

贡特拉姆　Gontran　69，72，92，94，95，99，100，115，120，139-141，210

《贡特拉姆国王敕令》　Édit du roi Gontran　99，100

《古代高卢教务会议汇编》　Concilia antiqua Galliae　41，42

《古代高卢圣餐礼仪阐释》　Expositio antiquae liturgiae gallicanae　125

古代教父规章　les canons/statuts des anciens pères　127

《古代教会法规汇编》　Statuta ecclesiae antiqua　22

《古高卢汇编》　Vetus Gallica　29，

索　引　247

30，32，33

古奇，乔治·皮博迪　George Peabody Gooch　47

古文字学　paléographie　25，57

《关于召开教务会议之动因》　De synodalibus causis　34

国民议会图书馆　Bibliothèque de l'Assemblée nationale　39

H

哈尔丰德，格雷戈里　Gregory Halfond　11，37，38，97

哈内尔，古斯塔夫·弗雷德里希　Gustav Friedrich Hänel　108

海根怀特，约瑟夫　Joseph Hergenröther　43

合目的性　finalité　48

核心传统论　noyau de tradition　82

赫斯，汉密尔顿　Hamilton Hess　3，17

洪诺留（罗马皇帝）　Honorius　106，107

皇帝颂歌　les grands panégyriques　82

《皇室文书集》　Formulae Imperiales　165

霍诺拉（阿尔勒主教）　Honorat d'Alres　7

J

基督子民　peuple chrétien　6，70，90，136，162，177，178

基佐，弗朗索瓦　François Guizot　49

吉斯勒马尔　Ghislemar　213

加尔都西会　Ordre des Chartreux　39，40

《加拉太书》　Épître aux Galates　151，178

加洛林革新　la rénovation carolingienne　122

加洛林王朝　les Carolingiens　80，83，100

《迦太基教会纪要选编》　Registri ecclesiae Carthaginensis excerpta　21

贾斯泰勒，克里斯多夫　Christophe Justel　21

《教规集成》　Corpus canonum　20

教会法　droit canonique/droit canon　15，17–19，23，25–36，40，41，43，50，66，67，72，76，89–91，93，97，113–116，119，121，123，129–131，134，135，147，150–160，165–168，175，189，190，192，200，203

《教会法大全》　Corpus iuris canonici　41

《教会教义宪章》　Constitutio dogmatica de Ecclesia　61

教会年历　Année/Calendrier liturgique 132，138，175

《教会史》（优西比乌著） *Histoire ecclésiastique* 3，69，97，194

教区教务会议 le concile diocésain 12，34，95

教省教务会议 le concile provincial 11，12，66，95，173

教俗混合会议 concilia mixta 51，71，98，100 - 102，174

《教务会议大全》 *Concilia Omnia* 40，41

教务会议史全书 Konziliengeschichte 37

《教宗列传》 *Liber Pontificalis* 41

金口约翰 Jean Chrysostome 3

敬拜仪式 liturgie 16，19，53，57，58，109，114，124 - 126，130，137 - 141，144，175

绝罚 excommunication 71 - 73，95，116，156 - 158

君士坦丁堡大公会议 Concile de Constantinople 18，20

君士坦丁一世 Constantin Ier 19，106，129，161，191，193，194

君士坦提乌斯二世 Constance II 5，6，72，87，107，195 - 197

君主镜鉴 les miroirs du prince 82

君主条令 Capitulaire 16，105，123，158，184，186，189

K

卡茨，所罗门 Solomon Katz 53

卡尔庞特拉 Carpentras 26 - 29，32，71，200，204

《卡拉卡拉敕令》 *Édit de Caracalla* 105

卡拉里克 Cararic 9，209

卡里贝尔特 Caribert 92，210

卡洛曼 Carloman 70，180，182，214

卡马维人 les Chamaves 177

卡提人 les Chattes 177

凯，理查德 Richard Kay 37

凯恩，弗里茨 Fritz Kern 81

凯里，劳特 Lotte Kéry 47

凯内昂，马丁 Martin Quenehen 55，117

《凯内尔汇编补本》 *Quesnelliana aucta* 31

凯撒里乌斯（阿尔勒主教） Césaire d'Arles 8，11，79，127，134，136

凯西利阿努斯（迦太基主教） Caecilianus de Carthage 193

坎宁，约瑟夫 Joseph Canning 96

《康普顿斯书》 *Liber Complutensis* 31

康斯坦丁（卡尔庞特拉主教）

Constantinus de Carpentras 200

考提努斯（克莱蒙主教） Cautin de Clermont 119

科多尔省 Côte-d'Or 27

《科尔比汇编》 Collection de Corbie 24, 25, 28

科尔松，让 Jean Colson 62

科莱提，尼古拉斯 Nicolas Coleti 40

科隆 Cologne 11, 28, 40, 106, 205

《科隆汇编》 Collection de Cologne 27

科萨尔，加布里埃尔 Gabriel Cossart 40

克拉伯，皮埃尔 Pierre Crabbe 40, 41

克莱门特 Clément de Rome 63

克莱蒙 Clermont 12, 24, 26 - 28, 32 - 35, 41, 43, 54, 73, 98, 99, 116, 119 - 121, 130, 172, 205

克劳德（维埃纳主教） Claude de Vienne 200

克勒芒七世（罗马教宗） Clement VII 39

克洛吉奥 Clodion（英文 Chlogio） 171, 206 - 208

克洛塔尔二世 Clotaire II 9, 68, 70, 77, 92, 94, 100, 101, 120, 158, 173, 174, 210, 211

《克洛塔尔二世敕令》 Édit de Clotaire II 77, 94, 100

克洛塔尔三世 Clotaire III 174, 211, 212

克洛塔尔四世 Clotaire IV 214

克洛塔尔一世 Clotaire Ier 12, 128, 179, 209, 210

克洛维（法兰克开国之君） Clovis 2, 8 - 10, 12, 43, 44, 69, 74, 85 - 90, 92, 97, 104, 118, 124, 131, 137, 138, 143, 152, 172

克洛维二世 Clovis II 142, 153, 163, 164, 173, 211, 212

克洛维三世（僭位者） Clovis III 213

克洛维四世 Clovis IV 214

库尔策，戈德弗鲁瓦 Godefroid Kurth 208

L

克雷斯图斯（叙拉古主教） Chrestus de Syracuse 12, 69, 193

拉博，菲利普 Philippe Labbe 40

拉德贡德 Radegonde 140

拉冈弗雷德 Ragenfred 214

拉格纳卡尔 Ragnacaire 9, 209

拉万尼乌斯（阿尔勒主教） Ravennius d'Arles 202

来自阿勒曼尼族群的公民 citoyen des Alamans 106
来自犹太族群的公民 les citoyens juifs 106
莱昂（布尔日主教） Léon de Bourges 23, 202, 203
莱兰隐修院 Abbaye de Lérins 7, 202
兰斯 Reims 2, 11, 64, 70, 97, 103, 104, 120, 156, 164, 205, 209
《兰斯汇编》 Collection de Reims 28
劳辛 Rauching 158, 159
勒布拉，加布里埃尔 Gabriel Le Bras 47
勒克莱尔克，亨利 Henri Leclercq 44
勒芒 Le Mans 76, 205
勒让，雷吉纳 Régine Le Jan 83, 84, 150
雷吉侬（普吕姆修道院院长） Réginon de Prüm 34
雷库耶，约瑟夫 Joseph Lécuyer 62
雷米吉乌斯（兰斯主教） Remi de Reims 2, 97, 104, 164
李锡尼 Lisinius 20
里昂 Lyon 11, 13, 76, 140, 197, 204

《里昂汇编》 Collection de Lyon 25
里奥，爱丽丝 Alice Rio 150
《里普阿尔法典》 Loi ripuaire 89, 159
里普阿尔人 les Ripuaires 177
里什，皮埃尔 Pierre Riché 57, 125
里耶 Riez 7, 199, 204
利奥一世（罗马教宗） Léon Ier 5, 7, 68, 97, 154, 192, 201, 202
联教省教务会议 le concile interprovincial 12, 95, 173
林堡省 Province de Limbourg 171
柳达斯特 Leudast 116
柳德加尔（欧坦主教） Léger d'Autun 29
卢普（特鲁瓦主教） Loup de Troyes 23
卢瓦雷省 Loiret 9
鲁昂 Rouen 11, 204
鲁厄格 Rouergue 13
鲁宁，埃德加 Edgar Loening 50
吕岱斯 Lutèce 64
吕克瑟伊 Luxeuil 29
《论教会教义》 De Ecclesiasticis Dogmatibus 130
《论教会职责》 De ecclesiasticis officiis 124
《论秘仪》 De mysteriis 124

《论圣事》 *De sacramentis* 124
罗伯特·阿普顿公司 Robert Appleton Company 17
罗慕路斯·奥古斯都 Romulus Augustus 172
罗讷河口省 Bouches-du-Rhône 5
罗腾堡 Rottenburg 43
《洛尔施汇编》 *Collection de Lorsch* 26
洛内特河畔 Ver-sur-Launette 73
洛特, 弗里德里希 Friedrich Lotter 55

M

马比荣, 让 Jean Mabillon 49
马比荣研究范式 Mabillon's Model 57, 125
马丁（奥斯特拉西亚权贵） Martin 213
马丁（图尔主教） Martin de Tours 198
马丁派 Martiniens 199
马格嫩提乌斯 Magnentius 195
马克西穆斯 Maximus 87, 197, 198
马孔 Mâcon 12, 204
《马库尔夫范本文书集》 *Formulae Marculfi* 142, 160
马里努斯（阿尔勒主教） Marinus d'Arles 194

马梅尔（维埃纳主教） Mamert de Vienne 133, 203
马森, 弗雷德里希 Friedrich Maassen 22, 50
《马太福音注》 *Commentaire sur l'évangile de Matthieu* 195
马约利努斯 Majorinus 191, 193
麦基特里克, 罗萨蒙德 Rosamond McKitterick 24, 58
蛮族法典 lois barbares 15, 146, 189
曼西, 吉欧瓦尼·多梅尼克 Giovanni Domenico Mansi 38–40, 44
美因茨 Mayence 11, 205
孟他努主义 Montanisme 3
民族大迁徙 invasions barbares 1
摩西律法 Loi de Moïse 3
莫尔, 迈克尔 Michael Moore 22
莫尔教团 Maurists 57
墨洛维（法兰克先祖或希尔佩里克一世之子） Mérovée 72, 86, 206, 207
墨洛温王朝 les Mérovingiens 2, 9, 10, 12, 13, 15–17, 23, 29, 30, 32, 34, 37, 38, 47, 50, 56, 58, 65, 66, 70, 73, 74, 78, 80, 81, 83–85, 90, 92–95, 97, 98, 100–103, 112, 113, 116–118, 121, 122, 125, 129, 132, 144,

146，157，158，162，166，172，173，177－179，181，186，187，189，209，211，214

《墨洛温王朝教务会议教规集（6—7世纪）》 *Les canons des conciles mérovingiens（VIe – VIIe siècles）* 47

穆尔萨战 Bataille de Mursa 195

N

纳博讷 Narbonne 4，11，65，173，205

南特希尔德 Nanthilde 212

尼尔森，詹尼特 Janet Nelson 83

尼科利尼，多米尼克 Dominique Nicolini 40

尼姆 Nîmes 65，192，198，205

年代记 Annales 15，59，84，189

诺维姆波普拉尼行省 Novempopulanie 4

O

欧拉迪乌斯（阿尔勒主教） Euladius d'Arles 7

欧坦 Autun 12，23，29，33－35

P

帕波卢斯（沙特尔主教） Papolus de Chartres 16

帕克特，沃尔特 Walter Pakter 54

帕兰，夏尔 Charles Parain 148，149

帕特罗克勒（阿尔勒主教） Patrocle d'Arles 7

帕特森，奥兰多 Orlando Patterson 168

佩茨，乔治·海因里希 Georg Heinrich Pertz 206

蓬塔尔，奥黛特 Odette Pontal 11，26，37，51，56，59，86，91，150，160

丕平二世 Pépin II 70，213，214

丕平三世 Pépin III 70，83，182，214

皮埃特里，吕斯 Luce Pietri 65，91

皮奥尼乌斯 Pionius 112

《皮杜汇编》 *Collection de Pithou* 28

普雷特克斯塔图斯 Praetextatus 69，72

普里斯库斯（里昂主教） Priscus de Lyon 13

普里斯库斯（犹太人） Priscus 117

普里西利安派 Priscilliens 197，

198

普里西利安主义　Priscillianisme 192, 197

普罗库鲁斯（马赛主教）　Proculus de Marseille　198, 199

普瓦捷　Poitiers　6, 16, 64, 72, 76, 112, 140, 195, 197, 204

祈祷书　Missel　16, 141

Q

虔诚者路易　Louis le Pieux　103, 164, 165, 188

切里多尼乌斯　Chelidonius　201

全法兰克王国教务会议　le concile national de l'État franc　11

R

热尔省　Gers　12

热纳德　Gennade de Marseille　22, 130

热沃当　Gévaudan　13

日尔曼努斯（巴黎主教）　Germain de Paris　133, 142, 200

日耳曼人　les peuples germaniques　1, 87, 177

日内瓦　Genève　200, 202, 205

S

撒利安人　les Saliens　171, 177

《撒利克法典》　Loi salique　74, 88, 89, 113, 159, 184, 186

萨尔茨堡　Salzbourg　28

萨尔特省　Sarthe　76

萨洛尼乌斯（日内瓦主教）　Salonius de Genève　76, 200

萨图尔宁（阿尔勒主教）　Saturnin d'Arles　196

塞卡耐斯行省　Séquanaise　4

塞内卡　Sénèque　151

塞普提曼尼　Septimanie　111, 172

三位一体　Trinité　5, 64, 195

三月校场　Champ de Mars　71, 100, 174

桑斯　Sens　11, 28, 39, 204

《沙特尔的伊弗教会法汇编》　Collections canoniques d'Yves de Chartres　34

上加龙省　Haute-Garonne　64

上普罗旺斯阿尔卑斯省　Alpes-de-Haute-Provence　7

《神圣教务会议新编全集》　Sacrorum conciliorum nova et amplissima collectio　38, 40

《圣阿芒汇编》　Collection de Saint-Amand　29, 34

《圣巴莱斯汇编》　Collection de Saint-Blaise　31

圣诞节　Noël　75, 131–133, 135, 137–140, 143

圣加仑　Saint-Gall　206

圣礼书　Sacramentaire　16，142

圣灵降临节　Pentecôte　75，132，140

《圣柳德加尔传》　Vie de saint Léger　16

《圣莫尔汇编》　Collection de Saint-Maur　27

圣让—德洛讷　Saint-Jean-de-Losne　26，27，66，130

《圣日耳曼抄本汇编》　Collection du manuscrit de Saint-Germain　33

圣徒传记　Hagiographie　11，16，53，146，151

诗歌集　Poèmes　16

施泰因，海因里希　Heinrich Stein　49

《十二使徒遗训》　Didachè　18

什一税　dîme　56，167，176

《使徒传统》　Tradition apostolique　19，124，127

使徒教父　apostolicus pater　65

《使徒教会条例》　Ordre de l'Église Apostolique　19

《使徒教谕》　Les canons apostoliques　154

《使徒律令》　Constitutions apostoliques　18，19，127，154

《使徒行传》　Actes des Apôtres　3

《使徒训示》　Didascalie des Apôtres　18

书信集　Correspondances　16，62，146

双重公民身份　double nationalité　105

斯塔夫里阿诺斯　Stavrianos　38

苏里乌斯，劳伦提乌斯　Laurentius Surius　40

索恩—卢瓦尔省　Saône-et-Loire　12，13

索特，米歇尔　Michel Sot　82

T

塔拉斯（昂热主教）　Thalasse d'Angers　23

塔朗泰斯　Tarentaise　202，205

特兰特大公会议　Concile œcuménique de Trente　190

特里尔　Trèves　11，191，195-197，205

梯叶里，奥古斯丁　Augustin Thierry　48

提奥多尔（弗雷瑞斯主教）　Théodore de Fréjus　202

提摩西　Timotheus　108

提乌德巴尔德　Théodebald　210

提乌德贝尔特一世　Théodebert Ier（英文 Theudebert I）　98，99

提乌德里克三世　Thierry III（英文 Theuderic III）　16，211-213

提乌德里克四世　Thierry IV（英文 Theuderic IV）　214

提乌德里克一世　Thierry Ier（英文 Theuderic I）　128，209，210

《天主教百科全书》　The Catholic Encyclopedia　17

通厄伦合约　Paix de Tongres　171

秃头查理　Charles le Chauve　76

《图卢兹汇编》　Collection de Toulouse　26

托钵修会　Ordre mendiant　39

托克萨德里　Toxandrie　171

《托莱多抄本》　Toletana　31，32

W

瓦拉托　Waratto　213

瓦伦斯　Valens　195，196

瓦兹省　Oise　71，73，159

万宇特方格，马克　Marc van Uytfanghe　57

《王家汇编》　Collectio regia　40

威克姆，克里斯　Chris Wickham　170，171

韦伯，马克斯　Max Weber　147

韦尔贝里　Verberie　159

韦尔讷伊昂阿拉特　Verneuil-en-Halatte　73

维埃纳行省　Viennoise　4

维吉利（罗马教宗）　Vigile（拉丁文词形为 Vigilius）　66

维克特里斯（鲁昂主教）　Victrice de Rouen　79，97

维克托（勒芒主教）　Victor du Mans　23，202

维克托里乌斯（阿奎塔尼人）　Victorius d'Aquitaine　132

维克托一世（罗马教宗）　Victor Ier　3，97

魏玛共和国　Weimarer Republik　50

文斯库斯，赖因哈德　Reinhard Wenskus　81

沃克吕兹省　Vaucluse　7，21，26

《沃姆斯的布尔夏尔教令集》　Décret de Burchard de Worms　34

乌尔曼，沃尔特　Walter Ullmann　55，56，96

乌尔西努斯（卡奥尔主教）　Ursicinus de Cahors　72

X

西阿格里乌斯　Syagrius　209

《西班牙教规简编》　Epitome Hispanico　31

西干布里人　les Sicambres　177

《西哥特人的罗马法》　Loi romaine des Wisigoths　105，108–110，114，118

西吉贝尔特（法兰克部落首领）　Sigebert le Boiteux　9

西吉贝尔特三世　Sigebert III　211，212

西吉贝尔特一世（法兰克国王）　Sigebert Ier　119

西吉斯孟德　Sigismond　10

西科迪，埃托雷　Ettore Ciccotti　147

西莱斯廷一世（罗马教宗）　Célestin Ier　62

西普里安（迦太基主教）　Cyprien de Carthage　4，19，62，68

《希波教务会议法令简编》　*Bréviaire d'Hippone/Abrégé d'Hippone*　20

希波律图　Hyppolyte de Rome　18，124，127

希尔德贝尔特（继子）　Childebert l'Adopté　211，212

希尔德贝尔特二世　Childebert II　70，73，139，140，210

希尔德贝尔特三世　Childebert III　214

希尔德贝尔特一世　Childebert Ier　76，93，116，119，122，128，138，178，209，201

《希尔德贝尔特一世王国训令》　*Précepte du roi Childebert Ier*　93

希尔德里克二世　Childéric II　211，212

希尔德里克三世　Childéric III　10，182，211，214

希尔德里克一世　Childéric Ier　86，113，171，209

希蒙，雅克　Jaques Sirmond　40，41，43

希尔佩里克二世　Chilpéric II　211，212

希尔佩里克一世　Chilpéric Ier　9，120，140，178，210

希拉克略　Héraclius　121

希拉里（阿尔勒主教）　Hilaire d'Arles　7，199，200

希拉里（罗马教宗）　Hilaire de Rome　203

希拉里（普瓦捷主教）　Hilare de Poitiers　6，64，72，112，195，197

小亚细亚　Asie Mineure　3

谢勒隐修院　Abbaye de Chelles　142，212

辛普利斯（维埃纳主教）　Simplice de Vienne　199

辛席乌斯，保罗　Paul Hinschius　50

《叙尔皮斯传》　*Vita Sulpicii*　122

Y

希尔德巴尔德（科隆主教）　Hildebald de Cologne　28

亚琛　Aachen　76，77

亚里士多德　Aristotle　151

耶路撒冷会议　Concile de Jérusalem　2

耶稣会　Compagnie de Jésus　40，41

耶稣升天节　Ascension　75，120，132，133

伊达斯（梅里达主教）　Ydace de Mérida　197

伊格纳修　Ignace d'Antioche　63

伊维希，欧根　Eugen Ewig　51

伊西多尔（塞尔维亚主教）　Isidore de Séville　18，31，124

依塔斯（奥索努巴主教）　Ithace d'Ossonuba　197，198

英格努乌斯（阿尔勒主教）　Ingenuus d'Arles　199

英诺森一世（罗马教宗）　Innocent Ier　79，97

英尤里奥苏斯（图尔主教）　Injuriosus de Tours　179

英尤里奥苏斯（图尔伯爵代理人）　Injuriosus　117

优西比乌（凯撒利亚主教）　Eusèbe de Césarée（英文 Eusebius of Caesarea）　3，69，97，194

尤尔萨斯　Ursace　195，196

尤夫拉西乌斯　Eufrasius　119

尤夫罗尼乌斯（欧坦主教）　Euphronius d'Autun　23

尤里安（罗马皇帝）　Julien（拉丁文词形为 Julianus）　87，171，196，197

《尤里安抄本》　Juliana　31

尤里克　Euric　22

尤利乌斯·凯撒　Jules César　1

尤斯托西乌斯（图尔主教）　Eustochius de Tours　23，202

尤歇里乌斯（里昂主教）　Eucherius de Lyon　200

犹太族长　patriarche　106，109

预定论　Prédestination　192

约翰三世（君士坦丁堡主教）　Jean III（英文 John）　21

约讷省　Yonne　12

Z

扎迦利（罗马教宗）　Zacharie　70，79，179，180

芝诺　Zénon　172

致命教派　secte funeste　107

中央党　Zentrumspartei　49

主教团合议制　collégialité épiscopale　61-63，66-69，71，73，78，79

兹米尔，保罗　Paul Zmire　62，69

自由派历史学家　les historiens libéraux　49

邹姆，鲁道夫　Rudolph Sohm　50

后　　记

　　对于我目前正在做的这项工作，我真不知道怎么才能言简意赅地表达清楚。为了把这项工作做好，我经年累月地苦心劳作，而这也耗尽我本已苦短的流年岁月。

　　　　　　　　　　　　——节选自《弗莱德加编年史》第 4 卷序言

　　暮春之夜，睡眼惺忪，伏于案前，若有所思。习史之初，未及弱冠，提笔撰文，已过而立。

　　书稿业已杀青，创作历程，或苦或甜，终会烟消云散。不如趁此片刻闲暇，适度追忆往昔，将数年来的一些切身经历如实记述下来，也不失为历史学工作者的别样浪漫。

　　6 年前，当完成国内硕士毕业论文初稿之后，我曾在法国兰斯大学 9 平方米的学生宿舍里写下这样一段话：

　　　　夜幕将临，遥望东方晚霞的余晖，品尝最后一滴水果酒的香醇，拉下百叶窗，新的文献，新的开始，新的希望。也许有一天，我会在一天疲惫的工作后，打开那一盏在黑夜中闪耀的灯，无论寒暑，无论风雨，直至深夜。

　　如今，已是留校工作的第 2 个年头，除陪伴家人而外，大部分时间置身于工作室，或从事史学研究，或做些公共服务，鲜少走动出门，习惯一如既往，日子平平淡淡。面对这种情况，我的妻子吴倩女士十分理解。她在繁杂的日常工作后，总会与我的母亲共同处理家庭琐事，照顾我们的女儿。如果没有她们的鼎力支持，我恐怕无法坚持到现在。

虽然在工作生活中不得不面对"生存危机"，但幸运地是，这些年，每每处于心绪不宁、无所适从的状态，我的授业恩师陈文海教授总会出现在我的身旁，循循善诱，答疑解惑，一言一行，足以让我重拾信心、归于平静。

时间倒转，师徒点滴，一一浮现。2013年4月初，在华南师范大学文科楼四楼中厅，一位老师，面带严肃，对一个刚刚得知已被录取为硕士研究生的学生说道："希望你能塌下心来学习，在这三年中做出一点成绩。"这是陈老师对我的第一句教导，也正是这一令我刻骨铭心的话语，改变了我之后的人生轨迹。在随后的岁月里，老师博我以文，约我以礼。对于资质平庸的我来说，不论研究生阶段还是工作之后，每一个小小的进步都凝聚着老师的心血。实际上，老师招我入门之时，就已处于高强度的"双肩挑"状态，既要承担繁重的行政事务与教学任务，又要从事复杂细腻的史学研究，还要关照十数位学生的成长情况。就这样，骑着单车早出晚归成了一种生活常态，5楼与9楼交替闪亮的明灯成了最美丽的风景，一部部具有开创性和建设意义的学术著作成了读者们的精神食粮。

正是基于对老师作品的研习，我与"法兰克人"结下不解之缘。从"墨洛温王朝'父子共治'"到"法兰克王权理论"再到"墨洛温高卢教务会会议"，克洛维及其继承者的一举一动，已然成为我们师徒间的互动话题，即便在我留学法国期间，围绕法兰克早期国家历史图景的讨论也从未终止。但是，由于我个人在外语水平、中文表达、框架设计以及行文逻辑等方面存在诸多不足之处，这种令我受益匪浅的学术交流时常给老师带来很多难以形容的"困扰"与"麻烦"。例如，2016年12月，老师曾手把手指导我修改第一篇学术论文，大到全文结构，小到字词标点，整整7遍，这才勉强达到了他的最低要求。再如，2018年5月初，我接到老师的一通电话，他对我填写的一份表格提出严厉批评，告诫我要以认真的态度对待学习和工作中的每一件事情。又如，老师曾对我在一篇文章草稿中犯下的低级错误表达不满。在他看来，作为一名历史学工作者，如果在注释环节出现不应有的疏漏，会给读者一种不可信的感觉，到时，我们何以自处。师母康宛竹老师也曾语重心长地对我说道："为人处世和执笔行文皆要保持认真谨慎的态度，切不可马虎大意。"于是，那年除夕，我没有回家过年。在品尝完师母的手艺后，老老实实回到工作室，一边反省自己的疏忽，一边按照老师的指导撰写课题申报书，方才有机会获得此次博士论文出版项目。类似的教导还有很多，无法一一列举。惭愧地是，直到走上工作岗位的这两年，当我从新的身份出发，将过往种种画面逐一拼接在一起，才对师父的教诲与关爱有了更深层次的理解。可以说，我对恩师的敬爱，始于学术，陷于态度，忠于德行。这里不妨援引易建平教授对我讲的一句话："这辈子，你能遇见这样的导师，是幸运的。"

在决定研习"墨洛温高卢教务会议文书"并尝试与读者分享所学知识后，除了恩师陈文海教授以外，我还得到许多师友的鼓励和帮助。过去几年，在资料收集、语言学习、法条译注、框架设计以及国际学术交流等方面，我的法方博士生导师西尔维·伊瓦耶（Sylvie Joye）教授（洛林大学）、硕士生导师帕特里克·德穆伊（Patrick Demouy）教授（兰斯大学）给予我诸多指导和关怀。在得知我由于疫情关系无法返回洛林大学修习学分，以及参加每年一度的学年汇报后，伊瓦耶教授一方面向洛林大学博士研究生学院做出解释，另一方面为我推荐许多可以获取学分的网络课程。虽然大部分课程安排在北京时间午夜 12 点至凌晨 2 点，但其中的收获不言而喻。

在本书修改过程中，林中泽教授、李云飞教授、李隆国教授、蔺志强教授、于奇智教授、张庆海教授、李化成教授、贺璋瑢教授、余康琳博士和多位匿名评审专家，提出了不少建设性的意见，对我完成本书核心观点的论证工作大有裨益。《历史研究》编辑部的焦兵先生、《学术研究》编辑部的郭秀文女士、《华南师范大学学报》编辑部的王建平先生及赵小华女士、《古代文明》编委徐家玲教授、《经济社会史评论》编辑部的张晓晗女士和《世界历史评论》编辑部的冯雅琼女士等，在审理我的投稿时，纠正了我在学术规范上存在的一些问题，并在学术观点的阐释、学术语言运用、外文史料的翻译方面给予了具体指点。书稿完成之后，华南师范大学博士研究生李婷燕、硕士研究生包哲宇和李智琪对全书进行逐字逐句地校对，并对正文的进一步完善提出了一些颇有见地的建议。另外，巴黎一大的范萌女士、郑州大学的张楠老师、浙江大学的刘寅老师、洛林大学的郭黛同学、里昂二大的张昕馨女士、汕头大学的罗仪钿老师、华南师范大学的李健瑜同学等，为笔者提供了许多宝贵的中外文材料；兰斯大学医学院的孙吉利博士和斯特拉斯堡大学的樊迪老师始终不厌其烦地帮助我提高法语的文字书写能力；华南师范大学历史文化学院的周小兰教授、代国庆副教授、黎英亮博士、陈芳宇老师、黄叶坤老师，以及我在研究生学习阶段的舍友钟德志博士和欧国文老师，在我留学以及归国期间多次帮助我办理国内各类行政手续，为我顺利完成国内外的学习任务提供了诸多便利。我谨向上述师友表述诚挚的感谢。最后，不论本书内容中还存在何种问题，其文责皆由我个人来承担。

刘虹男
壬寅年桃月
谨识于华南师范大学高校教师村